JN205726

TEXTBOOKS

TSUKAMU

# 国際金融論をつかむ

【新版】

橋本優子・小川英治・熊本方雄――著

有斐閣
YUHIKAKU

## 新版はしがき

初版出版から10年あまりの間に，日本と世界経済は大きな変動を経験した。まずは，初版出版後の2008年，アメリカの大手投資銀行，リーマン・ブラザーズが破綻した。のちにリーマン・ショックと呼ばれるようになった，破綻に続く世界的な株安と金融不安は，100年に一度の経済危機ともいわれる世界的な金融危機と不況を引き起こした。外資ブームの続いていた日本でも，「外資企業の撤退」というニュースが流れ，世界的な株安のなかで安全通貨として外為市場で円が買われて急激な円高となり，日本経済にはさらなる打撃となった。なぜ，外国の1つの金融機関の破綻が，これほどまでに日本や世界経済に大きな影響を及ぼすのか。それは金融取引のグローバル化にある。ITシステムが発展し高度化するなかで，国際的な金融取引量が急増し，かつ取引形態が複雑化したために，一機関での問題が雪だるまのように膨らみながら世界全体に広がったのである。

世界経済への影響の問題は，一金融機関にとどまらない。共通単一通貨ユーロの導入国が順調に増えていっているかにみえたヨーロッパでは，当初からの加盟国であるギリシャの財政赤字の拡大が懸念されるなか，2009年に財政赤字が以前に発表されていたよりもはるかに大きいことが発覚。2010年には欧州委員会の統計部門（ユーロスタット）でもギリシャの統計不備が認められるところとなり，発表される統計が本当に正しいのか，実は債務はもっと大きいのではないかという疑心暗鬼を生み出した。債務不履行の懸念が急速に拡大し，ギリシャの国債や株価は暴落し，同年にギリシャは国際通貨基金（IMF）への支援要請を行った。ヨーロッパ内でも，財政赤字が大きくギリシャと金融取引の多かったスペイン，ポルトガルやイタリアの経済危機の可能性が指摘されるなど，ヨーロッパ全体での経済・金融不安が高まった。

またこの数年，新聞の経済面で，あるいはウェブサイトのニュース画面で，「フィンテック」という言葉を頻繁に目にしたことと思う。ビットコイン・ブームなどに聞き覚えのある読者も多いであろう。技術の進展に伴う国際金融取引の拡大は，たとえば，オーストラリアやカナダ，香港やシンガポールへの住宅投資を目的とした資金流入を招き，各国で住宅価格の急上昇が起こったために，政府が非居住者の住宅投資に対する規制や対策に乗り出すこととなった。住宅投資に，外国（非居住者）の資金が流れる背景には，2008年のリーマン・ショック以来，ギリシャ危機や欧州債務危機を経て，とくに先進国で景気回復がなかなか進まず，「Search for yields」といわれる，高利益を追求した国際的なマネーの動きがある。非居住者による投資といえば，日本では，人口減少（人口流出）が地方の不動産価格の下落圧力の1つとなっていたが，たとえば北海道ではスキーリゾート開発に外国資本が入り，商業地域の活性化，そして住宅市場の回復にもつながるという状況をもたらしている。

2008年のリーマン・ショック以降の国際金融の新たな局面と，技術の進展とそれに伴う新たな金融商品や取引形態の開発，そして世界的な金融ネットワークのさらなる拡大は，国際金融取引をよりいっそう複雑化させ，危機の際の影響も以前には考えれないような規模となることがわかってきた。国際社会で，金融規制強化や，マクロ・プルーデンス，ミクロ・プルーデンスといった新たな政策の方向性が急速に議論されるようになってきたのも，この10年である。

今回の改訂にあたり，国際金融の基礎をしっかりと，かつわかりやすく伝えるという方針はそのままに，しかし統計を全面的に新たなものとした。さらに，10年以上の間で起こったさまざまな国際金融分野のトピックスをできるだけ詳細に紹介するため，第Ⅲ部は大幅に書き直しを行った。

本書では，1つのunitで1つのトピックを解説する構成になっている。unitのタイトルをみれば，何を学ぶのか，一目瞭然である。それぞれのunitにはコラムや確認問題も含まれているので，unitごとに，それぞれのトピックを勉強できるように工夫している。もちろん，**unit 1**から順に最後まで読んでいけば，国際金融の基礎から最新の話題までを幅広くカバーできる。一度，国際金融を勉強したことがあるのであれば，興味のあるunitのみを読むのでも構わない。

全体は第Ⅰ部，第Ⅱ部，第Ⅲ部と3つの部から構成されている。それぞれ，国際金融の基礎，為替レート，そして国際金融システムに関してまとめている。各部は，テーマごとに2〜3章からなっている。

第Ⅰ部は第1章〜第2章からなり，国際金融の基礎を学ぶ。国際的な金融取引に関するデータの読み方や為替レートの意味を理解する。国際金融取引は国際収支表にまとめられるため，この読み方をしっかりと身につけるだけで，ずいぶんと国際金融が身近に感じられるはずである。

第Ⅱ部は第3章〜第5章からなっている。ここでは為替レートや外国為替市場について理解を深め，為替レートの変動はどのように説明されるのかを学ぶ。為替介入と経済政策についても解説し，為替相場制度は国によって異なることを理解する。為替レートの変動が日本や世界経済全体に及ぼす影響，その逆に，さまざまな要因が為替レートに与える影響などについて，広く勉強してほしい。

第Ⅲ部では，繰り返される通貨危機について，為替制度や通貨体制の視点から解説を行う。とくに近年の通貨危機は規模が格段に大きくなり，支援の必要額も巨額化している。ユーロ圏危機などを例に，支援体制のあり方や国際金融システムの最新の話題についてまとめている。

最後に，unit **25** では，本書ではカバーできなかった，最新のトピックス，フィンテックや環境問題と国際金融の関わりについて言及している。

初版と同じく，本書では著者3人がそれぞれの unit を担当している。unit **0**，**2**，**4**〜**7**，**16**〜**18**，**25** を橋本が，unit **1**，**3**，**19**〜**24** を小川が，unit **8**〜**15** を熊本が担当し，執筆を行った。初版がもとになってはいるものの，各 unit の図表を最新のデータに書き換え，それぞれ丁寧な説明を加えている。国際金融のデータの要となる国際収支統計も，IMF が 2008 年に公表した「国際収支マニュアル 第6版」への変更にならい，新たに解説を加えた。第Ⅲ部の時事的なトピックスに関しては，世界経済や国際金融市場の大きな変化を受け，最新のトピックスに変更し，大幅な改訂を行った。

今回，新版を出版するにあたって，1年半以上前の準備段階から，著者3人と有斐閣の渡部一樹氏との間で，かなりインテンシブな意見交換が行われた。著者の1人がアメリカ在勤で，また2人の著者もそれぞれ多忙を極めるという状況ではあったが，3人と渡部氏との間での頻繁なメールのやりとりを通じて，準備，構想，そして執筆という段階を踏んでいった。この間，4人が一堂に会する機会はなかったものの，初版執筆時からの以心伝心の絶妙なチームワークで，新版もスムーズに仕上げることができたように思う。これも，メール全文に目を通し，意見の取りまとめや詳細な記録を作成し，スケジュールの調整を行うなど，大変な作業を一手に引き受けて，われわれ著者を励ましてくださった渡部氏のおかげである。この場を借りて，渡部氏と有斐閣に深く感謝したい。

2019 年 12 月

著 者 一 同

# 初版はしがき

ユーロ高のためエルメスのペンダントの値段が高くなり，彼女にそれをプレゼントしようとする彼氏は二の足を踏んでしまう。そのユーロは一部のEU諸国の共通の単一通貨で，フランスだけでなく，2007年1月1日からはスロベニアでも流通し始めた。1990年代後半までは，アメリカのITブームに乗って，ヨーロッパからアメリカにIT企業買収の資金が流れ込み，ドル高ユーロ安が進んでいたが，2000年代になって，アメリカで経常収支赤字が増え続けるなか，ITブームが終焉すると，資金が逆流するとともに，ユーロばかりではなく他の通貨に対してもドルが全面安となった。これらの現象はすべて国際金融に関係する。

本書は，これらの国際金融の現象全般についてそのエッセンスを，努めてやさしく解説した入門書である。経済学部や商学部，経営学部の学生や国際金融業務に携わっているビジネスマンのみならず，国際金融に少しでも興味のあるすべての方に，読んでいただくことを願って，本書が企画され，執筆された。

国際金融というと，経済学部の学生でさえ，難しそうだという印象をもっているようで，とても残念である。でも，ちょっと周りをみてほしい。外国製の調味料やお菓子などの日常生活品から，デザインのおしゃれな文房具や靴，さらには洋書，輸入車，輸入家具にいたるまで，海外から取り寄せられたものであふれている。海外旅行にも出かけるし，鎌倉や京都など国内の観光地には海外からの観光客を多くみかける。こうした，人やもの，サービスの海外との取引の基本が，国際金融である。

日本とは異なる通貨を用いている国と，お金の支払や受取を行うためには，当然ながら，日本円と外国通貨の交換比率を定める必要がある。これが，国際金融の基本である「為替レート」である。為替レートの考え方は，スーパーマーケットに野菜を買いに行くのと同じである。ホウレン草がいつもより高くて，白菜がわりと安かったので，白菜を買って夕食の材料にした，というケースを考えてみよう。慣れている人なら，「最近はホウレン草が品薄で，白菜が豊作なのかしら」と，ホウレン草や白菜の入荷状況や市場の様子まで推察できるだろう。実は，為替レートもこれと同じである。スーパーマーケットに相当するのが，外国為替市場と呼ばれる場である。ここで，円の供給量が外国通貨に比べて相対的に減ったり，あるいは需要が多くなると，円の値段（価値）が高くなり，逆に，円の供給量が増えたり，需要が減ると，円の値段が安くなる。

為替レートが大きく動くと，輸入品や輸出品の値段が変わる。輸入会社や輸出会社の売上にも影響するだろう。すると，輸出品を作っている工場や，輸入品を買う消費者にも影響が出る。このように，為替レートの変動は，日本経済やさらには世界経済に影響を及ぼす。もちろん，日本や世界経済の状況によっても，為替レートは変動する。

国際取引は年々活発化し，いまや，国際金融は貿易決済だけでなく，海外投資の手段としても重要となっている。巨額の資金が日々，世界中で取引されている。そのための投資手段も複雑になり，聞きなれない単語も頻出し，そのためにますます「国際金融はわかりづらい」感触をもってしまうだろう。しかし，怖がる必要はまったくない。国際金融を知ることはとても華やかでわくわくして楽しいものである。為替レートとはどういうものか，どのような要因によって変動するのか，為替レートの変動と日本・世界経済とはどのような関係があるのか，これら3点の基礎をしっかりと押さえれば，明日から，国際金融について自分で考え，語ることができるようになる（はずである）。

本書は，1つのunitで1つのトピックを解説する構成になっている。unitのタイトルをみれば，何を学ぶのか，一目瞭然である。それぞれのunitには重要ポイントや確認問題も含まれているので，unitごとに，それぞれのトピックを勉強できるよう工夫している。もちろん，**unit 1**から順に最後まで読んでいけば，国際金融の基礎から最新の話題まで，すべてカバーできる。一度，国際金融を勉強した人であれば，興味のあるunitを読むのでも構わない。

全体は第Ⅰ部，第Ⅱ部，第Ⅲ部と3つの部から構成されている。それぞれ，国際金融の基礎，為替レート，そして国際金融システムに関してまとめてある。各部は，テーマごとに2〜3章からなり，unitごとに勉強できるよう，まとめている。

第Ⅰ部は第1章〜第2章からなり，国際金融の基礎を学ぶ。国際的な金融取引に関するデータの読み方や為替レートの意味を理解する。国際金融取引は国際収支表にまとめられるため，この読み方をしっかりと身につけるだけで，ずいぶんと国際金融が身近に感じられるはずである。

第Ⅱ部は第3章〜第5章からなっている。ここでは為替レートや外国為替市場について理解を深め，為替レートの変動はどのように説明されるのかを学ぶ。為替介入と経済政策についても解説し，為替相場制度は国によって異なることを理解する。為替レートの変動が日本や世界経済全体に及ぼす影響，その逆に，さまざまな要因が為替レートに与える影響などについて，広く勉強してほしい。

第Ⅲ部では，まず，近年，頻発している通貨危機という現象をもとに，為替制度と通貨危機や経済の関連に言及している。次に，通貨制度や国際金融システムの最新の話題についてまとめている。現在，世界では，アメリカ・ドルが最も中心に使用されている。通貨のもつ機能や，日本の円の国際金融における役割について解説を行っている。また，ヨーロッパでは，多くの国が独自の通貨でなく，統一通貨ユーロを採用している。通貨統合の意義について言及する。

本書は3人それぞれが担当の unit の執筆を行いまとめたものではあるものの，定期的に3人が集まり，互いに意見を述べ合い，手直しを行い，さらに執筆を進めるという作業を繰り返した。その意味では，この本すべてが3人の共同作業であり共著である。3人とも，それぞれの所属大学での仕事のほかにも外部での仕事や国内外の出張も多かったため，執筆時間を確保し，スケジュールの調整を行うのは大変であった。しかし，有斐閣の秋山講二郎氏，渡部一樹氏の適切な叱咤激励，渡部氏のタイミングを計ったかのような連絡に乗せられて，比較的短期間のうちに，本書を書き上げることができた。秋山氏，渡部氏にはこの場を借りて深く感謝したい。

2007年2月

著 者 一 同

## 著者紹介

（執筆順）

**橋本 優子**（はしもと・ゆうこ） unit **0，2，4〜7，16〜18，25**

1995年，横浜市立大学商学部卒業。2000年，東京大学大学院経済学研究科博士課程修了。

現在，国際通貨基金（IMF）シニアエコノミスト，東京大学博士（経済学）。

主な著作に，「アジア通貨危機の震源と伝播」（伊藤隆敏と共著，『経済研究』，2004年），"Intra-day Seasonality in Activities of the Foreign Exchange Markets" (with T. Ito, *Journal of the Japanese and International Economies*, 2006)，『アジア通貨危機を超えて』（三菱経済研究所，2006年），"International Reserves and the Global Financial Crisis" (*Journal of International Economics*, 2012)，"Does Transparency Pay? Evidence from IMF Data Transparency Policy Reforms and Emerging Market Sovereign Bond Spreads" (*Journal of International Money and Finance*, 2018)，などがある。

**小川 英治**（おがわ・えいじ） unit **1，3，19〜24**

1981年，一橋大学商学部卒業。1986年，一橋大学大学院商学研究科博士後期課程単位取得退学。

現在，東京経済大学経済学部教授，一橋大学博士（商学）。

主な著作に，『国際通貨システムの安定性』（東洋経済新報社，1998年），『世界金融危機と金利・為替』（編著，東京大学出版会，2016年），『世界金融危機後の金融リスクと危機管理』（編著，東京大学出版会，2017年），『グローバリゼーションと基軸通貨』（編著，東京大学出版会，2019年），などがある。

**熊本 方雄**（くまもと・まさお） unit **8〜15**

1995年，一橋大学商学部卒業。2000年，一橋大学大学院商学研究科博士後期課程単位取得退学。

現在，一橋大学大学院経営管理研究科教授，一橋大学博士（商学）

主な著作に，「為替レートにおけるバブルの実証分析」（『金融経済研究』，2004年），「誤差修正VARモデルによる通貨代替の実証分析」（共著，『金融経済研究』，2005年），「為替相場のボラティリティが国際貿易に与える影響」（共著，福田慎一・小川英治編『国際金融システムの制度設計』，東京大学出版会，2006年，所収），『私たちの国際経済（第3版）』（共著，有斐閣，2013年），などがある。

unit 0　序　国際金融論とは —— 1

難しそうな「国際金融」(1)　身近な経済取引から世界の経済取引まで (2)　経済大国としての日本 (3)　為替レートと通貨制度 (4)　本書の読み方 (7)　本書の概要 (7)

## 第I部　国際金融のしくみ

### 第1章　国際金融取引の基礎 ---------- 11

Introduction 1 (12)

unit 1　グローバル化するもの・お金の動き —— 13

増大する国際貿易と国際金融 (13)　国際商取引・国際金融取引と外国為替取引 (16)

unit 2　国際収支表の見方 —— 20

国際収支とは (20)　国際収支の定義 (20)　国際収支統計の特徴 (22)　フローとストックの概念 (23)　日本の国際収支の推移 (24)　国際収支のバランス (26)

unit 3　国際資本移動はなぜ起こるのか —— 28

金融グローバル化 (28)　異時点間取引としての国際金融取引 (30)　補論：2期間モデルにおける対外貸借・経常収支の決定 (35)

KeyWords 1 (37)

### 第2章　外国為替の基礎 ---------- 39

Introduction 2 (40)

unit 4　外国為替のしくみ —— 41

貿易取引と為替 (41)　外国為替レート (42)　外国為替市場 (43)　インターバンク市場 (45)　オフショア市場 (46)　巨大な市場 (47)

unit 5　為替レートをみる —— 49

為替レートの見方 (49)　さまざまな為替レート (52)

unit 6　円高・円安と貿易収支 —— 56

ものの価格と円高・円安（56）　輸出・輸入額と為替レートの変動（57）　輸出・輸入の価格弾力性（58）　マーシャル＝ラーナー条件（60）　Jカーブ効果（61）

unit 7 世界の通貨制度 —— 64

変動相場制度（64）　固定相場制度（65）　中間的な為替相場制度（66）　国際金融のトリレンマ（67）　国際通貨制度の歴史（69）　欧州通貨ユーロ（72）

KeyWords 2（74）

## 第Ⅱ部　為替レートの決定

第3章　為替レートはなぜ変動するのか ---- 75

Introduction 3（76）

unit 8 購買力平価 —— 77

国内における商品裁定取引と一物一価の法則（77）　国家間における商品裁定取引と一物一価の法則（78）　絶対的購買力平価（80）　相対的購買力平価（81）

unit 9 購買力平価は本当に成立するのか —— 85

円ドル為替レートの動向をみる（85）　購買力平価パズル（87）　購買力平価から乖離する原因（88）　バラッサ＝サミュエルソンの定理（89）

unit 10 金利平価 —— 93

金利裁定取引（93）　カバーなし金利平価（95）　カバー付き金利平価（97）　金利平価は本当に成立するのか（99）　先物プレミアム・パズル（100）　補論：実質金利平価（102）

KeyWords 3（104）

第4章　為替レートの決定理論 ---- 105

Introduction 4（106）

unit 11 フローからストックへ —— 107

フロー・アプローチ（107）　フロー・アプローチからアセット・アプローチへ（109）　伸縮価格マネタリー・モデル（110）　硬直価格マネタリー・モデル（112）

unit 12 為替リスクを考慮する —— 117

為替リスク（117）　リスク・プレミアム（118）　ポートフォリオ・バランス・モデル（118）　ポートフォリオ・バランス・モデルの解釈（121）

KeyWords 4（125）

第5章　為替介入とマクロ経済政策 ---------- 127

Introduction 5（128）

unit 13　為替介入の方法と効果 —— 129

為替介入の目的（129）　為替介入の方法（131）　為替介入の効果（133）

unit 14　マンデル＝フレミング・モデル —— 136

マンデル＝フレミング・モデルにおける仮定（136）　*IS* 曲線（137）　*IS* 曲線のシフト（138）　*LM* 曲線（139）　*LM* 曲線のシフト（140）　*BP* 曲線（141）

unit 15　マクロ経済政策の効果 —— 145

財政政策の効果（145）　金融政策の効果（147）　マンデル＝フレミング命題（148）　補論：*BP* 曲線の傾き（149）

KeyWords 5（152）

## 第Ⅲ部　国際金融システムのメカニズム

第6章　通貨危機の考え方 ---------- 153

Introduction 6（154）

unit 16　通貨危機の発生メカニズム —— 155

通貨危機とは（155）　通貨危機のモデル（155）　第1世代モデル（156）　第2世代モデル（159）　第3世代モデル（162）

unit 17　通貨危機はなぜ伝播するのか —— 166

通貨危機の伝播とは（167）　伝播による経済への影響（167）　伝播の経路（168）　アジア通貨危機における伝播（171）

unit 18　通貨・経済危機への対応 —— 175

IMF体制（175）　地域金融協力（178）　国際協調の枠組み（179）

KeyWords 6（183）

第7章　世界金融危機と国際金融システム ---------- 185

Introduction 7（186）

unit 19　世界金融危機 —— 187

グローバル・インバランスから世界金融危機へ（187）　世界金融危機における流動性危機（189）　世界金融危機への対応（192）

unit 20　なぜドルを保有するのか —— 196

国際通貨の機能（196）　交換手段としての機能とネットワーク外部性（198）　基軸通貨ドルの慣性（200）　ガリバー型国際通貨システム（202）

unit 21　新しい国際金融規制 —— 206

バーゼル規制の変遷（206）　世界金融危機後の国際金融規制改革（209）　流動性規制と総損失吸収力規制（211）

KeyWords 7（214）

第8章　通貨統合の考え方 ---------- 215

Introduction 8（216）

unit 22　ユーロの誕生 —— 217

通貨統合に至るまでの道のり（217）　欧州通貨同盟における欧州中央銀行制度（219）　経済収斂条件の現実（220）　マクロ経済変数の収斂（224）

unit 23　通貨統合の便益と費用 —— 227

通貨統合の便益（227）　通貨統合の費用（229）　最適通貨圏の理論（230）

unit 24　ユーロ圏危機 —— 237

ユーロ圏危機の背景（237）　ギリシャの財政危機（238）　ギリシャからの財政危機の波及（240）　ユーロ圏における財政危機に対する対応（243）

KeyWords 8（248）

unit 25　結　世界経済の大きな変化と国際協調のさらなる必要性 —— 249

金融のグローバル化（250）　技術革新と新しい資産の出現（251）　グローバル・バリュー・チェーンの強化（253）　環境問題解決のための国際社会の役割（254）

文献案内　257
確認問題解答　259
索　　引　270



コラム一覧

国際経済取引の分類　18
国際収支統計と貿易統計の違い：FOB 価格と CIF 価格　22
ランチタイム効果　45
オプション取引とスワップ取引　54
J カーブ効果の実証　63
為替相場制度の実際　69
ビッグマック・レート　82
相対的購買力平価の再考　87
キャリー・トレード　101
貨幣需要動機　111
国際分散投資　120
マネタリー・ベースとマネーサプライ　132
財市場の均衡　142
非伝統的金融政策　149
急増するアジアの外貨準備　164
双子の危機　173
IMF のクォータと SDR　182
ネットワーク外部性　199
ERM II　219
最適通貨圏の内生性　235

# unit 0

# 序　国際金融論とは

## 難しそうな「国際金融」

皆さんはこれまでに，海外旅行にどのくらい出かけたことがあるだろうか。いま，これを読んでいる方のなかには，「今年は，もう2回も海外に行った」という読者もいるかもしれない。海外旅行に出かけるとき，誰もが事前に町中の銀行で，あるいは空港などで，渡航先の国の通貨に両替する。近年はクレジットカードでほとんどの支払を済ませることができるようになったが，町中でバスに乗ったり，カフェで休憩がてらコーヒーを飲もうというときには，現金が欠かせない。さて，海外でたくさん買い物をしようと考えている読者のなかには，「そういえば，最近は為替(かわせ)レートの影響で，海外での買い物が得ではなくなっていると聞いたことがある」だとか，毎年海外に出かけている人のなかには，「あれ？ 両替したときにもらえる外国通貨の量が毎回違う」など，さまざまな経験をお持ちであろう。

外貨預金を始めた，という読者もいるかもしれない。それでも「為替レートの動きがまったくわからなくて，怖そう」という感想をもっているのではないだろうか。そもそも，世界中には数多くの通貨が流通し，日本国内で外貨預金が可能な通貨だけでもたくさんある。いったい，どの通貨を選べばよいのかさっぱりわからないという読者もいるだろう。

一時，大学生の希望の職業や就職先をみると，「外資系」の人気が格段に高くなった時期があった。今では，外資系企業というのはほぼ定着しているのではないか。「外資系金融機関に勤めている友人や親類がいる」という読者もいるだろう。

海外旅行に出かけたり，銀行の外貨預金コーナーに行ったり，外資系への就職活動をするまでもなく，新聞の広告を眺めたり，町中を歩くだけでも，「経済」や「金融」「国際的」「グローバル化」などの言葉が目につくだろう。最近では個人での株取引や為替取引が以前に比べて身近なものとなってきたために，「世界経済のトレンド」や「国際金融」という言葉に触れる機会が，より増えているかもしれない。しかし，「経済の動きって何？ 国際金融って何？ よくわからないし，難しそう」と感じている読者も多いのではないだろうか。

為替レートの意味をしっかりと理解していれば，空港の両替所や海外旅行先での買い物のときに，悩むことはない。為替レートがどのような要因で変動するのか，為替レートの変動がどのような影響を及ぼすのかについてわかれば，海外旅行での買い物や外貨預金はもちろんのこと，国際金融も，まったく難しくはない。

本書は，「難しそう」な国際金融を，皆さんに身近に感じてもらうために，国際金融をできるかぎりわかりやすく解説したものである。日本と世界の経済取引，そして為替レートの仕組みの2点について，きちんと理解できれば，国際金融は難しくない。本書では国際金融を理解するために必要な理論，モデルはもちろんのこと，重要な話題や近年の特徴的な出来事まで，幅広く取り上げている。抽象的な概念や専門用語，さらには，専門書では多くみられる数式展開をできるかぎり排除しつつ，しかし，国際金融のエッセンスだけはきちんと取り入れた。

### 身近な経済取引から世界の経済取引まで

世界経済の動きは年々，活発化し，国同士の経済取引は大きなものになっている。皆さんは，日本の経済力が世界でも大きなものであることはご承知であろう。しばしば「経済大国としての日本の役割」や，「アジアの一員としての日本」などと聞くことであろう。いまや，日本の経済行動は，日本国内だけでなく，世界全体に影響を及ぼすようになった。でも，「そんなことをいわれても，私には関係ない，そういうことは政府や企業の話でしょう」と思っている読者もいるかもしれない。実は，皆さんの行動すべてが，世界経済に間接的に影響していることを理解してほしい。

たとえば，海外旅行に行く日本人が増えれば，世界各国で宿泊費を支払い，食事をし，お土産を買うなどの経済行動を行う。海外留学している兄姉に両親が定期的にお金を送っているという読者もいることであろう。外貨預金を始めると，「何だか通貨が高くなりそうだといっているから，その前に少し買っておこう」と購入を増やすかもしれない。こうした行動がすべて，日本と世界各国との間の経済取引に影響を与える。世界各国では，それぞれの国が「日本から」影響を受けることになる。日本との取引によって，これらの国では経済が活発化し，今度はさらに他の国々との取引を行い，他の国々に影響を及ぼすようになる。世界中の国々が，経済取引によって互いに影響を与え合うようになったのが，現在の世界経済の現状である。身近な経済取引から，世界の経済取引までを学ぶことができるのが，国際金融である。

### 経済大国としての日本

日本と世界の経済取引の現状を考察しよう。日本の経済力は 2018 年の 1 年間の名目 GDP（国内総生産）で約 550 兆円である（2007 年の名目 GDP は約 531 兆円であった）。経済大国といわれるアメリカの 2018 年の GDP が約 2264 兆円（約 20 兆 5803 億ドル，1 ドル＝110 円で換算），過去 10 数年間に経済成長の目覚しかった中国が約 1470 兆円（約 13 兆 3681 億ドル，1 ドル＝110 円で換算）である。なお，2007 年のアメリカと中国の名目 GDP はそれぞれ 14 兆 4519 億ドル，3 兆 5715 億ドルで，この 10 年の間に，中国の名目 GDP は日本を抜き，アメリカに次いで世界 2 位に躍り出た。世界経済は大きく変化を続けており，そのなかで日本の経済活動や世界との取引はどのような位置を占めるのであろうか。

経済取引の規模をさまざまな角度から捉えてみよう。日本から世界への輸出額は，2018 年にはおよそ 81 兆円，日本が世界から輸入した総額はおよそ 80 兆円である。一方，2017 年末の世界全体の輸出額は 1905 兆円（17 兆 3162 億ドル，1 ドル＝110 円で換算），輸入額は 1952 兆円（17 兆 7458 億ドル，1 ドル＝110 円で換算）であった。輸出，輸入の取引も，日本は世界のなかでも相対的に大きな割合を占めていることがわかるだろう。一方，海外旅行をしたり，留学している子供への海外送金を行ったりしたときに支払う資金（サービス収支）については，日本からは 2018 年に約 8000 億円が海外に流れた。ほぼ 10 年前の 2007 年に，サービス収支として海外に流れた金額は約 4 兆 3600 億円の赤字であったことを考えると，かなり縮小したといえる。これは，近年，海外から日本へ来てお金を支払う観光客などが増大して（旅行収支の黒字），日本から海外への支払額が相殺された結果である。

世界全体での資金の流れは海外との金融取引を表した金融収支によって表される。日本が海外へ多くの投資を行えば，その分，日本の保有する資産が増え，金融収支の黒字として表され，逆に，海外から日本への投資が多く行われれば，外国が日本に保有する資産が増えることから金融収支の赤字として記される。日本の金融収支をみると，2018年に約20兆円の黒字が計上されている。また過去20年ほどの金融収支のデータをみても，常に黒字となっており，日本から海外へさまざまな形での投資が行われていることを表している。日本は世界経済にとって重要な資金提供国であるということがわかるだろう。

## 為替レートと通貨制度

為替レートそのものや，為替レートを取り巻くさまざまな環境も，この10年ほどの間に大きく変化を遂げた。皆さんは，円ドル為替レートを見たり聞いたりしたことがあるだろう。銀行や空港の両替所で，「1 USドル117.90円」などと表示されているものである。そして，テレビや新聞の報道などで，この為替レートが毎日変わっていることにも気づいているだろう。日本は変動相場制度という為替相場制度を採用しているため，為替レートは日々刻々と変わっている。ところが，世界には変動相場制度ではなく，さまざまな為替相場制度を採用している国がある。たとえば，ある通貨（アメリカ・ドル）に対して，自国通貨の為替レートを一定となるように維持する制度（固定相場制度）や，複数の通貨の動きに対して自国の通貨が安定して動くような制度（通貨バスケット制度）など，さまざまである。

1997年後半に起こったアジア通貨危機の前までは，多くのアジア諸国は実質的なドル固定相場制度，すなわちドルと自国通貨の為替レートを一定に固定させる制度を採用していた。しかし，通貨危機に見舞われ，各国では為替レートを一定に保つことが難しくなり，変動相場制度に変更せざるをえなくなった。もう1つ，大きな問題点として指摘されたのは，通貨危機に見舞われた国だけでなく，周辺諸国にも多大な影響を及ぼすことである。インターネットなどの技術の発展は，金融市場にも影響している。1つの国，1つの通貨や金融資産，そして1つの市場が影響を受けると，それは瞬時に周辺にも影響していくことが判明した。1992年の欧州通貨危機でも，94年末のメキシコ通貨危機でも，さらには98年のロシア通貨危機，その後の一連のラテンアメリカでの通貨危機などでも，周辺諸国に経済的な悪影響を及ぼしただけでなく，周辺への影響を最小限にするために，国際社会は多大な努力を払ってきたのである。

アジア通貨危機後にも，ギリシャの財政危機をきっかけにユーロ圏全域で金融，経済危機が取りざたされた2009年から2010年の欧州債務危機，2018年以降，債務不履行への懸念と通貨大暴落に伴うアルゼンチン経済危機など，経済や金融不安が通貨下落をよび，周辺国に大きな影響を及ぼすケースは続いている。このような経済危機を経験するたびに，国際社会では，どのような為替相場制度が望ましいのか，通貨危機のような大変な状況に陥る可能性を排除するためにはどのような経済政策や国際協調の仕組みが必要なのかといった議論が，盛んに行われてきた。たとえば，金融市場が高度に発達し，コンピュータや情報システムによって国境を越えて密につながり合う現在，一国だけの為替政策やマクロ経済政策ではなく，各国間での協調の必要性，さらには，域内での互助システム——たとえば，地域内で相互に資金を融通し合うシステムの構築などである。

近年の情報や輸送システムの発展は，製造業にも大きな影響を及ぼし，グローバル・サプライチェーンやグローバル・バリュー・チェーンと呼ばれる各国に生産拠点をもち，原料の調達，中間財供給や最終財の生産が，それぞれ異なる国で行われるシステムを発達させることとなった。これにより，各国の銀行や企業で外国との資金のやりとりが増え，外国通貨建ての資産や負債をバランスシートに抱える状況を生み出した。つまり，金融機関や企業活動を通じて，金融市場と実体経済が密に連結し，一国の経済ショックや金融ショックが，これらのチャンネルを通じて，他国にさまざまな形で影響を及ぼすようになっているのである。したがって，各国は，それぞれの国の経済状況の健全化に，ますます注意を払う必要が出てきている。

2008年のアメリカの大手投資銀行，リーマン・ブラザーズの破綻（リーマン・ショック）による世界的な株安と金融不安（世界金融危機）をきっかけに，国際社会ではあらためて，健全な金融システムが国際経済，国際金融に重要であることを認識した。金融市場のリスクを分析し，政策対応を図ること（マクロ・プルーデンス）は，国内の経済・金融の安定化のみならず，国境を越えた国際経済，国際金融システムの健全化と安定のためにも必要であると理解されているのである。

たとえば，海外で大きな経済・金融ショックが起きた場合に，その影響を最小化するためには，どのような政策対応をとるのか，為替の安定化を図るのか，あるいは，為替レート変動によるショックの吸収（ショック・アブソーバー）を遂行するには，どのような経済や金融システムが望ましいのか，金融政策や財政政策との兼ね合いはどうであるか――最新の国際金融の経済政策の分野では，単に為替政策や外為介入だけでなく，マクロ経済政策やマクロ・プルーデンス政策も含めた，総括的な見方が必要であるという議論が中心となってきている。

皆さんも知っているとおり，ヨーロッパの多くの国では，ユーロという通貨が使われている。これは，旅行者にとっては大変便利であり，旅行者だけでなく，ビジネス全般にとっても，便利な面が多い。お金の支払などで，為替レートの変動を気にしなくてよいからである。ヨーロッパで統一通貨ユーロが使われるようになったのは，1999年から，実際にユーロ紙幣やユーロ貨幣が出回り，一般の人々が使用できるようになったのは2002年からである。それまではドイツではマルクという通貨が，スペインではペソ，イタリアではリラ，オーストリアではシリングという，それぞれ個別の通貨が使われていた。統一通貨の実現までには，半世紀近い非常に長い時間をかけて，さまざまな準備がなされてきたのである。この壮大な統一通貨のシステムも，その後，ギリシャの財政危機を発端とする欧州債務危機や，イタリアやスペインの債務問題を経て，問題点が浮き彫りになってきている。

日々刻々と動く金融市場の裏では，ゆっくりと時間をかけた国際金融システムの構築，そしてシステムの安定化のための経済政策や国際社会の協調の仕組みの模索が常に行われている。このような，実に対照的なシーンこそが，国際金融の醍醐味といってもよいだろう。

## 本書の読み方

本書は，国際金融の基礎から最新の話題まで，順を追って勉強できるよう，構成を工夫している。まず，大きく第Ⅰ部，第Ⅱ部，第Ⅲ部と3つの部から構成されている。それぞれ，国際金融の基礎，為替レート，そして国際金融システムに関してまとめている。それぞれの部を2～3章に分けて，それぞれの内容についてさらに丁寧な解説を行っている。1つ1つのトピックスは，各章のなかのunitに分かれている。読者の目標や興味によって，どのように読んでも，どこから読み始めても対応できるように構成されている。ぜひ，使いこなしてほしい。

大学で初めて国際金融を学ぶ，経済学部の多くの学生にとっては，第Ⅰ部から順に勉強していくことが望ましい。順を追って読んでいくことで，自然に国際金融の理論や統計，考え方が身につくであろう。国際金融の理論をきちんと勉強しようと考えている学生は，第Ⅱ部をしっかりと身につけてほしい。かつて一度，国際金融を勉強したが，簡単に復習をしたいという学部3～4年生や大学院生，エッセンスをさっと読み通したいという社会人の方は，第Ⅰ部を読んだ後に，それぞれ興味のあるunitを読んでいくのがよいだろう。最近の国際金融の話題を知りたいという方は，第Ⅲ部のなかで，興味のあるunitを選ぶのがよいだろう。

## 本書の概要

内容の概説は次のとおりである。

まず，3つの部の簡単な内容を紹介する。第Ⅰ部では「国際金融のしくみ」として，国際金融全般の見方を学ぶ。国際金融を学ぶうえで，最も重要なことは，世界経済の取引の実態を認識することである。この第Ⅰ部で，データから経済取引を読み，さらに国際経済取引の基本になる外国為替とはいったい何なのかということを学ぶ。第Ⅱ部では「為替レートの決定」として，為替レートや外国為替市場について理解を深める。為替レートをさまざまな切り口からみることによって，「よくわからない」為替レートを自分なりにしっかりと捉えることができるようになってほしい。第Ⅲ部は「国際金融システムのメカニズム」について学ぶ。国際金融取引の増大や為替レートの変動などに伴って，世界各国では経済危機が起こったり，さまざまな問題が発生している。経済危機や問題が起こると，人々の日常生活にも影響を及ぼす可能性がある。このような望ましくない状況を少しでもなくすために，世界は安定した，そして，多くの国にとってよい結果をもたらすような経済システムを模索している。第Ⅲ部は，そういった近年の危機や各国の取り組みを紹介する，国際金融の勉強の集大成である。

次に，それぞれの章について，内容を概観する。

第1章では国際金融取引の基礎を学ぶ。ここでは，貿易や資金の取引とはいったい何を表すものなのか，また，世界全体でどの程度の取引が行われているのかを，実際のデータと照らし合わせてイメージをつかんでほしい。さらに，資金の取引が国境を越えて行われる背景について，経済理論に基づいた考え方を学ぶ。第1章の最後の unit は少し難しいかもしれないが，初学者は飛ばしてもかまわない。

第2章では外国為替の基礎について学ぶ。ここでは，外国為替レートがどういうものなのかをまず理解する。外国為替レートの見方と外国為替市場がどういうものなのかを勉強し，外国為替について，しっかりと理解してほしい。また，為替レートと貿易の関係について学ぶ。ここまで学ぶと，テレビのニュースや新聞で取り上げられる国際金融取引や為替レートに関する話題がずいぶんと理解できるようになるはずである。さらに，世界の為替相場制度について，そして為替相場制度の歴史についても学ぶ。

第3章では，為替レートがいったい何を表しているのかを学ぶ。第2章で為替レートの見方を勉強しているが，それが意味することを身につける章である。2つの国の間の為替レートを介して，自分の国と外国との間の「物価」の違いをみる方法を学ぶ。また，国と国との間では，投資やさまざまな送金による資本移動がある。各国の金利の差と為替レートの関係も学ぶ。第3章は，少し数式が出てきて難しく感じるかもしれないが，学部3年生以上の人は，努力して読んでほしい。

第4章では，為替レートがどのようにして決まるのかを学ぶ。「為替レートの動きを知るのは難しい，為替レートの予測はできない」とよくいわれる。実際，100% の確率で，次のタイミング，たとえば明日の午後3時40分の為替レートであるとか，半年後の午前 11 時 23 分の為替レートを当てるのは，かなり無理がある。しかし，だからといって，為替レートは勝手に動いているわけではない。各国のさまざまな経済状況や，人々の思惑，ニュースによって，動き方にはそれなりのパターンがある。天気予報が常に 100% 当たるわけではないが，雨が降りそうだとか，よく晴れそうだ，というような予想は高い確率で可能であるのと同じである。経済は自然科学と同じように，生きて，動いている。したがって，100% 確実に動きを予想するのは難しい。しかし，さまざまな切り口から動きの特性や原因を学ぶのは，実に有効である。

第 5 章では，為替介入と経済政策について学ぶ。日本をはじめとする多くの先進国では変動相場制度を採用しているが，市場での決定に完全に任せているわけではなく，時と場合によっては通貨当局が為替介入を行う。とくに日本は，介入が多いと国際金融の世界でも話題となる。なぜ当局は介入を行うのか，また，どのような方法で介入するのかを学ぶ。また，介入の為替市場に対する効果についても考察を行う。さらに，為替変動がマクロ経済全体に及ぼす影響について学ぶ。マクロ経済学の簡単なモデルを用いて，為替変動が国内経済にどのような影響を与えるのかを説明して，経済政策は実際に効果があるのか，どのような効果となって現れるのかについて学ぶ。

第 6 章では通貨危機について勉強する。まず，近年に起こった通貨危機を例に，通貨危機とはどのように定義されているのかを学ぶ。また，通貨危機の発生の仕方にはいくつかのパターン（モデル）がある。それぞれのモデルの違いを学んでほしい。また，最近では，通貨危機がいくつかの国の間で影響し合う伝播という現象がみられる。危機の伝播とはどういう状況を指すのか，また，危機の伝播がどのように起こるのかについても勉強する。通貨危機やそれに伴う経済危機に対して，国際機関がさまざまな方法で救済措置を行う。危機のタイプによって，国際機関がどのような援助を行うのか，また，効果や問題点などについても理解しよう。

第 7 章は通貨制度や国際金融システムの現状と最近の話題についてまとめた章である。世界経済に大きな影響を及ぼした，2008 年の世界金融危機がどのように始まったのか，その背景や世界各国の対応について，詳しく述べる。また，世界的な経済・金融危機を防ぐために，各国ではどのような政策が必要となるのか，金融システムのリスク管理という観点から，国際金融規制に関する現状を学ぶ。

第8章では，通貨統合について勉強する。すでに述べたが，ヨーロッパでは統一通貨ユーロが実際に使われるようになるまで，長い時間を要した。その間，各国の金融システムや経済取引の方法，さらには経済状況のばらつきを少なくするべく努力が少しずつ行われてきた。一方で，通貨統合によってもたらされる便益とコストも，ユーロ導入から20年近くを経て明らかになりつつある。近年の欧州債務問題を発端としたユーロ圏危機がいかにして始まったのか，統一通貨の光と影に絡めて詳しく学ぶ。

unit 25「結　世界経済の大きな変化と国際協調のさらなる必要性」は，本書では書ききれなかった国際金融のさまざまな課題について学ぶ。ページ数の制約もあり，近年の金融のグローバル化や技術革新による，新たな側面——クリプトアセットの進展やグローバル・バリュー・チェーンの問題，さらには，環境問題への意識の高まりと国際金融として何ができるのか，何が行われているのかという点について，あまり立ち入った議論を行うことができなかったものの，最新のトピックスとして紹介している。unit 25は国際金融をさらに深く勉強するための橋渡しと捉えてほしい。

# 第1章

# 国際金融取引の基礎

1　グローバル化するもの・お金の動き
2　国際収支表の見方
3　国際資本移動はなぜ起こるのか

# Introduction 1

## この章の位置づけ

現代の国際経済では，貿易取引とともに金融取引においてグローバル化が進んでいる。このようなグローバル化のなかで，国際貿易と国際金融の取引規模が増大していることを概観しながら，国際貿易取引と国際金融取引の特徴を考える。そして，これらの国際経済取引が集計されている国際収支表の見方について学ぶ。そのうえで，国境を越えた（クロスボーダーの）異時点間取引として特徴づけられる国際金融取引について，現在と将来という2期間のフレームワークでモデル化して，国際金融取引を理論的に考察する。

## この章で学ぶこと

**unit 1**　国際商取引（国際貿易取引）と国際金融取引は，通貨の異なる国と国との間の国境を越えた取引であるため，外国為替取引が伴われる。したがって，国際貿易取引や国際金融取引は外国為替取引を通じて為替レートに影響を及ぼす。

**unit 2**　一国の海外との資金のやりとりを記録した国際収支表の見方について学ぶ。日本の国際収支の推移をみることで，日本はほぼ一貫して，経常収支黒字，金融収支黒字の国であることを確認する。

**unit 3**　国際資本取引・国際金融取引は，異なる時点の間の資金の取引であり，異なる時点の間の所得の取引である。対外貸借は，消費の現在と将来の時間的パターンと，投資と投資によって決まるGDPの現在と将来の時間的パターンとによって決まる。

# unit 1

# グローバル化するもの・お金の動き

1980年代から90年代にかけて国際貿易取引，国際資本取引，国際金融取引において，国境を越えて地球規模（グローバル）で取引が行われるというグローバル化が急速に進展した。先進諸国のみならず新興市場（エマージング・マーケット）国と呼ばれる発展途上国においてもWTO（世界貿易機関）や自由貿易協定のもとで関税および非関税障壁が撤廃される一方，資本規制や外国為替管理が急速に緩和されてきた。このような変化のなかで国際貿易取引，国際資本取引，国際金融取引が地球規模で盛んに行われるようになってきた。このunitでは，まず，国際貿易と国際金融の取引規模の増大を概観する。そのうえで，国際貿易取引と国際金融取引の特徴を説明する。

## 増大する国際貿易と国際金融

世界各国で貿易の自由化および金融の国際化が進展するにつれて，国際貿易および国際金融のそれぞれの取引量が増大してきた。近年において，国際貿易取引および国際金融取引が盛んに行われるようになり，国際貿易・国際金融に関する出来事が世界中で起こるようになってきた。**国際化**（internationalization）および**グローバル化**（globalization）が国際貿易および国際金融の取引量増大の原動力となっている。貿易・金融の国際化は，国際的な貿易・金融取引に対する規制を緩和することである。世界的にみて，これらの国際化を最初に進めてきた国は先進諸国である。しかし，発展途上国，とりわけ新興市場国が貿易・金融の国際化を進めるようになると，貿易・金融取引が世界的に行われるようになり，生産物や，生産物を生産するための生産要素サービス（資本のレンタル，労働サービスなど），そして，資本・資金がグローバルに移動するよう

図1-1　世界の貿易額の推移

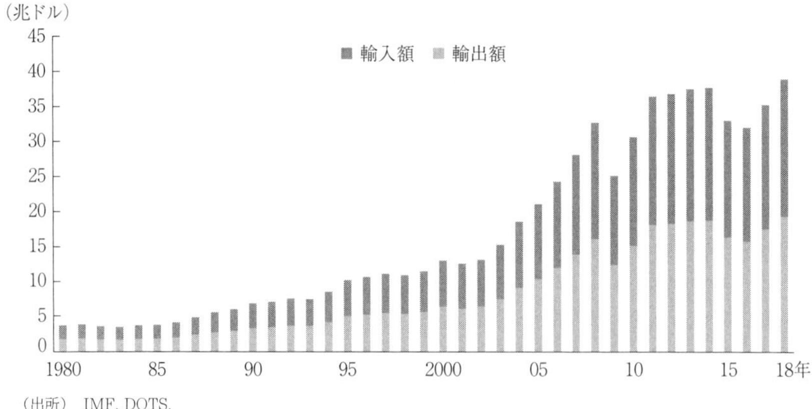


（出所）IMF, DOTS.

図1-2　国際債券残高の推移

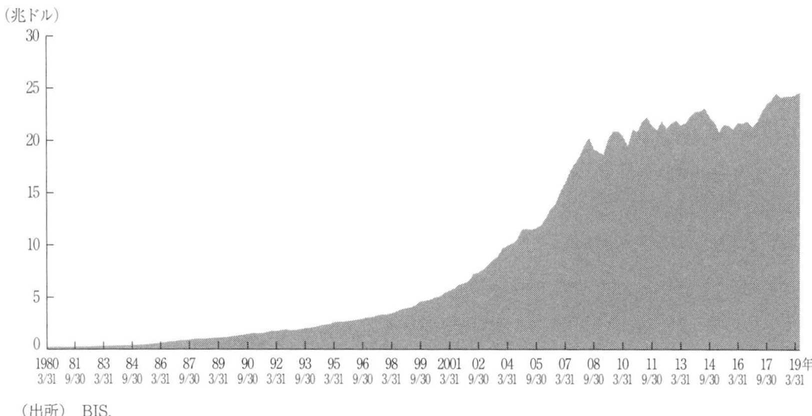


（出所）BIS.

になっている。このような状態がグローバル化と呼ばれる。

図1-1は，世界の貿易額（輸出額＋輸入額）の推移を表している。世界の貿易額は着実に増加してきた。しかし，2008年に起こった世界金融危機によって翌年の2009年に大きく世界の貿易額が縮小し，その後，増減の変動を示している。一方，国際金融市場の規模も国際貿易取引額の増加とともに着実に増加してきた。図1-2は国際債券残高の推移を示している。国際債券残高は世界金融危機が発生した2008年までは加速度的に増大していた。しかし，世界金融

図 1-3　国際銀行クロスボーダー取引の推移

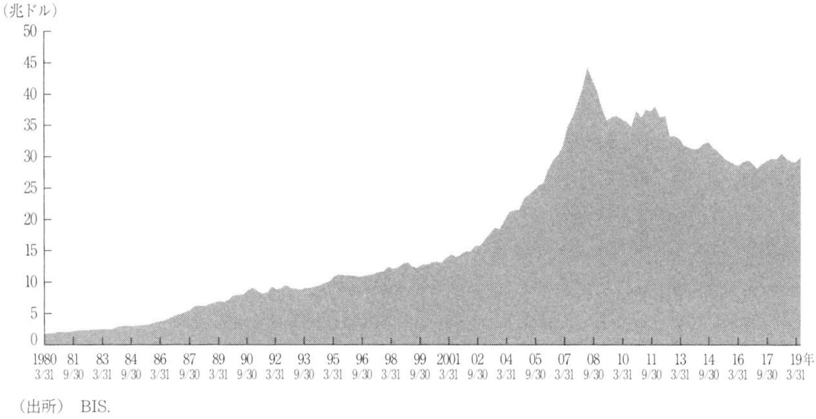


(出所)　BIS.

図 1-4　国際流動性の対 GDP 比率

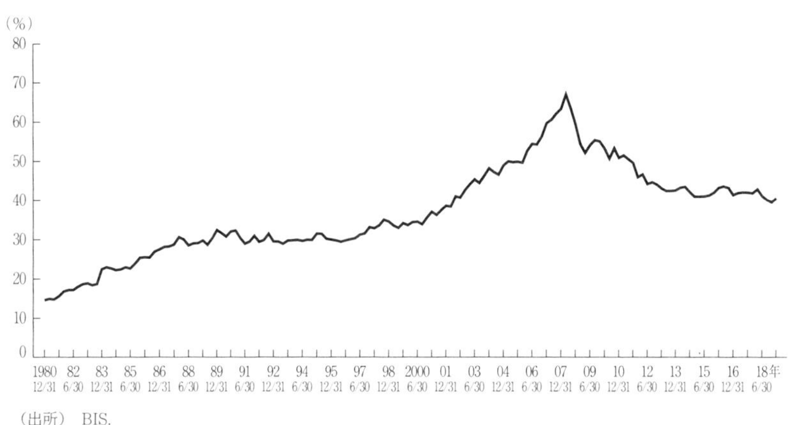


(出所)　BIS.

危機後は，国際債券残高の増加は大きく減速している。さらに，図 1-3 は国際銀行クロスボーダー取引（国内通貨・外国通貨建ての資産・負債の合計）の推移が示されている。世界金融危機が発生するまでは，増加傾向にあった。しかし，2007 年第 4 四半期をピークに，減少傾向にある。図 1-4 は国際流動性の対 GDP 比率の推移を示している。世界金融危機が発生するまでは，国際流動性の対 GDP 比率が上昇傾向にあった。しかし，世界金融危機以降は，その比率は低下傾向にある。

一方，国際的な財・サービスなどの取引の収支を表す経常収支と，国際的な有価証券の売買，資本の貸借などの取引の収支を表す金融収支は原則として1対1の関係にある。もし経常収支が黒字となれば，それは経常取引において受取が支払を上回っていることを意味するから，受取超過の分は，国内の経済主体が外国に投資することとなり，対外純債権が増え，金融収支が黒字となる。経常収支が赤字となるときには，支払超過を意味するので，決済のための資金を外国から調達することが必要となる。すなわち，対外純債権が減り，金融収支が赤字となる。したがって，変動相場制度のもとで，通貨当局が外国為替市場に介入しないかぎり，経常収支黒字（赤字）額と金融収支黒字（赤字）額とが等しくなる（詳しくはunit 2を参照）。

金融収支はある一定期間の資本の移動（フロー）を表す。これらの累積したものがある一時点における対外債権・債務残高（ストック）となる。また，対外債権から対外債務を差し引いて，表したものが対外純債務となる。なお，対外純債務に対して受け取り，支払われる利子・配当は第一次所得収支（国際的な雇用者報酬と投資収益の受取・支払を表す）の一部を構成する。したがって，国内から外国へ資本が年々，移動して，金融収支黒字を計上し続けている国では，その資本からの利子・配当の受取が支払を上回ることから，第一次所得収支は黒字となる傾向にある。

### 国際商取引・国際金融取引と外国為替取引

**国際貿易取引**および**国際資本取引**あるいは**国際金融取引**は，対価の支払・受取のないギフト（贈り物）とは違って，等価交換でお金の支払・受取が伴い，自らの消費や生産などの経済活動を行うことを目的として行われていることから，これらはすべて経済取引である。経済取引は，商取引と金融取引とに大きく分類することができる。一般に，商取引は空間的な商品の移動が伴う。これに対して金融取引は，現在と将来との間の異なる時点の間（異時点間）の資金の交換である。これらの取引が国境を越えず，国内で行われると，それぞれ国内商取引と国内金融取引である。これらに対して，国境を越えて商取引が行われると，国際商取引あるいは国際貿易取引と呼ばれるものとなる。一方，国境を越えて金融取引が行われると，国際金融取引と呼ばれる。

国境を越えてこれらの国際商取引（国際貿易取引），あるいは国際金融取引が行われると，通常，異なる国ではそれぞれの通貨が流通しているために，通貨の交換を行われなければならない（例外として，ユーロ圏と呼ばれるEU 19カ国では単一の共通通貨ユーロが流通している）。通貨の交換を行うために**外国為替取引**が伴うことになる。国際商取引（国際貿易取引）は，商品が国境を越えて移動することに伴って，外国為替取引が行われる。一方，国際金融取引は，現在と将来との間の異時点間の資金の交換であることから，すなわち，現在と将来において貨幣が国境を越えることから，外国為替取引が現在と将来の2回，行われることになる。このように，国際金融取引は，国境を越えた金融取引であるから，外国為替取引を伴う金融取引である。金融取引それ自体，現在のお金と将来のお金を取引する，異なる時点の間のお金の取引である。すなわち，時間軸におけるお金の取引である。一方，外国為替取引は，自国のお金と外国のお金との間の交換といった，異なる国の通貨の間の取引である。すなわち，通貨軸におけるお金の取引である。国際金融取引は，時間軸と通貨軸といった2つの軸における取引を結合したものである。

国際商取引と国際金融取引について，もう少し具体的に説明しよう。自国（たとえば，日本）の企業（たとえば，トヨタ）が外国（たとえば，アメリカ）にプリウスを輸出したとする。アメリカでプリウスを購入したアメリカの消費者はそれを取り扱っているアメリカの輸入業者に売上代金をドルで支払い，アメリカの輸入業者はトヨタにドルでその売上代金を支払う。ドルで売上代金を受け取ったトヨタは労働者に円で賃金を支払うために，受け取ったドルを円に交換する必要がある。たとえアメリカの輸入業者とトヨタとの間の契約が円表示で行われていたとしても，アメリカの輸入業者はアメリカの消費者からドルで売上代金を受け取るので，ドルを円に交換して，トヨタに円表示で輸入代金を支払う。このように，ドルを円に交換するという外国為替取引が伴う。日本の輸出は，一般にはドル表示で取引されるので，ドルを売って円を買うことになる。それに対して，輸入の場合は，逆のことが起こる。たとえば，日本の商社がアメリカに行ってオレンジを買いつけてくる。その商社マンは，円をドルに交換して，そのドルを携えて，アメリカの農家を訪ねて，オレンジを買いつける。輸入では，円を売り，ドルを買う外国為替取引が伴う。

コラム

**国際経済取引の分類**

国際経済取引においては，さまざまなものが国境を越えて取引されている。企業が生産した生産物（「もの」「サービス」）が国境を越えて取引されている。また，企業が生産活動を行うためには生産要素（土地，資本，労働）が必要であり，これらのうち，資本と労働については国境を越えて移動することができるため，資本と労働の生産要素サービスも国境を越えて取引される。さらに，資本そのもの，すなわち，実物資産と金融資産も国境を越えて取引される。このように，企業が生産した生産物，企業が生産するための生産要素サービス，そして，生産要素そのものが国境を越えて取引されている。そのため，これらの取引はまったく関係のないものではなく，国内の生産量，すなわちGDP（国内総生産）とともにこれらの取引は相互に密接な関係をもつ。

また，これらの取引は，次のunitで説明されるように，生産物の国際的取引が貿易・サービス収支として計上され，生産要素サービスの国際的取引が第一次所得収支として計上され，これらの生産物と生産要素サービスの国際的取引の合計が経常収支として計上される。一方，実物資産や金融資産，すなわち，資本の国際的取引は金融収支として計上される。

これと同様のことが，生産要素サービスの国際取引についても起こる。たとえば，日本の機関投資家（たとえば，生命保険会社や年金基金）が保有しているアメリカ企業の株式に対してドル表示で配当を受け取るとする。生命保険会社や年金基金のような機関投資家が日本国内の保険契約者に保険金を円表示で支払うためには，配当として受け取ったドルを円に交換する必要がある。配当受取額相当分のドル売り・円買いの外国為替取引が行われる。これは，トヨタが輸出代金を受け取ったときと同じ外国為替取引が伴われる。逆に，日本の企業の株式を保有しているアメリカの投資家に対して配当が支払われる場合には，円表示で配当を受け取ったアメリカの投資家が，その配当を使ってアメリカで買い物をしようと考えれば，円をドルに交換することとなる。生産要素サービスには，労働サービスも含まれるので，外国から受け取った賃金や外国へ支払う賃金も同様である。

さらに，国際資本取引においても同様に外国為替取引が伴う。たとえば，資本取引のなかの直接投資（21頁参照）において，アメリカの企業が日本の企業を買収する場合には，アメリカの企業がもっているドルを円に交換し，その手に入れた円を使って，日本の企業を買収することになれば，外国為替取引においてはドル売り・円買いの取引が伴われる。逆に，日本の企業がアメリカの企業を買収するならば，日本の企業はもっている円をドルに交換し，手に入れたドルを使って，アメリカの企業を買収することになり，外国為替取引においては円売り・ドル買いの取引が伴われる。

このように，国際経済取引には，商品の国際取引，サービスの国際取引，生産要素サービスの国際取引，資本の国際取引，そして，国際金融取引があり，これらはいずれも国境を越える取引のため，外国為替取引が伴われる。そのため，これらの国際経済取引は，外国為替取引を通じて自国通貨・外国通貨の需要供給に関係することから，為替レートに影響を及ぼすこととなる。



### 要　約

□ 経済のグローバル化に伴い，国際貿易取引および国際金融取引が増大している。

□ 国際商取引（国際貿易取引）と国際金融取引は，通貨の異なる国と国との間の国境を越えた取引であるため，外国為替取引が伴われる。

□ したがって，国際貿易取引や国際金融取引は外国為替取引を通じて為替レートに影響を及ぼす。

### 確認問題

□ *Check* ***1*** 「国際化」と「グローバル化」の相違点について説明しなさい。

□ *Check* ***2*** 実際のデータを使って，国際貿易額（輸出額＋輸入額）とGDPの推移を比較しなさい。

# unit 2

# 国際収支表の見方

新聞やニュースで「日本の貿易収支黒字幅が減少した」「第一次所得収支の黒字が増加した」などという報道を聞いたことがあるだろう。これらはすべて，日本と外国との間で発生した取引額をまとめているのである。国際収支表の見方を知っていると，日本のお金の出入りを知ることができる。すなわち，国際収支表は，家計簿のようなものである。

## 国際収支とは

**国際収支**とは，一定期間において，ある国（日本など）が外国と経済取引を行った取引額を記録したものである。多くの国で，国際収支統計を作成する際に，IMF（国際通貨基金）の国際収支マニュアルをもとにしている[1)]。したがって，国際収支を読むことができるようになると，日本の対外経済取引を知ることができるだけでなく，世界各国の経済取引もわかるようになり，とても便利である。日本では財務省と日本銀行が国際収支表を作成し，公表している。

## 国際収支の定義

国際収支は，大きく分けて経常収支と資本移転等収支，そして金融収支からなっている（表1-1）。**経常収支**は海外との財・サービスや投資収益などの取引を記録したものである。経常収支には，貿易・サービス収支，第一次所得収支，第二次所得収支が含まれる。**資本移転等収支**は，政府間の無償資金援助などを記録したものである。**金融収支**は，海外との金融取引である直接投資や証券投資，さらには中央銀行などの当局が保有している外国通貨資産の変化を記した外貨準備が含まれる。

表 1-1　国際収支表の構成項目

<table>
<tr><td rowspan="5">経常収支</td><td rowspan="2">貿易・サービス収支</td><td>貿易収支</td></tr>
<tr><td>サービス収支</td></tr>
<tr><td rowspan="2">第一次所得収支</td><td>雇用者報酬</td></tr>
<tr><td>投資収益</td></tr>
<tr><td>第二次所得収支</td><td>個人間移転</td></tr>
<tr><td colspan="3">資本移転等収支</td></tr>
<tr><td rowspan="5">金融収支</td><td colspan="2">直接投資</td></tr>
<tr><td colspan="2">証券投資</td></tr>
<tr><td colspan="2">金融派生商品</td></tr>
<tr><td colspan="2">その他投資</td></tr>
<tr><td colspan="2">外貨準備</td></tr>
</table>



まず，経常収支の内訳を詳しく見てみよう。**貿易・サービス収支**とは，居住者と非居住者との間における財やサービスの取引を記したものである。サービスには，輸送，旅行，通信，情報，保険，金融，建設，文化的活動などが含まれる。**第一次所得収支**には，対外資産からの投資収益（たとえば海外に保有する資産からの利子や配当）や，海外での雇用に対する報酬（外国で労働した場合の給料の受取など）が含まれる。**第二次所得収支**には，国際機関への拠出金（分担金），政府間の無償資金援助・贈与（食料や医薬品などの援助），留学中の子供への送金や海外出稼ぎによる本国への送金など，対価を伴わない資産の一方的な移転が含まれる。

一方，資本移転等収支には，対価の受領を伴わない固定資産の提供や債務免除といった取引を記している。たとえば，海外への社会資本整備（道路建設など）のための無償資金援助があげられる。

次に，金融収支には，**投資収支**として海外への直接投資（経営への支配を目的とした投資のこと。原則として議決権ベースでの所有比率が 10% 以上），**証券投資**，**金融派生商品**，その他投資（貿易信用，現預金の動き等）などの資金のやりとりが含まれている。さらに，政府や中央銀行などの通貨当局がもつ対外資産の**外貨準備**の収支も，金融収支に含まれる。

コラム

**国際収支統計と貿易統計の違い：FOB 価格と CIF 価格**

国際収支の貿易収支は貿易統計をもとにしているが，若干異なる。これは，貿易統計では輸出を FOB 価格，輸入を CIF 価格で計算しているのに対し，国際収支統計では輸出・輸入とも FOB 価格で計算しているからである。

FOB とは Free on Board の略で，本船渡し，本船甲板渡し，本船積込渡しなどといわれる。この FOB では，売り主（輸出者）は，荷物を港で船に積み込むまでの費用やリスクを負担し，その後に発生するさまざまな費用（輸送費や海上保険料，輸出先国での輸入関税や通関手数料など）やリスクは買い主（輸入者）が負担する，という契約である。

CIF（Cost, Insurance and Freight）は，運賃・保険料込み条件を示す。CIF 価格とは売り主（輸出者）が，貨物を荷揚げ地の港で荷揚げするまでの費用（輸送費，海上保険料等）を負担し，荷揚げ以降の費用（輸入関税，通関手数料など）は買い主（輸入者）の負担となる。

また，「取引」の認定を行う段階が異なり，貿易統計では通関で，国際収支統計では所有権の移転で「取引」と認定する。したがって，貿易収支額には若干の違いが発生する。

### 国際収支統計の特徴

国際収支表は家計簿のようなものだと述べたが，もう少し詳しく説明すると，その国に入ってくる（受け取る）金額（資産の増加）と出ていく（支払う）金額（資産の減少）とを記録し，その差額（受け取り－支払い）が収支となる。やや専門的な言葉を使うと，居住者（自分の国，自国）と非居住者（外国）との間の取引で，自国にとっての資産が増えるのか減るのかにより，収支が決まる。

国際収支の各項目と収支の増減についてもう少し詳しく見てみよう。経常収支の貿易収支のうち，財の輸出は，その国で生産された財（商品）などが外国に輸出され，その輸出金額を受け取るので，資産の増加につながる。一方で輸入は，外国から商品を輸入し，その金額を外国に支払うので，資産の減少となる。貿易収支は，輸出－輸入として表される。サービス収支の項目には，輸送（国際貨物，旅客運賃の受取・支払），旅行（訪日外国人旅行者や日本人の海外旅行者の宿泊費，飲食費等の受取・支払），金融（証券売買等にかかる手数料等の受取・支払），知的財産権等使用料（特許権，著作権等の使用料の受取・支払）などが含まれる。

これも同様に，取引の対価（金額）を受け取る場合は資産の増加，支払う場合は資産の減少となる。

直接投資，証券投資などの金融収支項目では，対外的に資産をもつのか，あるいは海外への債務を負うのか（負債）に着目する。たとえば，自国の企業が外国に工場を建てたり，自国の居住者が外国の債券・証券を買うという場合，金融収支上は，自国が海外にもつ資産（対外資産）が増えることから，資産の増加として捉えられる。逆に，非居住者による自国債券・証券の購入などは，非居住者が自国の資産に対して請求権をもつこととなり（自国にとっては負債），自国の資産が減ることとなる。金融収支は，資産－負債として表される。

政府当局の保有する外貨準備は，急激な為替レートの変動に対処するための為替介入や，他国への外貨建て債務の返済などに使用され，流動性の高い通貨（アメリカ・ドル，ユーロ，日本円，イギリス・ポンドなど）建ての資産を外貨準備と呼ぶ。

経常収支と資本移転等収支から金融収支を引いたものはゼロとなる。

$$\text{経常収支}+\text{資本移転等収支}-\text{金融収支}=0$$

経常収支と金融収支の額は非常に近い値である。実際には，経費の計算の仕方やタイミングなどで上記の統計の合計額が完全にゼロとならないため，**誤差脱漏**という項目によってゼロとの差を処理している。

**国際収支の具体例**

①日本のある年の輸出総額は 51 兆円，一方，輸入総額は 39 兆円だった。→貿易収支は 51－39＝12 兆円（黒字）となる。

②世界経済の減速によって，日本企業の保有する海外の工場からの配当が減った。→第一次所得収支の額が減る。

③政府が国際機関へ 2 兆円相当の拠出をした。→第二次所得収支が－2 兆円と記録される。

### フローとストックの概念

国際収支は unit の最初でも述べたように，一定期間における一国の代金の受取と支払の差額を集計したもので，これを**フロー**の概念と呼ぶ。たとえば，2015年8月の貿易収支額や外貨準備の額などは，一定の期間（ひと月）の収支の集計で，フローの額である。

一方で，**ストック**の概念というものも存在する。これは一時点における一国の対外資産と対外負債を示したものであり，国際収支投資ポジション（International Investment Position : IIP）と呼ばれるデータで表される。一時点における額を示すので，たとえば，2015年の12月末の直接投資額や証券投資額などが，ストックの額となる。

フローとストックの関係を，国際収支とIIPによる直接投資額の例を使って見てみよう。2014年12月末の直接投資額（IIPによるストックの値）に，2015年の毎月の直接投資額（国際収支表によるフローの値）を足していけば，2015年12月末の直接投資額（IIPによるストックの値）となるはずである。実際には，対外取引では，為替レートや金利，株価等の資産価格の変化があるために，必ずしもフローの値を足し合わせたものがストックの概念の数値と一致するとは限らない。

貿易収支や第一次所得の黒字によって，経常収支黒字が続いていくということは，金融収支の黒字が続くこととなり，つまり，自国が海外にもつ資産（対外資産）が増えるということである。つまり，フロー（経常収支）の黒字が続く国は，対外資産（ストック）も黒字となる。一方で，経常収支赤字の続く国は，金融収支も赤字となり，対外債務が大きくなる（海外への支払義務が発生する）。このように，対外資産が対外債務より大きい国は，債権国と呼ばれる。一方，対外資産が対外負債より小さい国は，対外債務国と呼ばれる。

### 日本の国際収支の推移

日本の国際収支の推移を，1996年からみていくと（図1-5），経常収支は一貫して黒字であり，それにより金融収支は2013年を除けば一貫して黒字であるため，対外金融資産が増加，拡大していることがわかる。ただし，金融収支の内訳をみると，株式市場などの世界金融市場の影響を直接に受ける証券投資や金融派生商品，外貨準備の増減は年によって異なり，プラスの年もあれば，マイナスとなる年もある。

図 1-5　国際収支の推移

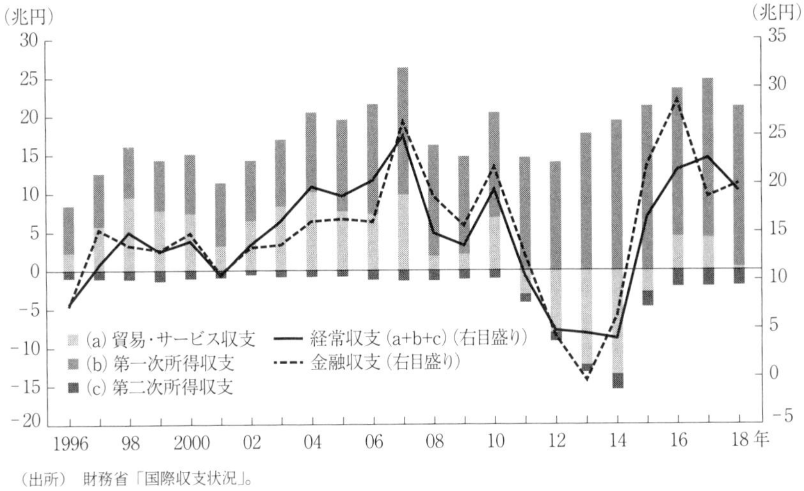


(出所)　財務省「国際収支状況」。

経常収支の内訳を見てみよう。貿易・サービス収支は 2011 年から 15 年まで赤字となり，また黒字幅も 1990 年代後半から 2000 年代初めの黒字額に比べると，かなり小さくなっている。貿易収支の黒字幅はサービス収支の赤字を上回っているため，貿易・サービス収支は黒字となっているが，財の貿易収支，サービス収支はともに小さくなっている。

近年の経常収支，貿易収支のなかで特筆すべき点として，2011～15 年の赤字がある。2011 年の東日本大震災は被災地域に甚大な被害と打撃を与え，また，日本全国でも製造や物流のプロセスに大きな影響を及ぼした。そのため，輸出が減少したことが判明している。

サービス収支は一貫して赤字であるが，その赤字幅は近年縮小しつつある。その理由の 1 つとしては，外交人観光客が近年増加していることによる旅行収支の黒字があげられる。

経常収支のうち，第一次所得収支の黒字が非常に大きく，かつ増加基調にある。この第一次所得の黒字が，日本の経常収支黒字の大部分を占めている。第一次所得収支は，上でも述べたように，対外資産からの利子や配当である。つまり，日本では，財・サービス収支の黒字が金融収支の増加を支え，対外金融資産額が増え，その利子収入により経常収支黒字に貢献するという構造になっている。

外貨準備は，先に注意したように，政府当局の保有する外国債券・証券の価値を表すため，市場価格や為替レートの動向により多少の増減があるが，2003年，04年には大きな値（外貨準備の増加）を示している。これは，円高防止のために，財務省・日銀が積極的に外国為替市場介入（円売り・ドル買い介入）を行ったことによる大幅な外貨準備の増加を反映している。2011年にも，東日本大震災を受けて，国際社会では日本および世界経済への影響が懸念され，日米欧カナダのG7各国当局による協調介入が実施された（詳しくは**unit 13**を参照）。

### 国際収支のバランス

日本が，経常収支黒字，金融収支黒字の（大きな対外債権）国であるということが理解できたであろう。貿易収支で稼いだお金を対外資産として海外に投資するという形で還元することによって，お金が世界中を回り，世界の経済が成り立っているのである。

一般に，発展途上国は，海外から直接投資などの形で資本提供を受け，国内の工業化を推進することが多いため，金融収支が赤字となりやすい。一方，輸出では比較的単価の安い農産物などの1次品が多く占めるため，貿易赤字，経常収支赤字となっているケースがある。一方，先進国は，貿易収支が黒字，そして，海外への投資が多いために，金融収支も黒字となっているケースが多いといわれる。しかし，個別の国をみると，必ずしも先進国や発展途上国のパターンに区分けできるとは限らない。たとえば，アメリカの経常収支は一貫して赤字，金融収支も赤字である（世界最大の債務国といわれるゆえんでもある）。

**注**

1） 日本の国際収支関連統計は2014年1月より，IMFによる国際収支マニュアル（第6版）に準拠した見直しが行われた。旧統計（第5版）と新統計（第6版）については，日本銀行の解説（https://www.boj.or.jp/statistics/outline/exp/index.htm/）等を参照するとよい。

## 要　約

□ 国際収支表は一国のお金の出入り（海外との資金のやりとり）を記録したものである。

□ 国際収支は経常収支，資本移転等収支，金融収支，の3項目からなる。経常収支には貿易収支，サービス収支，第一次所得収支，第二次所得収支の項目がある。

□ 日本では，経常収支と金融収支の大きさは非常に近い。経常収支，資本移転等収支から金融収支を引いたものは，ほぼゼロとなるが，実際には統計のとり方により誤差が発生する。これは誤差脱漏という項目で調整される。

□ 日本はほぼ一貫して，経常収支黒字，金融収支黒字の国であるが，近年，経常収支黒字のそれぞれの項目の動きに変化がみられる。2011年から15年には貿易収支は赤字となった。

## 確認問題

□ *Check 1*　次の取引は，国際収支表のどの項目に分類されるか答えなさい。

①海外旅行先のホテルで支払った宿泊費
②海外に留学中の子供に送った生活費
③トヨタのヨーロッパ工場から，日本のトヨタに配当が支払われた
④ソニーがヨーロッパに工場を建てた

unit 3

# 国際資本移動はなぜ起こるのか

先進諸国のみならず，発展途上国，とりわけ新興市場（エマージング・マーケット）国においても国際金融取引の規制緩和が進むなか，グローバルに国際資本移動が増大しつつある。このような国際資本移動は，世界の経済発展に大いに貢献する一方で，通貨危機・金融危機が世界に発生するとともに，ある国で発生した通貨危機・金融危機が隣国や類似の新興市場国に伝染する傾向を高めつつもある。このunitでは，まず，金融グローバル化の意味を考察する。そのうえで，国境を越えた（クロスボーダーの）異時点間取引として特徴づけられる国際金融取引について，現在と将来という2期間のフレームワークでモデル化して，国際金融取引を特徴づける。

## 金融グローバル化

近年，世界各国で資本移動に対する規制が緩和する一方，情報通信技術（ICT）が急速に発達したことから，**金融グローバル化**が進展している。金融グローバル化とは，国境を越えた金融取引が先進諸国間にとどまらず，発展途上国，とりわけ新興市場国にまで拡大してきたことを意味する。金融グローバル化には，国際資金移動と金融サービスという2つの側面がある。前者においては，国際証券投資や国際銀行融資を通じて，資金が地球規模で（グローバルに）移動していることをいう。とりわけ，新興市場国への証券投資および銀行融資が急増してきた。一方，後者については，WTOにおけるサービス貿易の自由化を反映して，銀行業や証券業などの金融サービスが，国境を越えて提供されている。具体的には，先進諸国の金融機関が新興市場国に進出，あるいは地元金融機関を買収する形で進められている。

国家間の予想収益率の比較を通じて予想収益率の低い国から予想収益率の高い国へ資金を移動させることによって，利鞘（りざや）を求める**金利裁定**が国際的に行われている。このような金利裁定のほか，資産価格や為替レートの変化の思惑による投機によって国際的に資金が移動している。金利裁定では予想収益率に差が存在することから資金が移動するために，予想収益率が相対的に有利な国へ資金が流入するが，いったんその国の予想収益率が相対的に不利になると，資金は他の有利な国を求めて，流出することになる。利子率や為替レートの変動により相対的な予想収益率が変動することによって，容易に資金が流出入を繰り返すことになる。さらに，投機は国際資金移動の不安定性に拍車をかけることがある。1994年末に発生したメキシコ通貨危機，および97年に発生したアジア通貨危機では，金融グローバル化が進展したなかで，金融リスク管理能力が十分ではない脆弱な国内金融部門がこのような不安定な国際資金移動によって，国内金融機関のバランスシートを悪化させたために，その危機を金融危機にまで深刻化させた（詳しくは第6章を参照）。さらに，日本でも起こっていることであるが，金融危機によって破綻した地元金融機関が欧米の金融機関や投資ファンドに買収され，金融サービスの側面でもグローバル化が進展している。たとえば，1998年に経営破綻した日本長期信用銀行はリップルウッド・ホールディングスに売却され，新生銀行となった。

金融グローバル化の進展に伴って，非居住者が利用できるオフショア金融センターを通じて活動しているために直接的な規制や監督を免れ，ディスクロージャー（情報開示）の義務をほとんど負わないヘッジファンド（少人数の私募形式の投資信託，あるいはその投資集団）が世界的にその活動を活発化させてきた。1998年6月に起きたロシア通貨危機に関連して，ヘッジファンドのロング・ターム・キャピタル・マネジメント（LTCM）が破綻に瀕するとともに，LTCMに融資していた金融機関が損失を被った。そのため，ヘッジファンドに対する規制・監督やディスクロージャーについて，バーゼル銀行監督委員会（先進諸国の銀行監督当局と中央銀行の上席代表者により構成）で検討された。そこで，銀行とヘッジファンドとの取引に関する報告書が提出され，ヘッジファンドに対する銀行融資の問題点とその改善が指摘されている。

## 異時点間取引としての国際金融取引

国際資本取引・国際金融取引は国際的な貸借を意味するので，何が国際資本取引・国際金融取引を決めるのかを考えるときには，どのような要因によって国際的な貸借が起こるかを考えることが必要である。国際的な貸借に限らず，貸借はある時点における所得と支出（消費や投資）との間に差が生じたときに行われる。ある時点において所得が支出を上回ると，その超過所得分を誰かに貸すことになる。逆に，ある時点において所得が支出を下回ると，その不足所得分を誰かから借りることになる。さらに，現在時点で貸せば必ず将来時点で返済されることを期待し，現在時点で借りれば必ず将来時点で返済しなければならない。このように，貸借取引は，ある一時点の取引ではなく，異なる時点の間の取引となる。したがって，国際的な貸借の決定要因を考えるときには，ある一国における異なる時点の間にわたっての所得と支出の動向に注目しなければならない。

そこで，これらの動向を最も単純化して，現在と将来という 2 期間のみで表現する **2 期間モデル**を利用して，国際貸借取引について考えてみよう。2 期間モデルでは，現在と将来の 2 期間にわたっての所得（GDP）の推移と支出の推移から国際的な貸借を考える。

(1) 消費の時間的パターンの決定

はじめに，支出のうちでも，消費支出が現在と将来にわたってどのように決まるのかを考える。家計は，現在と将来に消費することによって得られる効用（消費者の満足度）を最も大きくしたいと考えていると仮定する。その際に，重要となるのは現在の効用と将来の効用の比較である。たとえ現在の消費から得られる効用と将来の消費から得られる効用とがそれぞれの時点で同じだとしても，現在と将来の消費の配分を決める現在から両者を評価すると，将来の効用は現在の効用と異なる。将来の効用を現在から評価すると，将来までその効用が得られず我慢しなければならないという苦痛が伴う。したがって，この我慢による苦痛の分は，将来の効用を現在において評価する際には，将来の効用から割り引く必要がある。この割引率は，**主観的割引因子**と呼ばれる。そして，それは，消費者が将来の効用に比較して現在の効用をどれほど相対的に選好するかを表す**時間選好率**に依存する。すなわち，将来の効用を現在において評価する際には，将来の効用を（1＋時間選好率）で割り引くことになる。

一方，現在と将来の消費を配分するときには，現在と将来とを合わせて，どれだけの所得があるかという予算制約を考えなければならない。現在の所得・消費と将来の所得・消費を現在からみて合計したり，比較したりする際には，利子率を使って，将来の金額を現在の価値に割り引かなければならない。現在において1単位の消費を行わずに，それを貯蓄すれば，将来には（1＋利子率）の元利合計の返済を受けられる。現在の貯蓄は利子分だけ将来の消費を増やすことができる。したがって，現在の消費と将来の消費との間の配分は，時間選好率と利子率に依存することになる。すなわち，現在時点で1単位の消費をあきらめると，現在の効用が減少するが，将来には（1＋利子率）だけ消費を増やせるので，将来の効用が増加する。将来の効用の増加を主観的割引因子（1＋時間選好率）で現在時点の評価に割り引いて，将来の効用の増加と現在の効用の減少を比較する。

このように，利子率と時間選好率との関係で，効用を最大化する現在と将来の消費の組合せが決まる。利子率と時間選好率が等しいときには，利子によって増加した将来の消費から得られる効用を割り引くと現在の効用の減少と等しくなるので，現在と将来の消費量は一定となる。もし時間選好率が利子率より高ければ，利子によって増加した将来の消費から得られる効用を多めに割り引くことになるので，現在の消費のほうが将来の消費よりも高くなる。逆に，もし利子率が時間選好率よりも高ければ，利子によって増加した将来の消費から得られる効用が相対的に高く評価されるので，将来の消費のほうが現在の消費よりも高くなる。

⑵　投資額の決定

次に，投資支出とそれに伴う所得あるいはGDPの変化について考える。もしその時々のレンタル料や賃金率で供給される資本や労働がすべて需要されるような，完全雇用状態にあるならば，2期間にわたってのある一国の所得あるいはGDPの推移は，資本量と労働量によって決定される。話を簡単にするために，人口成長率は一定で，労働量は時間を通じて変わらないと仮定する。一方，現在時点で投資を行えば，将来の資本量が増加する。すなわち，投資を行えば，現在のGDPより将来のGDPが増加する。

それでは，どのような要因によって投資量が決定されるのか。国内企業は現在の利潤のみならず将来の利潤を最も大きくしようとしていると想定してみよう。もう少し厳密には，企業の経営者は，現在と将来に株主に支払われる配当の総額を現在時点から評価した金額，すなわち，現在と将来の配当の割引現在価値（利子率で割り引いた価値）を最大化（もし株式市場でファンダメンタルズ〔基礎的諸条件〕に等しい株価が成立しているならば，これは株価最大化を意味する）しようという目標をもっていると想定してみよう。

企業の経営者は，投資額の決定において，次のトレードオフ問題に直面する。現在の投資額を増加させると，将来の資本量，すなわち，生産設備が増加して，生産量が増加する。したがって，将来の配当を増加させられるが，現在の利潤が投資に利用されるので，現在において支払える配当は減少する。すなわち，企業の経営者は，現在の配当を減らして，投資を行うことによって，将来の配当がどれだけ増加するかを考えて，投資量を決定する。

1単位の投資を行うことによって現在の配当が1単位だけ減少するのに対して，1単位の投資を行って資本を1単位だけ追加することによって，将来の生産量が追加的に何単位か（1単位の追加的な資本の増加によって追加的に増加する量を「**資本の限界生産力**」と呼ぶ）増加し，将来の配当が同じだけ増加する。現在の配当の減少と将来の配当の増加とを差し引きしたものがプラスとなれば，この1単位の投資によって現在と将来の配当の割引現在価値が増加するので，投資を行うべきである。これらを差し引きしたものがプラスであるかぎり投資を増やすべきである。しかし，通常は資本の限界生産力が逓減するので，これらを差し引きしたものがゼロに近づいていく。これらを差し引きしたものがゼロとなったところで，配当が最も大きくなる。追加的な1単位の投資から得られる資本の限界生産力の割引現在価値が，現在時点において追加的な1単位の投資を行うことによって配当できない1単位に等しくなるところまで，投資が行われる。すなわち，資本の限界生産力が利子率と等しくなる資本量まで投資が行われる。

このように，資本の限界生産力と利子率との比較によって，現在の投資量が決定され，それに伴って将来の GDP が決定される。利子率に比較して資本の限界生産力が高ければ高いほど，現在の投資量が増加し，将来の GDP が増加する。すなわち，現在と将来にわたるGDPはこれらの要因によって決定される。また，同時に，現在の投資支出も決定される。

⑶　対外貸借の決定要因：消費の時間的パターン

次に，2期間モデルを利用して，対外貸借の決定要因を考えてみよう。現在と将来における支出（消費支出と投資支出）と所得あるいはGDPの相違を埋め合わせるために，外国と貸借取引が行われる。

はじめに，現在と将来の消費支出の変化に焦点を当てる。現在において利子率と資本の限界生産力とが等しいために，投資が行われず，現在と将来においてGDPが一定である状況を想定する。もし時間選好率が利子率よりも高ければ，現在の消費が将来の消費よりも高くなる。この場合には，現在においては消費が所得を超過し，将来において所得が消費を超過する。すなわち，現在においてこの国は外国から借入を行って，所得以上の消費を可能とする。一方，将来においては借入の返済を行わなければならないので，消費を所得以下に抑えて，返済に充てる。同時に，現在においてはGDP以上に消費を行うために，外国から財・サービスを輸入しなければならず，貿易収支赤字となる。将来においては，消費が所得以下に抑えられて，貿易収支が黒字となり，その貿易収支黒字よって対外借入の返済に充てられる。逆に，もし時間選好率が利子率よりも低ければ，現在の消費が将来の消費よりも低くなるので，反対のことが起こる。

このように，対外貸借を決定する1つの要因として，時間選好率と利子率との関係があげられる。時間選好率が相対的に高い国では，現在時点において所得に対して消費が高くなる一方，貯蓄が低くなる。すなわち，貯蓄率の低い国に相当する。貯蓄率の低い国では貿易収支が赤字となる一方，対外借入が多くなる傾向がある。これに対して，時間選好率が相対的に低い国では，現在時点において所得に対して消費が低くなる一方，貯蓄が高くなる。すなわち，貯蓄率の高い国に相当する。貯蓄率の高い国では貿易収支が黒字となる一方，対外貸付が多くなる傾向がある。

⑷　対外貸借の決定要因：投資および現在と将来のGDP

次に，投資とGDPに焦点を当てる。現在において時間選好率と利子率が等しいために，消費が現在と将来において一定であると想定する。もし資本の限界生産力が利子率よりも高ければ，現在において資本の限界生産力が利子率に等しくなるまで投資が行われる。これによって現在の投資支出が増加する。そして，現在において投資が行われると，将来の資本量が増加し，将来のGDPが増加する。現在から将来にかけて所得が増加する場合には，将来に増加する所得をあてにして，現在時点で借入を行うことができる。

ここで想定しているように，たとえ現在と将来にわたって消費が一定だとしても，資本の限界生産力の高い国では，現在において投資が多いこととGDPが現在から将来にかけて増加することから，現在において対外借入を行うことになる。この対外借入によって投資支出が可能となり，GDP成長率が高まる。また，現在の消費も現在の所得に制約されずに行うことができる。したがって，現在において消費支出と投資支出の合計がGDP以上に増加するので，貿易収支が赤字となる。また，将来においてはGDPが成長するが，消費支出は現在と変わらないので，貿易収支黒字となる。

このように，対外貸借を決定するもう1つの要因として，資本の限界生産力と利子率との関係があげられる。新興市場国のように，資本蓄積が途上にあるために，資本の限界生産力が高く，経済成長率が高い国では，貿易収支が赤字となる傾向がある。そして，同時にこれらの国では対外借入が大きくなる傾向にある。これに対して，経済成長率が低くなった先進諸国では，資本の限界生産力も低く，貿易収支が黒字となる一方，対外貸出が大きくなる傾向がある。

資本の限界生産力に影響を及ぼす要因として資本量，すなわち物的資本量のほかに生産技術や人的資本量（教育・訓練のレベル）などの全要素生産性が指摘される。発展途上国においては生産技術や人的資本量の蓄積が十分ではないために，先進諸国における資本の限界生産力に比較して，発展途上国のそれが低い場合がある。その場合には，たとえ物的資本量の蓄積が小さい発展途上国であっても，資本が発展途上国から先進諸国に移動することが指摘されている。これは**ルーカスの逆説**と呼ばれる。

また，別の視点から発展途上国への資本移動について，国内の要因を**プル・ファクター**と呼び，外国の要因を**プッシュ・ファクター**と呼ぶ。前述した対外貸借の決定要因は，国内の要因であるプル・ファクターに注目している。当然ながら，これらの要因には外国の要因もあり，それらはプッシュ・ファクターに相当する。



## 補論：2期間モデルにおける対外貸借・経常収支の決定

対外貸借・経常収支は，一国の家計部門の消費の時間的パターンと企業部門の生産活動・投資活動と政府部門の政府支出の時間的パターンによって決まる。それを表しているのが図1–6である。家計部門の消費の時間的パターンは，時間選好率と利子率との関係で決まる。それは，図1–6では，点$C$を通る効用の無差別曲線と予算制約線との関係に依存して，点$C$で現在と将来の消費量が決まる。一方，企業部門は，曲線$ABD$で表される生産関数（点$A$から左への水平距離が現在の投資量を表し，投資の増加に応じて将来の生産量が増加することを表している）の傾き（資本の限界生産力）が予算制約線の傾き（利子率）に等しい点で現在の投資量を決定して，将来の資本量が決まり，そして，将来の生産量が決まる。したがって，点$B$が，政府部門が存在しない場合における家計部門にとっての消費可能な現在と将来の生産量を表す。したがって，政府部門が存在しなければ，点$B$を通る傾きが利子率に等しい右下がりの直線が家計部門にとっての予算制約線となる。政府部門が存在して，政府支出を行うと，その政府支出だけ家計にとっての予算制約が厳しくなる。図1–6では，その予算制約線を実線で表している。なお，現在と将来の政府支出額を明示的に表すために図1–6には破線で示される予線制約線も描かれている。

図1–6では，現在の生産量（所与）が$Y_1$，現在の消費量が$C_1^*$，現在の投資量が$I_1$，現在の政府支出が$G_1$なので，$B_1$が経常収支赤字額である。経常収支赤字を賄うために外国から借入を行い，それが金融収支赤字額である。そして，将来の生産量が$Y_2$,

**図1–6　2期間モデルにおける経常収支の決定**

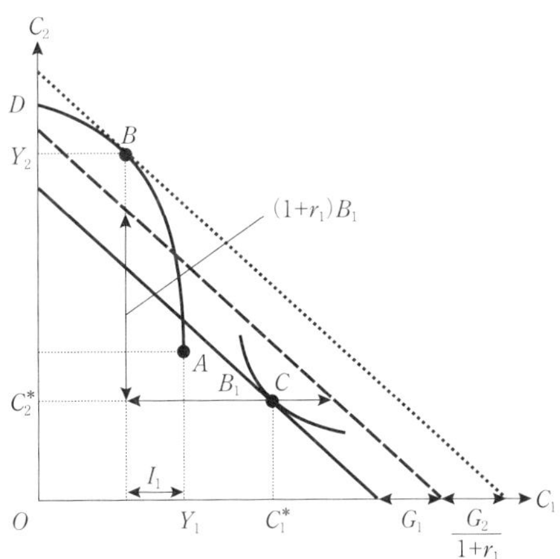

将来の消費量が $C_2^*$，将来の政府支出が $G_2$ なので，$(1+r_1)B_1$ で表されている幅だけ将来の経常収支黒字となる。現在の対外借入の増加が $B_1$ なので，将来はその元利合計 $(1+r_1)B_1$ を返済しなければならない。すなわち，将来においては，経常収支黒字を生み出し，それをもって対外債務の元利合計を返済する。

## 要　約

- □ 資本移動に対する規制の緩和および通信技術の発展に伴って，金融グローバル化が進展している。
- □ 国際資本取引・国際金融取引は，異なる時点の間の資金の取引であり，異なる時点の間の所得の取引である。
- □ 消費・貯蓄は，時間選好率と利子率によって決定される。
- □ 投資は，資本の限界生産力と利子率によって決定される。
- □ 対外貸借は，消費の現在と時間的パターンと，投資と投資によって決まるGDPの現在と将来の時間的パターンとによって決まる。

## 確 認 問 題

- □ ***Check 1*** 国民の時間選好率が利子率より高い国は対外債務国になるか，あるいは対外債権国になるか，2期間モデルを利用して，説明しなさい。
- □ ***Check 2*** 発展途上国のように資本の限界生産力が利子率より高い国は，対外債務国になるか，あるいは，対外債権国になるか，2期間モデルを利用して，説明しなさい。

## KeyWords 1

- □ 国際化　13
- □ グローバル化　13
- □ 国際貿易取引　16
- □ 国際資本取引　16
- □ 国際金融取引　16
- □ 外国為替取引　17
- □ 国際収支　20
- □ 経常収支　20
- □ 資本移転等収支　20
- □ 金融収支　20
- □ 貿易・サービス収支　21
- □ 第一次所得収支　21
- □ 第二次所得収支　21
- □ 投資収支　21
- □ 証券投資　21
- □ 金融派生商品　21
- □ 外貨準備　21
- □ 誤差脱漏　23
- □ フロー　24
- □ ストック　24
- □ 金融グローバル化　28
- □ 金利裁定　29
- □ 2 期間モデル　30
- □ 主観的割引因子　30
- □ 時間選好率　30
- □ 資本の限界生産力　32
- □ ルーカスの逆説　34
- □ プル・ファクター　34
- □ プッシュ・ファクター　34

# 第2章

# 外国為替の基礎

4　外国為替のしくみ
5　為替レートをみる
6　円高・円安と貿易収支
7　世界の通貨制度

## Introduction 2

### この章の位置づけ

外国との貿易代金を支払ったり，海外旅行をする際には，外国の通貨が必要となる。自国通貨を外国通貨に交換することを，外国為替という。外国為替レートや為替レート，為替相場などと使われているものである。もともと「為替」は，貿易などの取引決済の場合において立替を意味している。輸出入など海外との貿易や金融取引決済の事務手続きは，総合的に外国為替と呼ばれている。この章では，外国為替について解説する。

### この章で学ぶこと

**unit 4**　外国為替の意味と役割を解説する。外国為替レートと外国為替市場，また取引量の近年の発展についても解説をする。

**unit 5**　為替レートの見方を学ぶ。ひとくちに為替レートといっても，統計や報道ではいくつかの指標が用いられている。さまざまな為替レートの指標の関係と読み方を解説する。

**unit 6**　為替レートの動きと貿易収支の関係を解説する。貿易収支の調整機能とその条件，実際の為替レートの調整速度について解説する。

**unit 7**　世界各国で採用されているさまざまな為替相場制度を説明する。それぞれの為替相場制度の特徴と経済政策との関係，さらに通貨制度の歴史についても簡単に解説する。

unit 4

# 外国為替のしくみ

## 貿易取引と為替

貿易決済における**外国為替**は，輸出入の手続業務を指している。もともと，為替は，遠隔地との取引を円滑に行うために編み出された決済システムである。たとえば，江戸時代には，現在のようにATMもなく，江戸（東京）と大坂（大阪）の商人の間で商取引が行われた場合，その代金支払を毎回現金で行うことは大変であった。そこで，出てきたのが両替商による立替払（たてかえばらい）の方法であった。たとえば，江戸の商人が三井などの江戸の両替商に代金を支払い，大坂の商人は鴻池などの大坂の両替商から代金を受け取る。両替商は，多くの商人と取引を行っていたため，毎日，江戸から大坂へ，または逆に大坂から江戸への支払が発生していた。したがって，たとえば半年や1年など，一定期間の双方の支払を相殺して，その差額の決済を行うシステムが生まれたのである。これが為替システムである。この方法では，大量の現金を常に持ち運ぶ必要もなく，安全で効率的であった（図2-1)。

現在，この為替業務は銀行の役割である。日本の各銀行は，日本銀行に当座預金口座をもち，その口座間での決済が行われている。これは**全銀システム**と呼ばれている。たとえば，A銀行に口座をもっている田中さんが，家賃の振込をするケースを考えてみよう。田中さんのアパートの大家である鈴木さんは，B銀行に口座をもっている。田中さんの住むアパートのそばにはA銀行はあるが，B銀行はとても遠いところにある。田中さんが毎月B銀行の鈴木さんの口座に家賃を振込に行ってもよいが，時間もかかるし不便である。実際には，A銀行の田中さんの口座から家賃が引き落とされ，B銀行の鈴木さんの口座に振り替えられる。A銀行とB銀行との間では，このような取引が双方向で毎

図 2-1　江戸時代の為替システム

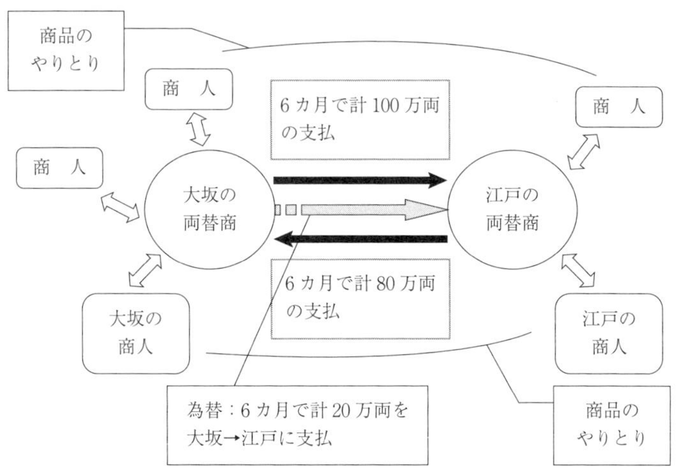


日大量に発生しているため，全銀システムを通じて決済が行われるのである。

外国の商品を買った場合の支払は，購入者は自国の銀行に商品代金を振り込み，海外の事業者はそれぞれの海外の銀行から代金を受け取り，自国と外国の銀行間で代金の決済が行われる。世界全体の銀行間をカバーする全銀システムのようなネットワークは存在しないが，多くの自国の銀行は，海外の銀行に預金勘定を開設している。この預金勘定を用いて為替決済を行っており，これを**コルレス勘定**（為替決済勘定）と呼ぶ。このように，海外の銀行を通じた決済方法を外国為替と呼ぶ。互いに銀行口座をもっていない場合には，全銀システムとコルレス勘定を組み合わせ，ほかの銀行がもっている預金口座を経由した決済が行われる。

### 外国為替レート

ところで，海外との決済を行うためには，円と他国通貨との交換が必要となる。円と外国通貨の交換比率は，**外国為替レート**と呼ばれる。ほかにも為替レート，外国為替，などとも呼ばれる。ニュースや新聞でも頻繁に「外国為替レートは1ドル＝100円」というように発表されている。1ドルを100円で交換できるという意味である。この，外貨との交換という意味でも「外国為替」という言葉が使われる。

たとえば，東京の田中さんがインターネットでニューヨークのABC会社の商品を買うと，日本のD銀行に日本円で代金の振込を行ったり，クレジットカードで日本円で支払うことができる。ABC会社は，取引をしているE銀行からドルで代金を受け取る。田中さんが支払った日本円の代金がABC会社に届くまでの間において，支払は，全銀システムやコルレス勘定を通じて行われる。その途中で，D銀行やE銀行で円からドルへの通貨の交換も行われるのである。

### 外国為替市場

自国通貨と外国通貨の取引，すなわち，通貨の売買が行われる場を，**外国為替市場**（為替市場，外為（がいため）市場）という。外国為替市場の一番の特徴は，株式市場（東京証券取引所など）や築地（2018年に営業を中止し，豊洲に移転）の競市（せりいち）のように，決まった場所や建物で取引が行われるわけではない点である。取引する人々や会社の間が電話線やインターネットなどでつながっていて，そのネットワークを外国為替市場と呼ぶ。したがって，外国為替市場は，基本的に，24時間365日オープンしている。しかし，世界の為替市場で取引の多い活発な時間帯は，およそ午前9時から午後4時の間である。

世界で最も大きな市場，つまり，多くの金融機関が集まっている地域は，東京，ロンドン，ニューヨークである。これらのほかにも，ウェリントン，シド

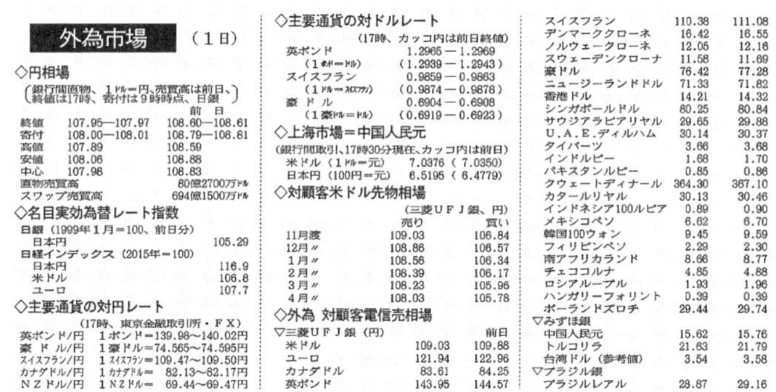

**外為市場**　（1日）

◇円相場

（銀行間直物、1ドル＝円、売買高は前日、終値は17時、寄付は9時時点、日銀）

| | | 前日 |
|---|---|---|
| 終値 | 107.95―107.97 | 108.60―108.61 |
| 寄付 | 108.00―108.01 | 108.79―108.81 |
| 高値 | 107.89 | 108.59 |
| 安値 | 108.06 | 108.88 |
| 中心 | 107.98 | 108.83 |
| 直物売買高 | | 80億2700万ドル |
| スワップ売買高 | | 694億1500万ドル |

◇名目実効為替レート指数

| | |
|---|---|
| 日銀（1999年1月＝100、前日分） | |
| 日本円 | 105.29 |
| 日経インデックス（2015年＝100） | |
| 日本円 | 116.9 |
| 米ドル | 106.8 |
| ユーロ | 107.7 |

◇主要通貨の対円レート

（17時、東京金融取引所・ＦＸ）

| | |
|---|---|
| 英ポンド/円 | 1ポンド＝139.98～140.02円 |
| 豪ドル/円 | 1豪ドル＝74.565～74.595円 |
| スイスフラン/円 | 1スイスフラン＝109.47～109.50円 |
| カナダドル/円 | 1カナダドル＝82.13～82.17円 |
| ＮＺドル/円 | 1ＮＺドル＝69.44～69.47円 |

◇主要通貨の対ドルレート

（17時、カッコ内は前日終値）

| | |
|---|---|
| 英ポンド | 1.2965―1.2969 |
| （1ポンド＝ドル） | （1.2939―1.2943） |
| スイスフラン | 0.9859―0.9863 |
| （1ドル＝スイスフラン） | （0.9874―0.9878） |
| 豪ドル | 0.6904―0.6908 |
| （1豪ドル＝ドル） | （0.6919―0.6923） |

◇上海市場＝中国人民元

（銀行間取引、17時30分現在、カッコ内は前日）

| | |
|---|---|
| 米ドル（1ドル＝元） | 7.0376（7.0350） |
| 日本円（100円＝元） | 6.5195（6.4779） |

◇対顧客米ドル先物相場

（三菱ＵＦＪ銀、円）

| | 売り | 買い |
|---|---|---|
| 11月渡 | 109.03 | 106.84 |
| 12月〃 | 108.86 | 106.57 |
| 1月〃 | 108.56 | 106.34 |
| 2月〃 | 108.39 | 106.17 |
| 3月〃 | 108.23 | 105.96 |
| 4月〃 | 108.03 | 105.78 |

◇外為 対顧客電信売相場

| ▽三菱ＵＦＪ銀（円） | | 前日 |
|---|---|---|
| 米ドル | 109.03 | 109.88 |
| ユーロ | 121.94 | 122.96 |
| カナダドル | 83.61 | 84.25 |
| 英ポンド | 143.95 | 144.57 |
| スイスフラン | 110.38 | 111.08 |
| デンマーククローネ | 16.42 | 16.55 |
| ノルウェークローネ | 12.05 | 12.16 |
| スウェーデンクローナ | 11.58 | 11.69 |
| 豪ドル | 76.42 | 77.28 |
| ニュージーランドドル | 71.33 | 71.82 |
| 香港ドル | 14.21 | 14.32 |
| シンガポールドル | 80.25 | 80.84 |
| サウジアラビアリヤル | 29.65 | 29.88 |
| U.A.E.ディルハム | 30.14 | 30.37 |
| タイバーツ | 3.66 | 3.68 |
| インドルピー | 1.68 | 1.70 |
| パキスタンルピー | 0.85 | 0.86 |
| クウェートディナール | 364.30 | 367.10 |
| カタールリヤル | 30.13 | 30.46 |
| インドネシア100ルピア | 0.89 | 0.90 |
| メキシコペソ | 6.62 | 6.70 |
| 韓国100ウォン | 9.45 | 9.59 |
| フィリピンペソ | 2.29 | 2.30 |
| 南アフリカランド | 8.66 | 8.77 |
| チェココルナ | 4.85 | 4.88 |
| ロシアルーブル | 1.93 | 1.96 |
| ハンガリーフォリント | 0.39 | 0.39 |
| ポーランドズロチ | 29.44 | 29.74 |
| ▽みずほ銀 | | |
| 中国人民元 | 15.62 | 15.76 |
| トルコリラ | 21.63 | 21.79 |
| 台湾ドル（参考値） | 3.54 | 3.58 |
| ▽ブラジル銀 | | |
| ブラジルレアル | 28.87 | 29.16 |

『日本経済新聞』2019年11月2日付朝刊

図 2-2　世界の外国為替市場の取引時間

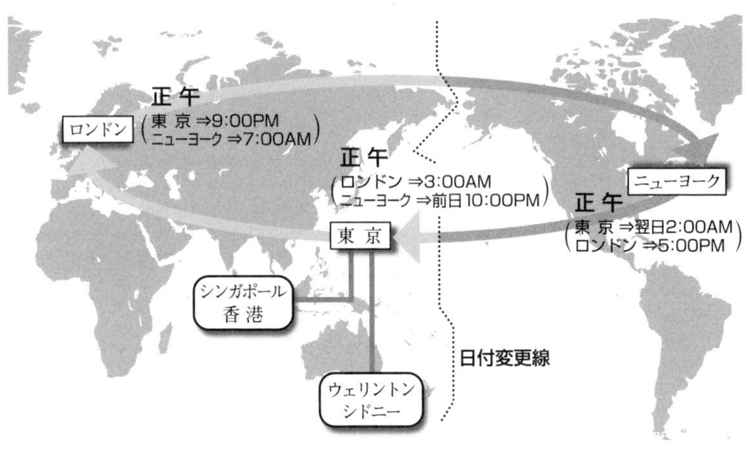


ニー，香港，シンガポール，ヨーロッパの各市場がある。外国為替市場はシドニーから始まり，東京市場の開始とともに1日のなかで最も活発な取引時間の1つとなる。東京に続き，香港やシンガポールなどのアジア市場が開いた後，ロンドンを中心としたヨーロッパ市場での取引が中心となる。アジアとヨーロッパでは時差があるために，東京市場の午後とロンドン市場の朝の取引時間が重なるため，この時間帯も取引が活発な時間の1つとなる。そして，最後にニューヨーク市場が活発になる。ロンドン市場の午後とニューヨーク時間の午前が重なるため，この時間帯の取引も非常に大きい。ニューヨーク市場の午後の時間帯は，大きな市場と重なる時間がないため，取引は少なくなっていく。そして，再び，シドニー，そして東京と市場が開いていくのである。

外国為替市場とは，通常，銀行間で為替の売買が行われる**インターバンク市場**（銀行間市場）を指す。**対顧客市場**は，銀行と顧客との間での取引が行われる市場を指し，商社や各種事業会社が取引を行うための為替取引や，海外旅行などのために円と外国通貨を替える個人の取引が含まれる。

銀行間で取引されるインターバンク市場の為替レートと，対顧客市場の為替レートは違うものである。インターバンク・レートが，銀行同士の取引に応じて時々刻々と変化するのに対して，対顧客市場の為替レートはインターバンク・レートをもとに決められる。東京市場では，朝9時55分頃に対顧客レートが決定されるため，朝9時の開始からこの時間帯にかけての約1時間は取引が非常に活発となる。

### インターバンク市場

インターバンク市場に参加できるのは，銀行，外国為替ブローカー，通貨当局である。外国為替ブローカーとは銀行間取引の仲介業者で，通貨当局は各国の中央銀行や財務省などである。インターバンクでの取引は，銀行間同士で直接取引を行う**直取引**（じき）（**ダイレクト・ディーリング**）とブローカーを経由する取引がある。ダイレクト・ディーリングでは，主に電話を使って銀行（の為替担当者）同士が取引を直接行う。

近年では，各金融機関がEBS，ロイター，CLSバンクなどと契約して，専用モニターを用いてスクリーン上での入力によって取引を行う，**電子ブローキング**と呼ばれる取引の割合が増えている。電子ブローキング・システムには，メインとなるホスト・コンピュータシステムに契約しているディーラーや金融機関などトレーダーからの為替取引に関する情報が集まり，システム上でそれぞれのトレーダーからの売り注文や買い注文を自動的にマッチングすることによって，為替取引が成立する仕組みになっている。豊洲市場などでの競りを行う，実在するプラットフォームに対して，いわば，電子的なプラットフォームを提供しているといえよう。契約している各金融機関は直接にモニターに希望する取引価格（売値，買値）や取引量を入力することができ，それらの情報は，契約している他の金融機関にも流れ，契約しているトレーダーはモニターに流

コラム

**ランチタイム効果**

1984年までは，東京市場では朝9時から正午までを「前場」（ぜんば），午後1時半から3時半までを「後場」（ごば）と呼び，12時から午後1時半までは昼休みだった。この間，東京市場はクローズし，取引を行っていなかった。現在では昼休み時間帯はとくに設定されておらず，この時間帯も東京市場は開いているが，取引量は昼休み時間帯には大幅に減少する。ロンドン市場でも同様に，昼休み時間帯には取引が減少する。このような現象はランチタイム効果などと呼ばれている。

図2-3　インターバンク市場と対顧客市場

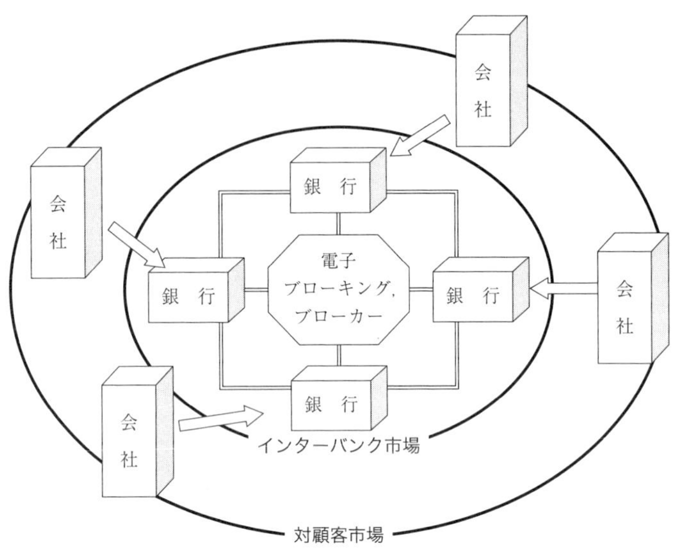


れる情報をみながら取引を行うことができる。外国為替市場がネットワークでつながっている所以（ゆえん）である。

### オフショア市場

為替市場を含む金融市場にはさまざまなものがある。多くは国内居住者同士，または国内居住者と国外居住者が取引を行う場である。一方，**オフショア市場**と呼ばれるマーケットも存在する。ここでは，非居住者同士が取引を行う。規制や課税方式などが国内の市場とは異なり，比較的規制がゆるく，無税か，非常に低い税率が課せられる程度で，かなり優遇された市場である。金融機関などは国内市場（オンショアとも呼ばれる）とオフショアでの勘定を分けている。

タックス・ヘイブン（Tax Haven）とも呼ばれ，世界的にはケイマン諸島などが有名である。アジアでは香港やシンガポール，タイのバンコックにもオフショア市場がある。タイでは，1993年にオフショア市場BIBF（Bangkok International Banking Facility）が設立された。しかし，非居住者間だけの取引にとどまらず，BIBFを通じた国内への資金流入が多かったとされ，対外債務が膨ら

**表 2-1　外国為替取引量**

（単位：10 億ドル）

| 通貨ペア | 2013 年 | | 2016 年 | | 2019 年 | |
|---|---|---|---|---|---|---|
| | 取引額 | シェア（%） | 取引額 | シェア（%） | 取引額 | シェア（%） |
| ドル／ユーロ | 1,292 | 24.12 | 1,172 | 23.13 | 1,584 | 24.03 |
| ドル／円 | 980 | 18.29 | 901 | 17.78 | 871 | 13.21 |
| ドル／ポンド | 473 | 8.82 | 470 | 9.27 | 630 | 9.57 |
| ユーロ／ポンド | 102 | 1.90 | 100 | 1.97 | 131 | 1.98 |
| ユーロ／円 | 148 | 2.76 | 79 | 1.56 | 114 | 1.72 |
| ドル／人民元 | 113 | 2.10 | 192 | 3.79 | 269 | 4.09 |
| ドル／シンガポールドル | 65 | 1.22 | 81 | 1.59 | 110 | 1.66 |
| ドル／香港ドル | 69 | 1.28 | 77 | 1.52 | 219 | 3.33 |
| ドル／韓国ウォン | 60 | 1.13 | 78 | 1.54 | 125 | 1.90 |
| ドル／インドルピー | 50 | 0.93 | 56 | 1.11 | 110 | 1.67 |
| 合計 | 5,357 | 100 | 5,066 | 100 | 6,590 | 100 |

（出所）BIS, Triennial Central Bank Survey of Foreign Exchange and Over-the-counter（OTC）Derivatives Markets in 2019.

む結果となり，1997 年の通貨危機の一因になったといわれている。日本では，1986 年に，**東京オフショア市場**（Japan Offshore Market : JOM）が創設された。海外投資家による円での資金取引を活発化させ，円の地位を高める（円の国際化）ことなどを目指している。

## 巨大な市場

世界全体での外国為替取引量は，**国際決済銀行**（BIS）が 3 年に 1 度報告をしている。BIS が 3 年おきの 4 月の取引について，各国中央銀行や当局を通じて各国の為替取引のアンケート調査を行い，まとめたものを公表している。2019 年 4 月の報告書によると，1 日で，世界全体での為替取引額は約 6 兆 6000 億ドル近くに達しており，2004 年調査による 1 兆 9000 億ドルに比べて 3 倍以上と，かなり増大していることがわかる。2013 年から 16 年の間にデータ取引高は 5.4 兆ドルから 5.1 兆ドル弱へ減少をみせたものの，この 20 年弱の間にほぼ一貫して取引額は増加し続けている。為替取引のなかでも，直物（じきもの）レートおよびスワップ（デリバティブ）が，2019 年の調査ではそれぞれ 30%，49% を占める。直物レートとは，為替取引が成立した 2 営業日後に，実際の通貨の受渡，すなわち外貨とその対価の交換が行われる取引の為替レートをいう。為替レートにはいくつかの種類があり，詳しくは次の unit 5 で述べる。

外国為替取引に使われる通貨も，世界経済の多様化や新興市場国の台頭によって，近年変化がみられる。とくに，ドルと取引される主な新興市場国通貨は取引額，そして割合ともに大きく増えている。為替取引にアメリカ・ドルが使われる割合は比較的安定しており，全取引の 88% を占める。ユーロと日本円が使われる割合は徐々に減少しており，2019 年調査ではユーロが全取引のうち 32%，日本円に至っては前回 2016 年調査の約 22% から 5 ポイントも落として約 17% となっている。ただし，取引通貨としては，ドル，ユーロに次いで，第 3 位を維持している。

日本の 2018 年の名目 GDP が約 550 兆円（2018 年平均の 1 ドル 110 円では約 5 兆ドル）である。外国為替市場が，いかに巨大な市場であるのかわかるであろう。

## 要　約

□ 外国為替市場の中心はインターバンク市場であり，電話回線やインターネットでつながった場である。インターバンク市場では金融機関などが主に取引を行う。一方，企業や個人客が銀行と為替取引を行う場が対顧客市場である。為替市場での 1 日の取引量は膨大である。

## 確認問題

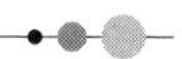

□ *Check 1* 世界全体の為替取引額と近年の取引に使われる通貨の取引シェアについて特徴を説明しなさい。

# unit 5 為替レートをみる



## 為替レートの見方

外国為替市場で決まっているのは，自国通貨と外国通貨の交換レートである。為替レートとは，通貨の交換比率を意味する。1ドル＝100円というように示される。これは，1ドルを100円と交換できるという意味であり，外国通貨1単位に対して自国通貨がいくらかという表示方法である。これを自国通貨建て（邦貨建て）という。逆に，自国通貨1単位に対して外国通貨がいくらかという表示方法は，外国通貨建て（外貨建て）という。1ドル＝100円であれば，1円＝0.01ドルと示される。わかりやすくするために，10倍，100倍にして，100単位当たりで100円＝1ドルのように表示することもある。

(1)「円高・ドル安」「円安・ドル高」の意味

為替レートが1ドル＝120円から1ドル＝100円と，自国通貨建てでみた場合に数字が小さくなるとき，円高・ドル安になったという。いままでは1ドルを手にするために120円を支払わなければならなかったのが，100円で1ドルと交換できるようになるということは，円の価値が上がったということである。逆にいえば，ドルの価値が下がったともいえる。ドルの価値が安くなり（＝ドル安），円の価値が高くなる（＝円高）ことを示している。

逆に，1ドル＝120円から1ドル＝130円になったときは，円安・ドル高という。1ドルと交換するのに必要な円の価格が120円から130円に上がる，すなわち，円の価値が下がったために，1ドルと交換するために支払わなければならない円の額が増えてしまったのである。逆にいえばドルの価値が上がったことでもある。つまり，ドルの価値が上がり（＝ドル高），円の価値が安くなる（＝円安）ことである。

一般に，通貨価値が上がることを**増価**（「増加」ではない点に注意！），通貨価値が下がることを**減価**という。円ドルの為替レートが1ドル＝120円から1ドル＝130円になったときは，円が減価し，ドルが増価したのである。

(2) クロス・レート

新聞などでは，主要通貨に対する為替レートが報告されている。ある通貨からみて，ほかの2通貨の為替レートをクロス・レートという。たとえば円ドル為替レートとユーロ/ドル為替レートを用いて，円ユーロ為替レートを計算することもできる。円ドル為替レートが1ドル＝120円，ユーロ/ドル為替レートが1ユーロ＝1.2ドルとすると，1ユーロ＝1.2ドル＝1.2×120円＝144円となり，1ユーロ＝144円のクロス・レートを計算することができる。

さて，これまでみてきた為替レートは，異なる国の通貨の交換比率であり，一般には**名目為替レート**と呼ばれるものである。これに対して，**実質為替レート**という概念もある。これは，2国間の物価水準の違いを考慮した為替レートであり，異なる国の生産物の交換比率と読み替えることもできる。実質為替レートは，次のように表される。

実質為替レート ＝ 名目為替レート×外国物価指数÷自国物価指数

このほかにも，**実効為替レート**と呼ばれるものがある。名目（実質）為替レートは，自国通貨とある一国の通貨との交換レートを表したものであるが，実効為替レートは，複数通貨に対する為替レートを表したものである。これは，主要な貿易相手国通貨に対して，貿易額などを加重平均して作成した為替レートの指数である。実効為替レートは指数で表されるため，2020年＝100などと表示される。また，数値が大きいほど自国通貨が高く，逆に数値が小さいほど自国通貨が安くなることを示している。以下では，とくに断りがないかぎりは，為替レートは名目為替レートを指すものとする。

第2次世界大戦後，日本では1ドル＝360円という固定相場制度が長く続いていたが，1971年12月のスミソニアン合意によって，為替レートは1ドル＝308円に変更された。その後，1973年2月に変動相場制度に移行し，現在に至っている。1973年後半から始まった第1次石油ショックにより，原油を輸入に頼る日本は円安になったが，1970年代半ばから再び円はドルに対して増価する。しかし，1979年の第2次石油ショックで再び，円安方向に戻った。

図 2-4　名目為替レート（円ドル）と名目実効為替レート（1980～2019 年）

（出所）　IMF, *International Financial Statistics* より筆者作成。

図 2-4 をみると，1980 年代前半は，比較的円安基調が続いた。この間，アメリカでは財政赤字と貿易赤字が続き，1985 年 9 月のプラザ合意によってドル高の是正が表明される（アメリカの 80 年代の経済状況については，unit 7 に詳しく説明している）。このプラザ合意で，円ドル・レートは急激に円高方向に進んだ。

1990 年代に入ると，日本はバブル経済崩壊の影響が長引き，不況が続いた。しかし，不況の影響で国内需要が落ち込み，輸入額が減る一方で輸出額は若干増加を示したことから貿易収支の黒字が拡大したため，円は増価傾向となった。1994 年後半からは 1 ドル＝100 円を突破する円高が続き，95 年 4 月 19 日には，円ドル・レートにおいて史上最高値となる 1 ドル＝79 円 75 銭を記録した。

急激な円高は世界経済の不安材料になるとして，先進国が円高是正を確認し，日米独による協調介入を経て，その後は，1 ドル＝100 円に戻し，2000 年代前半は 1 ドル＝110 円から 120 円程の間で推移した。

その後，2006 年ごろからのアメリカの住宅バブルの崩壊，サブプライムローン問題，2008 年 9 月のリーマン・ブラザーズの破綻「リーマン・ショック」を契機に，比較的安全とみなされる円を買う動きが活発化し，円高が進行した。2011 年 3 月には東日本大震災があったものの，ギリシャ政権交代が契機となって露呈した欧州債務危機の懸念の強まりにより，円高は進み，円ドル相場は 2011 年 10 月 31 日に，変動相場制以降の戦後最安値となる 1 ドル＝75 円 35 銭を記録した。

2012年12月に誕生した第2次安倍内閣は一連の経済政策，「アベノミクス」を掲げ，円ドルは円安基調に転換した。その後2013年4月からの日銀による大規模な金融緩和政策もあり，円安は続いた。2015年1月のスイス・ショックにより一時的に円高となるものの，回復傾向にあるアメリカ経済の利上げ期待による米ドル高も後押しして，円ドルは125円台まで戻した。イギリスの欧州連合離脱（Brexit：ブレクジット）決定の2016年6月を境に一時は100円を割れこむまでの円高となったが，その後は110円台前後で推移している。

### さまざまな為替レート

インターバンクで取引される為替レートは**銀行間相場**（**インターバンク・レート**）と呼ばれる。このインターバンク・レートは，外国通貨の需要と供給に応じて1日のなかでも絶えず変動している。外国通貨に対する需要や，その供給は，実際にはどのような経済取引で発生するのであろうか。

外国商品や外国サービスの購入，外国の生産要素に対する報酬の支払，外国の実物資産の購入，外国金融資産の購入は，すべて外貨に対する需要となる。また，通貨当局の外国為替市場での外貨買い介入も，外貨需要の発生となる。

一方，外貨の供給は，自国商品やサービスを外国に販売した場合，自国の生産要素に対する報酬の受取，自国の実物資産を外国に売却，自国の金融資産を外国に売却した場合，外国為替市場では外国通貨が供給される。さらに，通貨当局の外国為替市場での外貨売り介入も外貨供給源となる。

インターバンク・レートには，為替の受渡日の違いから，直物レート（スポット・レート）と先物レート（フォワード・レート）がある。

(1) 直物レート

為替取引が成立した2営業日後に，実際の通貨の受渡，すなわち外貨とその対価の交換が行われる取引の為替レートを，**直物レート**（**スポット・レート**）という。直物レートは，**ビッド・レート**（買いレート）と**オファー・レート**（売りレート）の2つが提示される。このように，売値（うりね）と買値（かいね）の両方が提示されることを両建てという。たとえば，インターバンク市場においてA銀行が1ドル＝100.20円のオファー・レート，1ドル＝100.15円のビッド・レートを提示した場合は，A銀行は1ドルを100円15銭なら買う，100円20銭なら売る，ということを示す。なお，日本の日常生活では，最小の通貨単位は1円であるが，外国為替市場では1銭（1円=100銭）が最小単位として使われる。

(2) 先物レート

**先物為替**は，外貨とその対価の受渡が将来の特定日に行われることを，現時点で約定する取引である。つまり，現時点で将来のある時点にいくらで外貨を取引するのかを決めておく予約である。

一般には，取引相手と1対1の相対で行われる予約取引を**先渡取引**，取引所で差金決済される予約取引を**先物取引**と呼ぶ。外国為替市場では，直物という言葉に対応させて先物という言葉が使われるが，実際の取引は先渡取引を意味する。

**先物レート**（**フォワード・レート**）は，先物レートの値が為替市場で取引されているわけではない。直物レートと先物レートの差，すなわち**直先スプレッド**が提示され，取引されている。先物レートは直物レートに直先スプレッドを加減して計算される。直先スプレッドは通貨間の金利差から計算される。

具体的に，先物レートを$f$，直物レートを$e$，自国金利を$i$，外国金利を$i^*$とすると，自国通貨で運用しても，外国通貨で運用しても，収益率が同じになる条件は（金利裁定という），

$$\frac{f}{e}=\frac{1+i}{1+i^*}$$

となる（詳しくは unit **10** を参照）。上記を整理，近似を行うと，

$$\frac{f-e}{e}=i-i^*$$

と表される（詳しくは unit **10** を参照）。ここで，左辺を直先スプレッド，右辺が内外金利格差である。つまり，ドル先物レート（$f$）の直物レートからの乖離率は，金利差に等しくなる。これを簡単に表現すると，

先物レート ＝ 直物レート±直先スプレッド

直先スプレッドは円金利がドル金利よりも低い場合に，先物ディスカウント（Discount）と呼び，逆に，円金利がドル金利よりも高いときには先物プレミアム（Premium）と呼ぶ。ディスカウントの場合，直物レートから直先スプレッドを差し引き，逆にプレミアムの場合は，加えて計算する。

コラム

**オプション取引とスワップ取引**

為替取引は大きく2つに分類でき，直物取引以外の取引は，**デリバティブ取引**と呼ばれる。デリバティブ取引には本文中で説明した先物取引のほか，**オプション取引**，**スワップ取引**が含まれる。

オプション取引は，将来のある時点において，通貨などの資産を売買することができる「権利」の売買を行う。たとえば，「1カ月後に1ドル＝100円でドルを買う」権利の売買をする。1カ月後に市場では1ドル＝110円になったとしても，このオプションをもっていれば，ドルを1ドル当たり100円で購入することができる。オプションにはコール・オプション（資産をある一定の価格で買う権利）と，プット・オプション（資産をある一定の価格で売る権利）がある。オプションで取引されるものは「権利」なので，それを行使しなければいけないというわけではない。たとえば，1カ月後の市場が1ドル＝90円になっていれば，このオプションを使わず，そのまま市場のレートで必要なドルを購入すればよいだけである。

一方，スワップ取引は異なる通貨や金利の交換を行う。たとえば，ドル資金調達は容易にできるが円資金が必要な金融機関と，円資金調達は容易だがドル資金が必要な日本の輸入企業がある場合，それぞれの企業が自力で必要な通貨資金を調達しようとすると，高い調達コストがかかる可能性がある。しかし，金融機関がドル資金を借り入れて輸入企業に融資し，輸入企業は円資金を借り入れて金融機関に融資をするというスワップを組むと，より低利で必要な資金調達を行うことができる。

（例1）日本の金利がアメリカの金利よりも低い場合には，「先物レート＝直物レート－直先スプレッド」と計算されるため，先物レートは，直物レートより（ドルが）安くなる。直物レートが1ドル＝120円，直先スプレッドが2円とすると，先物レート1ドル＝120－2＝118円となる。先物レートは，予約の期間（決済までの期間）が長くなるほど，1ドル＝115円，1ドル＝110円というように，直物レートよりドル安となる。

（例2） 日本の金利がアメリカの金利より高い場合には，「先物レート＝直物レート＋直先スプレッド」と計算され，先物レートは，直物レートより（ドルが）高くなる。直物レートが1ドル＝120円，直先スプレッドが2円とすると，先物レート1ドル＝120＋2＝122円となる。予約の期間が長くなるほど，3カ月物が1ドル＝125円，1ドル＝130円というように，直物レートよりドル高となる。

直先スプレッドが，2国間の金利差によって決まる理由は，どの国でお金を運用しても最終的に手にする額が等しくなるように先物レートが調整されるからである。簡単な例で考えてみよう。日本の金利が5%，アメリカの金利が10%，直物レートが1ドル＝100円と仮定し，手数料などはかからないとする。

日本の銀行から100円を借りて1ドルと交換し，アメリカの銀行に預金すると，1年後には1ドル10セントとなる。先物レートが1ドル＝100円であれば，1ドル10セントは，110円となる。一方，銀行から借りた100円を返済するには5円（＝100円×金利5%）の利子を支払う必要があるため，銀行に105円を返済し，手元には110－105＝5円の利益が残る。このように，利益が発生することがわかっていれば，多くの人が同じような取引を行い，ドルでの資産運用を始めるであろう。すると，先物でのドル売り・円買い予約が増えるであろう。

その結果，先物のドル価格（先物レート）は下がっていく。1ドル＝95円45銭まで下がると，1ドル10セントは，円に戻したときに105円（1.1ドル×95.4円/ドル＝105円）となり，ドル運用を行おうとする取引は落ち着く。

同様に，日本の金利がアメリカの金利より高い場合には，先物のドル価格が高くなっていくことがわかるであろう。

このように，円で運用しても，ドルで運用しても同じ収益になるように，先物レートが調整される。

### 要　約

□ 為替レートには，名目為替レートのほかに，物価を考慮した実質為替レート，複数通貨に対する価値を計算して表した実効為替レートがある。また，受渡日の違いによる直物レートと先物レートの違いが存在する。

### 確認問題

□ *Check 1* 日本の金利が1%，アメリカの金利が4%，直物レートが1ドル＝120円のとき，先物レートはいくらになるか。

unit 6

# 円高・円安と貿易収支

新聞やニュースで経済見通しや株価，為替レートの動きの説明をよくみていると，「これ以上の円高は輸出企業の収益を圧迫する」とか「最近の円安のため，海外の高級ブランド品の販売価格に値上げ改定の模様」というフレーズに出会うことがあるだろう。ここでは，為替レートの変動と貿易収支について見てみよう。

## ものの価格と円高・円安

日本で生産された商品が海外に輸出されると，当然ながら，現地の通貨で販売される。日本製の自動車がアメリカに輸出された場合は，アメリカの市場でたとえば，3000ドルという値段で販売される。

簡単なケースを考えてみよう。日本製の10万円のパソコンをアメリカに輸出し販売する。為替レートは1ドル＝100円だとしよう。輸出にかかるさまざまなコスト（輸送費や手続きの費用など）がゼロだと仮定して，日本の価格をそのままアメリカ市場の価格に反映させると，このパソコンの値段は1000ドルである。もし，為替レートが1ドル＝120円であれば，このパソコンのアメリカ価格は約833ドルである。日本からアメリカに輸出する場合，円安（円高）になるほど，アメリカでの販売価格は安く（高く）なることがわかる。

同様に，アメリカで生産された1台5000ドルの車を日本に輸出する場合，輸出のコストをゼロ，為替レートを1ドル＝100円とすると，日本での価格は1台50万円になる。もし為替レートが1ドル＝120円であれば，日本での価格は1台60万円である。日本が海外から輸入する場合，円安（円高）になるほど，日本での価格が高い（安い）ことがわかる。

海外の消費者の立場になってみよう。これまでとまったく同じ機能とデザインのパソコンが，為替レートの変動（円高）によって，1台833ドルから1000ドルに値上がりしてしまったら，値段が高くなったので買うのをやめようと思うかもしれない。日本の輸出企業にとって，円高は海外での商品価格の値上げ要因となるのである。一般に，輸出企業にとって，自国通貨の増価は海外での販売価格の上昇の一因となり，逆に，自国通貨の減価は海外での販売価格下落の一因となる。

輸入企業にとっては，自国通貨の減価は，国内販売価格の上昇圧力につながり，逆に，自国通貨の増価は，国内販売価格の下落の一因となる。

### 輸出・輸入額と為替レートの変動

貿易収支は，簡単には，輸出額と輸入額の差（純輸出）として表される。

$$貿易収支 = 輸出額 - 輸入額$$

さらに，輸出額は，輸出価格×輸出数量，輸入額は輸入価格×輸入数量である。輸出額の代金は円で受け取り，輸入額の支払は外国通貨で行われるとしよう。すると，貿易収支は以下のように表される。ここで，$e$は自国通貨建ての為替レートを表す。

$$貿易収支 = 輸出価格 \times 輸出量 - e \times 輸入価格 \times 輸入量$$

さて，自国通貨が増価するケースを考えてみよう。輸出額の変化をみると，自国通貨の増価によって，海外での輸出品価格が上昇し，販売量（輸出量）が減少するであろう。輸出数量の減り方が大きいと，輸出額は減ってしまう。逆に，輸出数量がそれほど大きく変化しない場合には，輸出額は減らない可能性がある。一方で，自国通貨の増価は輸入品の国内価格の下落をもたらす。もし輸入数量が大きく増えなければ，輸入額全体は減る可能性がある。逆に，輸入品の国内価格の下落によって，輸入量が大幅に増えれば，輸入額全体は増えるかもしれない。

したがって，貿易収支全体は，自国通貨の増価による輸出量の減少や輸入量の増加が非常に大きければ，輸出額が減少し輸入額が増えるので，貿易収支の黒字は減る（赤字が増える）。逆に，輸出数量や輸入数量が為替レートの変動の影響をそれほど受けなければ，貿易収支はそれほど大きく変化しない。

自国通貨が減価する場合にも，輸出，輸入に関して上記と逆の議論が成り立つ。自国通貨の減価により輸出数量が大きく増加すれば，輸出額は増えるであろう。一方，輸入品の国内価格が上昇して，輸入数量が大きく減少すれば，輸入額は減るであろう。この場合は，貿易収支全体では，黒字が増える（赤字が減る）。輸入数量があまり影響を受けなければ，輸入額は変化しないか輸入品価格の上昇によって増えるであろう。そうすると貿易収支全体は，黒字が減る可能性もある。

### 輸出・輸入の価格弾力性

為替レートが変動したときに，輸出数量や輸入数量がどの程度変化するのかを表すものとして，輸出（輸入）の**価格弾力性**がある。価格弾力性が大きいという場合には，価格の変化による輸出量や輸入量の変化が大きいことを示し，価格弾力性が小さい場合には，価格の変化によって輸出量や輸入量があまり変わらないことを意味する。

自国通貨が減価する（自国通貨建ての数値が上昇する）と，外貨建て輸出価格が下落するため，通常は輸出数量が増えると考えられる。為替レートの減価によって輸出数量が大きく増える場合は，輸出の価格弾力性が大きいという。逆に，輸出数量がそれほど増えない場合は，輸出の価格弾力性が小さいという。輸出の価格弾力性が十分に大きければ，自国通貨が減価したときに，輸出価格の下落よりも輸出数量の伸びが大きくなると考えられるので，輸出総額は増える。

為替レートの減価は，外国製品の自国通貨建て価格を押し上げるため，輸入品の値段は高くなる。そのため，輸入数量が減ると考えられる。為替レートの減価で，輸入数量が大きく減る場合には，輸入の価格弾力性が大きいという。輸入数量にさほどの変化がなければ，輸入の価格弾力性は小さいという。

次に，自国通貨が増価する場合の輸出と輸入の価格弾力性も考えてみよう。

自国通貨の増価は外貨建ての輸出価格を押し上げるため，輸出量は減る。輸出価格の上昇による輸出量の減り方が非常に大きい場合には，輸出の価格弾力性が大きいという。輸出量がそれほど減らない場合には，輸出の価格弾力性は小さいという。

為替レートの増価は自国通貨建ての製品価格を押し下げる。したがって，輸入品の値段を下落させるため，輸入数量が増えると考えられる。輸入数量の増え方が大きい場合は，輸入の価格弾力性が大きいという。輸入数量がそれほど増えない場合には，輸入の価格弾力性は小さいという。

輸出や輸入の価格弾力性はさまざまな値をとる。この値が 1 の場合，価格が 1% 変化したときに，1% の輸出・輸入量の変化があるという意味である。したがって，為替レートの減価によって輸出価格が 1% 下落し，輸出数量が 1% 増えると，輸出総額は変わらないことになる。

価格弾力性が 1 より大きい場合は，価格が 1% 変化すると，1% 以上の数量の変化を引き起こすことを意味する。たとえば為替レートが 1% 減価して輸出価格が 1% 下落した場合，輸出量は 1% よりも多く増える。したがって，輸出総額は増える。価格弾力性が 1 より小さい場合は，1% の価格の変化に対して，数量の変化が 1% より小さいことを意味する。為替レートの 1% の減価によって輸出価格が 1% 下落した場合，輸出数量の増加が 1% より少ない。そのため，輸出総額はかえって減ってしまう。

輸入の価格弾力性が 1 の場合は，為替レートが 1% 増価（すなわち，輸入価格が 1% 下落）すると，輸入量が 1% 増えるので，輸入総額は変化しない。輸入の価格弾力性が 1 より大きい場合は，為替レートの 1% の増価は，輸入量を 1% 以上増やすため，輸入総額は増える。輸入の価格弾力性が 1 より小さい場合は，為替レートが 1% 増価しても，輸入量の増加は 1% よりも小さいため，輸入総額は逆に減るのである。

### マーシャル＝ラーナー条件

為替レートが減価したときに，貿易収支が黒字（あるいは，為替レートが増価したときに貿易収支が赤字）となる条件を，**マーシャル＝ラーナー条件**という。マーシャル＝ラーナー条件では，実質為替レートの変化を考える。ここでは，短期的な状況を念頭に置くため，物価水準の大きな変化はないと仮定する。そうすると，実質為替レートの変化は名目為替レートの変化をそのまま反映することになり，いままでの議論を応用すればよい。

為替レートが減価（自国通貨建ての数値が上昇）すると，輸出価格の下落によって輸出量が伸びるので，輸出の価格弾力性はプラスの値となる。とくに，輸出の価格弾力性が1より大きい場合は，為替レートの1%の減価によって，輸出量が1%以上増えるため，輸出総額は増加する。一方，輸入の価格弾力性は，為替レートが減価すると，外国製品の自国通貨建て価格の上昇によって輸入量は減ると考えられるため，マイナスの値をとる。さらに，輸入の価格弾力性が1より大きい場合は，輸入総額は減少する。

このように輸出の価格弾力性と輸入の価格弾力性がそれぞれ非常に大きいと，為替レートが1%減価したときに，輸出総額が大幅に増え，かつ，輸入総額が減るので，貿易収支は黒字になる。

一方，輸出の価格弾力性と輸入の価格弾力性がそれぞれ非常に小さく，仮にゼロとしよう。すると，為替レートの1%の下落があっても，輸出量は増えないため，輸出価格の下落によって輸出総額は減ってしまう。輸入については，輸入の価格弾力性がゼロのため，輸入量の変化はないが，輸入価格が上昇するために，輸入総額は増えることになる。その結果，貿易収支は悪化する。すなわち，輸出の価格弾力性と輸入の価格弾力性との和が1より小さいと，為替レートの減価は貿易収支を悪化させる。

輸出と輸入の価格弾力性の和がちょうど1のとき，為替レートの下落は貿易収支を悪化させず，改善もしない。輸出と輸入の価格弾力性の和が1を超えている場合に，為替レートが減価すると，貿易収支は改善する。

マーシャル＝ラーナー条件とは，自国通貨の減価によって，貿易収支が改善するには，為替レートの変化に対する輸出数量と輸入数量の価格弾力性の和が1より大きい必要があることを指す。

## Jカーブ効果

さて，現実に為替レートの減価（切り下げ）は貿易収支を改善するのであろか。あるいは，為替レートの増価（切り上げ）は，貿易収支を悪化させるのか。1980年代の日米貿易摩擦は為替レートと貿易収支が大きな問題となった代表的な例である。しばしば，日本の貿易黒字と為替水準は政治的な議論の対象となっていた。日本の貿易黒字（アメリカの対日貿易赤字）が継続すると，アメリカからの円高圧力のターゲットになりがちであった。第1次，第2次石油ショックの時期を除いては，日本ではほとんどの時期において，貿易収支が黒字であった。しかも，日本からアメリカへの輸出が急激に増えていったため，日米間の貿易摩擦に発展した。アメリカだけでなく，先進国の間でも日本の貿易黒字は問題となり，1985年のプラザ合意でも，日本の貿易黒字是正が求められた。変動相場制度のもとで，為替レートに貿易収支調整の機能が求められ，円高への修正が求められたのである。

しかし，円高修正が行われた後も，すぐには貿易黒字は縮小せず，逆に，拡大する傾向がみられた。その後，1987年から90年にかけて，徐々に日本の貿易収支は縮小していった。最近の例では，2012年以降アベノミクスによって



**図2-5　貿易収支と円ドル・レート（期末値）**

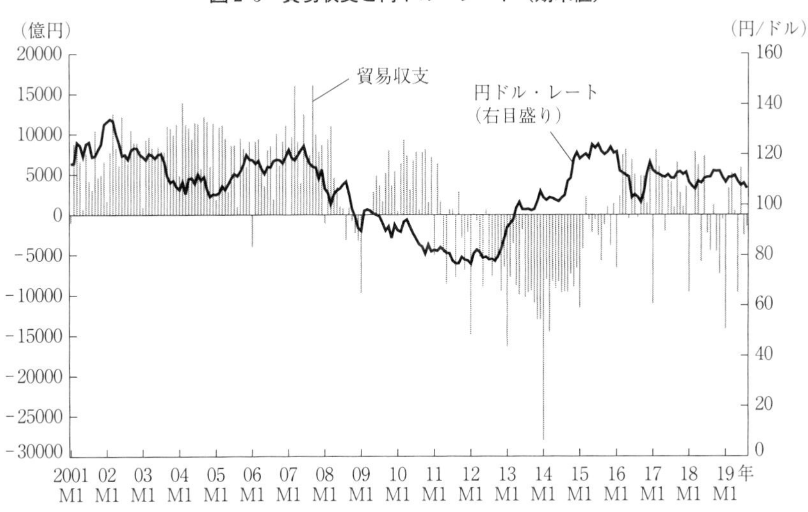


（出所）財務省貿易統計より筆者作成。

円安が進行したにもかかわらず，むしろ貿易収支は赤字を続け，また赤字幅を増大させる傾向がみられた（図2-5)。このように，為替レートが変動しても，すぐには貿易収支は調整されず，円高になっても，予想とは逆に貿易収支が増加したり，逆に円安になっても必ずしも貿易収支がすぐには改善しないという状況がみられることが明らかとなった。このように，為替レートが変動しても，すぐには貿易収支は調整されず，円高になっても，予想とは逆に貿易収支が増加する効果がみられることが明らかとなった。

**Jカーブ効果**とは，為替レートが変動したとき，その効果が現れるまでタイムラグがあるために，短期的には予想される方向とは逆の現象が起こることをいう。

たとえば，円安になると，理論的には日本からの輸出価格が低下し輸出が伸び，貿易黒字が大きくなるはずである。しかし実際には，逆に貿易赤字が増えることがある。短期的には，輸出入量の調整が価格の変化ほど速くはないため，円安による輸出価格の低下が起こっても輸出量が伸びないことがある。あるいは，輸入価格の上昇があっても輸入量がそれほど減らないために，かえって輸入額が増えてしまい，貿易赤字が増大する可能性がある。

為替レートが円高になる場合でも，短期的には輸出数量の減少が起こらず，むしろ輸出価格の増加によって輸出額が増え，かえって貿易黒字が拡大する可能性もある。このような現象がJカーブ（逆Jカーブ）効果である（図2-6)。

**図2-6　Jカーブ効果**

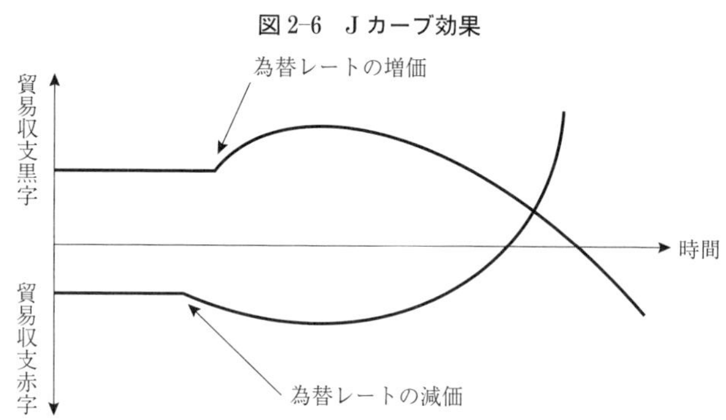

## コラム

**Ｊカーブ効果の実証**

Ｊカーブ効果を厳密に実証することは難しい。日本のように変動相場制を採用していると，為替レートが時々刻々と変化するために，ある一時点の為替レートの変化だけの影響をその後数年にわたってみることは不可能だからである。また，経常収支や貿易収支は為替レートの変化だけではなく，自国や外国の経済状況からの影響も受けるためでもある。しかし，プラザ合意後の2年ほど，円ドル・レートが増価を続けたにもかかわらず，貿易収支の拡大が続いた時期や，1990年初頭から数年間，円ドル・レートの増価と貿易収支拡大が続いた時期は，また2012年からアベノミクスによる円ドル・レートの減価と貿易収支赤字の拡大が続いた時期は，(逆) Ｊカーブ効果が働いていたとみることができよう。



## 要　約

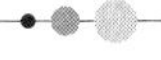

□ 取引コストなどを無視した場合，自国通貨の減価は，外国通貨建て価格を下げるため，輸出量を増加させる効果をもつと考えられる。逆に，自国通貨の増価は，輸入量を増加させる効果をもつ。実際に輸出額や輸入額の増減にどのように影響するのかは，価格の変化と輸出入数量の変化のどちらが大きいかに依存する。マーシャル＝ラーナー条件が満たされる場合には，自国通貨の減価は貿易収支を改善し，逆に自国通貨の増価は貿易収支を悪化させる。

## 確認問題

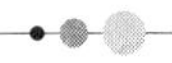

□ *Check 1*　マーシャル＝ラーナー条件を説明しなさい。

□ *Check 2*　輸出と輸入の価格弾力性の和がちょうど1のとき，貿易収支にどのような影響を及ぼすか，説明しなさい。

unit 7

# 世界の通貨制度

世界の国々はさまざまな通貨制度，為替相場制度を採用している。日本をはじめとする多くの先進国が採用している変動相場制度，1997年のアジア通貨危機前のアジア諸国や92年の欧州通貨危機前のヨーロッパ諸国の多くが採用していた中間的為替相場制度，そして固定相場制度である。ここでは簡単に，さまざまな為替相場制度の特徴をみたあと，国際通貨制度の歴史，ヨーロッパの通貨統合を考察する。

## 変動相場制度

**変動相場制度**のもとでは，基本的には外国為替市場で通貨の交換レートが決まる。つまり，通貨に対する需要と供給の大きさで，自国通貨高（外国通貨安）になったり，自国通貨安（外国通貨高）になったりする。しかし，為替レートの変動が大きすぎる場合や，経済状況からみて望ましい水準から離れすぎている場合には，中央銀行や通貨当局が市場介入を行う場合もある。当局の介入の頻度が多かったり，ある一定の範囲以内に変動幅が収まるように為替レートが動いている場合には，**管理フロート制度**と呼ばれることもある。管理フロート制度についての厳格な定義があるわけではないが，多くの国は緩やかな意味での管理フロート制度を採用しているともいえる。中期的に介入がまったく行われず，市場での需給のみで為替レートが決まる，自由な変動相場制度は多くの先進国で採用されているといえるが，長期的にまったく介入が行われなかった例は少ない。

## 固定相場制度

**固定相場制度**とは，為替レートが，ある一国の通貨や複数国通貨などに対して一定している制度である。この制度のもとでは，中央銀行や通貨当局が，為替レートが一定となるように市場介入を行っている。ただし，ここでも完全に一定の値となっている例は少なく，多くの場合は上下に，小さい範囲での変動を許しているケースがほとんどである。管理フロート制度との違いは，この変動幅が非常に狭い点である。

固定相場制度には，自国通貨を用いず，他国の通貨を流通させているケースも含まれる。南米諸国の一部では，ドルを法定通貨として使用している国，あるいは，事実上，ドルが自国通貨に取って代わっているところがある。このようなケースを**ドル化**と呼ぶ。また，複数の国や同一地域において，1つの通貨を使用する**通貨同盟**も，固定相場制度に含まれる。EU加盟国の多くではユーロが使用されているが，これも通貨同盟である。ドル化の場合は，ドルに対しては為替レートが存在しない。通貨同盟の場合は，同盟国はみな同じ通貨を採用しているために，これらの国の間では為替レートが存在しない。そのために，ドル化の国とアメリカ・ドルとの間や通貨同盟国同士では，為替リスクが存在しないという意味においては，通貨は安定している。しかし，ドル化国とドル以外の通貨との間や，通貨同盟国と通貨同盟に入っていない国との間では，為替レートが変動する。たとえば，ユーロ採用国は，ユーロ圏内においては国同士の間で為替レートの変動が起こらないために固定相場制度であるが，ユーロを採用していない日本やアメリカに対しては変動相場制度である。

固定相場制度のなかでも，最も強固であると考えられているのが，**カレンシー・ボード制度**で，香港やアルゼンチン（2002年まで）などが採用している。これは，自国通貨を100%外国通貨と交換可能とする（つまり，自国の貨幣供給額を外貨準備以下に抑える）システムである。為替レートは法律で制定され，かつ，自国通貨が外貨準備によって保証されるため，かなり固定的な為替レートを維持している。

### 中間的な為替相場制度

(1) バスケット・ペッグ制度

**バスケット・ペッグ制度**とは，複数の相手国通貨の加重平均に対して，自国通貨の為替レートを変動させるシステムである。相手国通貨は，主要な貿易相手国などから選ばれる。1つの通貨へのペッグ（固定）に比べて，名目為替レートや実質実効為替レートの変動が緩やかになると期待される。

(2) クローリング・ペッグ制度

**クローリング・ペッグ制度**とは，主要な貿易相手国と自国との過去のインフレ格差に基づいて，自国の為替レート（公定平価）を定期的に調整する制度のことである。実質為替レートを安定させる目的がある。1960〜70年代のハイパーインフレに悩んでいたラテンアメリカ諸国では，完全な固定相場制度採用による金融政策の放棄を行っても，インフレ期待を抑えることが不可能であったため，名目為替レートの定期的な切り下げを行い，物価の安定している国とのインフレ率格差を調整するような名目為替レートの段階的な切り下げを行った。この意味において，反インフレ政策の1つとしてあげられる。ただし，インフレ率格差が数%〜十数%程度に落ち着くと，むしろ，インフレ率をそれ以上拡大させずに，実質為替レートの安定的な維持（そのための良好なマクロ経済状況）が目的となることが多い。

(3) バンド付の変動相場制度

**バンド付の変動相場制度**とは，為替レートが一定の範囲内において変動することを認めるシステムである。バンド幅をある程度自由に調整することが可能であり，かつ，為替レートが完全な固定制ではないため，為替レートの大幅な変動を抑え，かつ，固定相場制度やクローリング・ペッグ制度に比べて，政策手段がより柔軟になるメリットがある。ただし，為替市場において，バンド幅を超えるような投機的な攻撃を受けたり，資本流出などによって大幅な為替切り下げの必要に直面すると，固定相場制度と同じ状況となる。実際に，過去の通貨危機をみると，欧州通貨危機，メキシコ通貨危機，アジア通貨危機，ロシア通貨危機などにおいては，バンド付の為替相場制度を採用していた国が多い。

表 2-2　代表的な為替相場制度の特徴

| | | 特　徴 | 長　所 | 短　所 |
|---|---|---|---|---|
| 固定相場制度 | 外国通貨が流通，または経済圏 | 外国通貨（ドルなど）を自国通貨として使用，複数の国が同一通貨を使用（ユーロ） | 為替リスクがない | 独自の金融政策や財政政策が不可能 |
| | カレンシー・ボード | 自国通貨供給量を外貨準備高で裏打ち | 為替レートの安定 | 金融政策の自由度に制約 |
| | 固定相場 | 一国または複数通貨に対して固定 | | |
| 中間的制度 | バスケット・ペッグ | 複数通貨に対して変動 | 金融・財政政策の柔軟性がある程度，残される | 投機を受ける可能性 |
| | クローリング・ペッグ | 主要相手国とのインフレ率格差の調整 | | |
| | バンド付 | 上下に広い変動幅 | | |
| 変動相場制度 | 管理フロート | 必要によって介入あり | 金融政策，資本移動の自由度が最も大きい | 為替の不安定性が増す |
| | 変動相場 | 市場需給から為替レート決定 | | |

(4)　為替相場制度の選択

中間的な為替相場制度は，資本移動が自由化されている国では，長期的には持続可能ではないといわれている。新興市場国では，通貨危機に対する対抗策の一環として，対極的な為替相場制度に移行する傾向が強まっている。

### 国際金融のトリレンマ

自由な資本移動，金融政策の自由度，そして為替レートの安定性を 3 つ同時に達成する政策をとることはできない。これを，**国際金融のトリレンマ**という（図 2-7）。自由な資本移動と金融政策を実現するためには，為替レートの変動を許す必要が生じ，為替レートは安定しない。自由な資本移動と安定した（固定）相場制度を採用すると，金融政策を独自に定めることが難しい。安定した為替相場制度と同時に独立した金融政策を採用すると，資本移動に制限が必要となる。

この，国際金融のトリレンマは近年みられる通貨・経済危機や，さらにはこういった危機を未然に防ぐための方策として，国際コミュニティでも重要な議

図 2-7　国際金融のトリレンマ

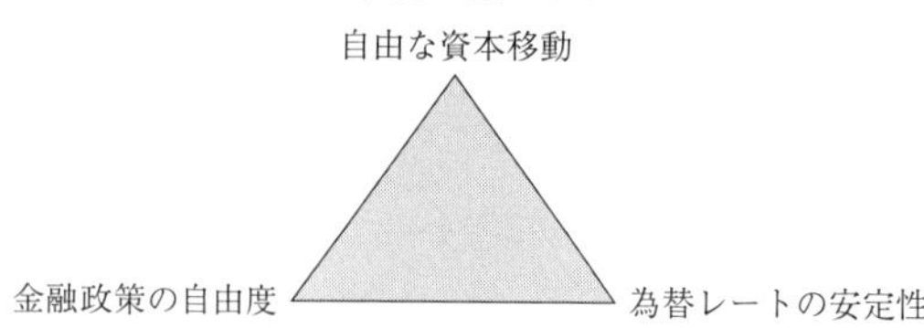


論の対象となっている。通貨・経済危機は当該国に大きな影響を及ぼすだけでなく，周辺国にも波及効果がみられる。通貨危機の発生メカニズムや伝播についてはunit **16, 17** で詳しく説明するが，ここでは簡単に為替制度と通貨危機，外貨準備について述べたい。

固定相場制度を採用している国において，ある時期を境に通貨価値が大きく下落して，固定相場制度を維持できなくなる状況が起こることを通貨危機という。外国為替市場での投機アタックで自国通貨売りが進むと，当局は保有する外貨準備を用いて自国通貨を買うことにより，自国の固定相場を維持しようとする。しかし，外貨準備額には限りがあり，当局が固定相場制度を維持することができなくなると通貨暴落（通貨下落）が起きる。急激な通貨下落は国内経済に混乱をもたらし，銀行や企業の倒産などが起こり，失業者が増え，国内生産力は低下し，不況が続くことになる。

unit **2** および unit **4** でみたように，金融収支の拡大や膨大な為替取引額は，資本移動が現実に非常に大きなものとなっていることを表している。つまり，トリレンマではなく，自由な資本移動が所与の状況として，すでにジレンマ（独立した金融政策か，為替安定かの二択）となっているという考え方も出てきている。独立した金融政策をとるのであれば，自由な資本移動を前提とすると，為替の安定（＝固定相場制）を保つのは不可能であるという見方である。一方で，金融政策の独立性を維持しながら，為替の安定のために，資本移動の自由を手放すには（＝国際資本移動に規制をかける），海外から自国への，あるいは自国から海外への優良な投資機会を奪うこととなり，経済発展を考えるうえでは大きな損失となる可能性がある。通貨危機のケースまではいかずとも，大きな投機アタックがあったり，海外の経済状況の変化があった場合に，為替レートが速やかに，柔軟に調整するほうが，固定相場制を維持するよりも，結果的に

コラム

**為替相場制度の実際**

各国が採用している為替相場制度は必ずしもIMFなどに届け出ているものとは一致しない場合もある。たとえば，通貨危機前のタイでは1984年から自国通貨を複数の通貨のバスケットに連動させる通貨バスケット制度を採用していたが，構成通貨やそのウエイトについては公表されていなかった。実際にはドルのウエイトが非常に高く，事実上のドル・ペッグだったといわれている。また，インドネシアも管理フロート制度を採用しているが，タイと同様，ドルに対してルピアを年3〜5%程度切り下げており，事実上のドル固定相場制度であった。中国は，2005年7月まで固定相場制度を採用しているが，それより前の1994年までは，公定レートと市場レート（スワップ・レートとも呼ばれていた）の2つが存在する二重為替相場制度を採用していた。

国内経済に与える打撃が少ないと考えられる。こうした背景から，最近では，柔軟な為替制度の採択が望ましいとされている。

## 国際通貨制度の歴史

国家間の貿易や金融取引の決済に使用される通貨のことを**国際通貨**と呼び，国際通貨を使った決済制度や国際収支の調整方法を**国際通貨制度**という。

古くは，金（きん）が国家間の決済における基準となっていた。金を通貨の尺度とする通貨制度を**金本位制**という。金本位制のもとでは，金を豊富に保有する国の通貨が国際通貨として利用され，各国の通貨が金と一定比率で交換される固定相場制度であった。19世紀になるとイギリスの通貨ポンドが，20世紀半ばにはアメリカの通貨ドルが，国際通貨となった。これらの国は金の保有量はもちろん，経済力や軍事力を背景に，国際通貨としての力をもったのだが，2度の世界大戦を経て通貨制度は大きく変わった。20世紀後半になってからは，多くの国で，通貨の交換比率が市場で決められる変動相場制度に移行した。現在では，さまざまな形で変動相場制度と固定相場制度が存在している。

⑴　金本位制から管理通貨制度へ

18世紀までは，銀や金などの貴金属がお金として使われ，19世紀になると金が通貨の基準として使われるようになった。そのころ，産業革命をいち早く達成し，経済力を高めたイギリスが，金を裏づけに通貨の発行を始めた。1844年にイングランド銀行から，金と交換可能なポンド表示の兌換（だかん）紙幣が発行された。これが，金本位制の始まりである。この制度では，中央銀行が，発行する紙幣と同額の金を常に保有し，いつでも紙幣と金との交換（兌換）を行えるようにすることで，紙幣の価値を保証したのである。金を持ち運ぶのは不便であるが，金と同価値の紙幣（ポンド）は持ち運びにも便利で，たちまち，通貨として利用されるようになった。なお，このときの金価格は，1オンス（約31 g）＝3ポンド17シリング10.5ペンスと決められた。

ポンドを中心とする金本位制は，第1次世界大戦前の1914年まで続いた。しかし，膨大な戦費調達を通貨発行でまかなうために，イギリスをはじめとする各国は，金本位制から離脱した。第1次世界大戦を経て，1925年に再び，世界は金本位制に復帰したが，第1次世界大戦で打撃を受けたヨーロッパ諸国に代わって，アメリカの経済力やドルの力が強くなっていた。1929年のニューヨークのウォール街での株価大暴落から始まった大恐慌をきっかけとして，当局の金保有量に依存した通貨制度は維持が難しくなり，31年に再び金本位制度から離脱する。多くの国は，金の保有量と関係なく通貨を発行する管理通貨制度を新たに採用した。その後，1939年に第2次世界大戦が始まった。

⑵　ブレトンウッズ体制

第2次世界大戦中の1944年7月，アメリカのニューハンプシャー州ブレトンウッズで，連合国44カ国による会議が開かれた。ここでは，戦後の国際通貨体制や自由貿易などに関する話し合いが行われ，国際通貨体制を支える機関として国際通貨基金（International Monetary Fund : IMF）と国際復興開発銀行（International Bank for Restruction and Development : IBRD）の設立が決まった。国際通貨基金は短期的な資金を，国際復興開発銀行は長期的な資金を援助する役割である。ここで決まった新しい通貨体制を**ブレトンウッズ体制**や**IMF体制**という。

ブレトンウッズ体制では，ドルが世界の基軸通貨となった。これは，世界中の金がアメリカに集中し，かつ圧倒的な経済力を誇っていたことによる。ドルに金と同様の価値が保証され，IMFの加盟各国は，自国通貨を金またはドルで表示する（平価）というシステムを採用した。つまり，金を媒介にして，ドルと各国の通貨価値を連動させたのである。

この制度では，金とドルの交換率を，金1オンス＝35ドルと決め，金との交換を保証し，さらに，為替レートの変動を平価の上下1％以内に維持することが決められた。日本も，平価を1ドル＝360円に固定した。為替レートが固定されているため，固定相場制度であった。

その後，1960年代に入ってから，アメリカでは財政赤字や国際収支の悪化が続き，金保有量を上回る貨幣供給の必要性に迫られるようになった。また，世界的にも資本移動の自由化と拡大が相次ぎ，ブレトンウッズ体制では対応できない可能性が表面化してきた。1971年8月15日，アメリカのニクソン大統領は，ドルと金の交換停止を発表した。これを**ニクソン・ショック**という。ドルは他国通貨に対して大きく切り下げられ，金・ドル体制による固定相場制度としてのブレトンウッズ体制は崩壊した。その後，ドルの切り下げと変動幅を拡大した固定相場制度（スミソニアン体制）を経て，1973年には主要通貨のほとんどが変動相場制度に移行した。

(3) 1973年以降

1973年に主要先進国が変動相場制度に移行した後，76年1月に，ジャマイカのキングストンでIMFの暫定委員会が開かれ，変動相場制度が正式に承認（発効は78年4月1日）された。これを**キングストン合意**という。キングストン合意では，各国が，自由に為替相場制度を決定できるようになった。

変動相場制度は，市場での通貨の需要と供給により，通貨の交換比率（為替レート）が決まるというものである。

当初，変動相場制度の発効直後は，国際収支の不均衡に対する自動的な調整機能が期待されていた。たとえば，日本で貿易収支赤字（輸入超過）が続くと，輸入代金支払のためのドル買い需要が増えて円安・ドル高に推移する。すると，輸出が増え，輸入が減り，貿易収支の赤字は解消されるという考えである。

しかし，世界経済が拡大し，財の貿易額（貿易収支）を超えて資本取引が活発になってくると，為替レートが必ずしも経常収支を均衡させない状況となった。1980年代前半には，アメリカのレーガン大統領のもとで，高金利によるアメリカへの資本流入が発生し，経常収支の赤字にもかかわらずドル高が続いた。その後，為替レートの乱高下，経済のファンダメンタルズとの乖離，対外不均衡の持続などの問題点が指摘されるようになった。その都度，先進国の間では，変動相場制度や為替レートの安定についての話し合いがもたれるようになる。1985年9月にニューヨークのプラザホテルで行われた**プラザ合意**によるドル高是正は，さまざまな不均衡を解消するための国際的な金融協調であった。

### 欧州通貨ユーロ

ヨーロッパでは2002年1月に，**ユーロ**が実現した。1957年に欧州経済共同体（EEC）が発足して以来，約50年かかって通貨統合が達成されたのである。1979年に創設されたEMS（欧州通貨制度）は，加盟国通貨から作ったバスケット通貨（ECU〔欧州通貨単位〕）に対して，各国通貨の変動幅を，中心レートに対して上下2.25％以内にとどめるというシステムであった。また，ECUが，共通の計算単位，準備資産，決済手段として導入された。1979年3月にEMSが発足したばかりの頃は，ECでの資本取引自由化はまだ初期段階であり，域内通貨の交換性と金融市場の整備を徐々に進めていった。

ユーロの発足に伴い，ヨーロッパでは域内に共通の新しい中央銀行（欧州中央銀行，European Central Bank : ECB）を設立した。この共通の中央銀行に，**最後の貸し手**（lender of last resort : **LLR**）**機能**を残した点が，カレンシ・ボード制度などとの大きな違いである。最後の貸し手機能とは，国内や域内の金融機関が，一時的に流動性の不足に陥ったとき，中央銀行がその金融機関に資金供給を行うことを意味する。1つの金融機関で取り付け騒ぎが起こると，その銀行だけではなく，他の金融機関に対しても人々は不安を募らせて預金引出を行おうとするため，経済全体の金融機能が麻痺してしまう恐れがある。そのため，中央銀行は，1つの銀行が一時的に資金不足になったときに，すみやかにお金を貸し付けて，経済の安定が損なわれないようにする。

共通通貨制度の大きなメリットとしては，域内における通貨交換に関わる取引費用を節約できる，域内においては為替リスクを排除できるという点である。一方で，デメリットも残る。加盟各国では，独自の金融政策の独立性を放棄せざるをえないことである。かつ，為替安定のためには各国の経済ファンダメンタルズが良好かつ安定していることが大切であるため，金融政策を用いることができないなかでの経済政策の運営がますます重要となってくる。さらに，国による相違がある場合には，政策協調が大切になる。ユーロ導入に関しては，マーストリヒト条約（1993年11月発効）の経済収斂条件（通貨同盟への参加のための条件）として，財政赤字はGDP比の3%以内，政府債務残高はGDPの60%以下に保つという財政規律の導入が行われたが，財政状況は不況の深刻度や経済の発展段階に応じた物的インフラ建設の需要の大小などを反映して，各国の間で大きく異なりがちである。そのため，厳しい共通の規律を課すのは難しいというのが現状である。

欧州通貨統合やユーロ圏危機についてはunit **22〜24**で詳しい説明がされている。



## 要　約

□ 為替相場制度は大きく，固定相場制度，変動相場制度，そして中間的な為替相場制度の3つに分類できる。それぞれに長所と短所があるが，最も重要な点は，国際金融のトリレンマ，すなわち，為替レートの安定性と金融政策の自由度，そして自由な資本移動が3つ同時には成立しないことである。

## 確認問題

□ *Check 1*　世界の主要な為替相場制度をいくつか取り上げ，それぞれの長所や短所を述べなさい。

## KeyWords 2

- □ 外国為替 41
- □ 全銀システム 41
- □ コルレス勘定 42
- □ 外国為替レート（為替レート） 42
- □ 外国為替市場 43
- □ インターバンク市場 44
- □ 対顧客市場 44
- □ 直取引（ダイレクト・ディーリング） 45
- □ 電子ブローキング 45
- □ オフショア市場 46
- □ 東京オフショア市場 47
- □ 国際決済銀行（BIS） 47
- □ 増　価 50
- □ 減　価 50
- □ 名目為替レート 50
- □ 実質為替レート 50
- □ 実効為替レート 50
- □ 銀行間相場（インターバンク・レート） 52
- □ 直物レート（スポット・レート） 52
- □ ビッド・レート 52
- □ オファー・レート 52
- □ 先物為替 53
- □ 先渡取引 53
- □ 先物取引 53
- □ 先物レート（フォワード・レート） 53
- □ 直先スプレッド 53
- □ デリバティブ取引 54
- □ オプション取引 54
- □ スワップ取引 54
- □ 価格弾力性 58
- □ マーシャル＝ラーナー条件 60
- □ Jカーブ効果 62
- □ 変動相場制度 64
- □ 管理フロート制度 64
- □ 固定相場制度 65
- □ ドル化 65
- □ 通貨同盟 65
- □ カレンシー・ボード制度 65
- □ バスケット・ペッグ制度 66
- □ クローリング・ペッグ制度 66
- □ バンド付の変動相場制度 66
- □ 国際金融のトリレンマ 67
- □ 国際通貨 69
- □ 国際通貨制度 69
- □ 金本位制 69
- □ ブレトンウッズ体制（IMF体制） 70
- □ ニクソン・ショック 71
- □ キングストン合意 71
- □ プラザ合意 72
- □ ユーロ 72
- □ 最後の貸し手（LLR）機能 72

# 第3章

# 為替レートはなぜ変動するのか

8　購買力平価

9　購買力平価は本当に成立するのか

10　金 利 平 価

# Introduction 3

## この章の位置づけ

この章では，為替レート決定理論の基礎となる購買力平価と金利平価について解説する。

unit **1** で述べたとおり，国際経済取引は，国際商取引と国際金融取引に分けられる。

国際商取引とは，国家間における財の価格差を利用し，国家間で財を動かすことで利益を求める取引であり，国際商品裁定取引とも呼ばれる。この国際商品裁定取引から派生する外国通貨に対する需要・供給が為替レートを決定するという考え方を購買力平価と呼ぶ。

一方，国際金融取引とは，国家間における金利差を利用し，国家間で資金を動かすことで利益を求める取引であり，国際金利裁定取引とも呼ばれる。この国際金利裁定取引から派生する外国通貨に対する需要・供給が為替レートを決定するという考え方を金利平価と呼ぶ。

## この章で学ぶこと

unit **8**　国家間における商品裁定取引から，絶対的購買力平価式と相対的購買力平価式を導出する。

unit **9**　購買力平価が実際に成立しているかどうかを分析し，購買力平価から乖離する原因を説明する。また，その1つとして，非貿易財の存在に着目し，国家間における貿易財部門，非貿易財部門の生産性格差が実質為替レートに与える影響を述べたバラッサ＝サミュエルソンの定理を解説する。

unit **10**　国家間における金利裁定取引から，カバーなし金利平価とカバー付き金利平価を導出する。

# unit 8

# 購買力平価

このunitでは，為替レート決定理論の1つである**購買力平価**（purchasing power parity : PPP）について解説する。

unit 1で述べたとおり，国際経済取引は，国際商取引と国際金融取引とに分けられる。国際商取引とは，国家間における財の価格差を利用し，国家間で財を動かすことで利益を求める取引である。この国際商取引においては通貨の交換が必要となる。たとえば，日本の企業が，アメリカから牛肉を輸入するとき，その輸入代金をドル建てで支払うならば，日本の企業は，支払に備え，前もって円をドルに交換しておく必要がある。このように，国際商取引から外国通貨（たとえばドル）に対する需要と供給が発生し，これが為替レートを決定するという考え方を購買力平価と呼ぶ。

## 国内における商品裁定取引と一物一価の法則

購買力平価を理解するうえで，まず，**商品裁定取引**という考え方を理解する必要がある。商品裁定取引とは，同質的な財が，異なる場所で異なる価格で販売されているときに，これを価格の安い場所で購入し，高い場所で売却することにより，「鞘(さや)を取る」取引である。

たとえば，同じ品質のリンゴが，東京では1個110円，大阪では1個90円で販売されているとしよう。同じ品質のリンゴであるにもかかわらず，東京と大阪で価格差が生じる理由は，東京と大阪におけるリンゴに対する需要と供給の相対的な関係に差があるからである。これを図示したものが図3-1である。東京では，相対的にリンゴに対する需要が多い，または供給が少ないためにリンゴの価格が1個110円となっている。これに対し，大阪では，相対的にリン

図 3-1　商品裁定取引

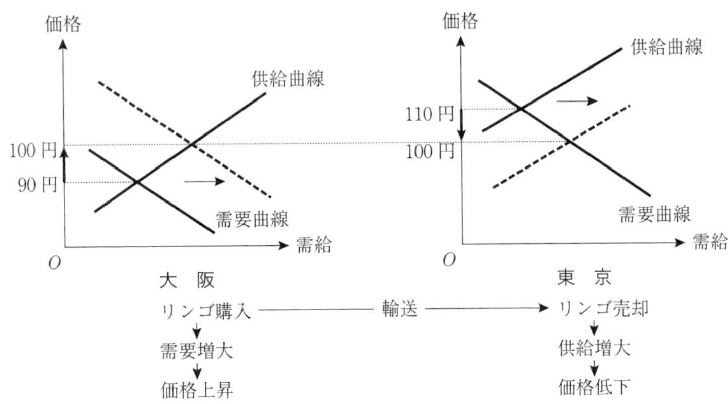


ゴに対する需要が少ない，または供給が多いためにリンゴの価格が 1 個 90 円となっている。

このとき，輸送費などの取引費用が無視できるならば，大阪でリンゴを購入し，これを東京で売却する商品裁定取引を行うと，リンゴ 1 個当たり 20 円の利益を得られる。

しかし，このような裁定機会はいつまでも存続しない。大阪では，リンゴに対する需要が増大するため，需要曲線が右方シフトする。この結果，需要・供給の法則が作用し，大阪ではリンゴの価格が上昇し始める。一方，東京ではリンゴの供給が増大するため，供給曲線が右方シフトする。この結果，東京ではリンゴの価格が下落し始める。最終的には，たとえば，リンゴ 1 個当たり 100 円という価格で東京と大阪の価格が均等化するであろう。

以上のように，同質的な財であれば，同一の価格づけが行われることを**一物一価の法則**という。

### 国家間における商品裁定取引と一物一価の法則

上記の例では，東京と大阪という国内における異なる 2 地点間の商品裁定取引を考えた。次に，日本とアメリカという国境を越えた商品裁定取引を考えよう。ただし，unit **1** で述べたとおり，国家間における商品裁定取引においては，通貨の交換が必要となるため，為替レートという「通貨軸」の視点が必要となることに注意が必要である。

先の例では，リンゴという個別の財を想定したが，ここでは，これを一般化する。いま，日本とアメリカにおいて，同一の $n$ 種類の財が取引されているとする。これは，日本人とアメリカ人の消費バスケットを構成する財の種類が同一であることを意味する。また，これらの財はすべて持ち運び可能であるとする。このような財を**貿易財**と呼ぶ。

いま，日本における第 $i$ 財価格を $P_{i,t}$，アメリカにおける第 $i$ 財価格を $P^*_{i,t}$ とする。ただし，$P_{i,t}$ は円建て，$P^*_{i,t}$ はドル建てで表示され，右上のアステリスク（*）で外国（アメリカ）を表すことにする。また，変数の右下の添え字 $t$ は時間を表し，今期を $t$ 期と呼ぶものとする（たとえば，第 1 財がリンゴであり，$t$ 期における日本のリンゴ 1 個の価格が 100 円であるならば，$P_{1,t}=100$ 円，アメリカのリンゴ 1 個の価格が 1 ドルであるならば，$P^*_{1,t}=1$ ドルとなる）。

しかし，日本のリンゴの価格は円建て，アメリカのリンゴの価格はドル建てであるため，このままでは価格の比較ができない。そこで，アメリカの第 $i$ 財の価格を円建てで表示し，通貨単位を統一する。$t$ 期における円建て為替レートを $e_t$ と表そう。たとえば，1 ドル＝100 円であるならば，$e_t=100$ 円/ドルとなる。このとき，アメリカにおける第 $i$ 財の価格を，円建てで表示すれば，$e_t P^*_{i,t}$ 円となる。たとえば，第 1 財がリンゴであるとき，アメリカのリンゴが 1 個 1 ドルで，為替レートが 1 ドル＝100 円ならば，$e_t P^*_{1,t}=100$(円/ドル)×1(ドル)＝100(円) と計算できる。

ここで，円建てで表示したアメリカの第 $i$ 財の価格が，日本における第 $i$ 財の価格よりも安かったとしよう。すなわち，

$$P_{i,t} > e_t P^*_{i,t}$$

という不等式が成立していたとしよう。

このとき，日本の輸入業者は，①円をドルに交換し，②そのドルを用い，アメリカで第 $i$ 財を購入し，③これを日本に輸送し売却する，という商品裁定取引を行うと，輸送費などの取引コストを無視すれば，財 1 単位当たり，上式の左辺と右辺の差に等しい利益を得る。

しかし，先と同様，このような裁定機会はいつまでも存続するわけではない。なぜならば，①の取引より，為替市場において，円売り・ドル買いが発生する

ため，為替レートは円安・ドル高となり $e_t$ は上昇する。また，②の取引より，アメリカにおける第 $i$ 財の需要が増大するため，需要・供給の法則が作用し，$P^*_{i,t}$ が上昇する。一方，③の取引により，日本における第 $i$ 財の供給が増大するため，$P_{i,t}$ が下落する。

以上の国際的な商品裁定取引の結果，日本とアメリカで第 $i$ 財の価格は均等化し，一物一価の法則，

$$P_{i,t} = e_t P^*_{i,t} \tag{1}$$

が成立する。また，$n$ 種類の財すべてが貿易財であると想定したので，(1) 式はすべての $i$（$i$=1, …, $n$）について成立する。

### 絶対的購買力平価

(1) 式は，第 $i$ 財という個別の財における一物一価の法則を表すが，これを一般物価水準における一物一価の法則に拡張したものが購買力平価である。以下では，消費バスケットを構成する各財の割合が，日本とアメリカで同一であると仮定する。この仮定は，日本人とアメリカ人の嗜好が同一であるため，総消費額に占める各財への支出額の割合が同一となることを意味する。また，一般物価水準 $P_t$ を，消費バスケットに占める各財の割合でウェイトづけした加重平均として定義する。

以上の想定が満たされるとき，個別の財における一物一価の法則 (1) 式は，

$$P_t = e_t P^*_t \tag{2}$$

と展開できる。(2) 式の導出については各自確かめられたい（確認問題 1）。(2) 式は，個別の財における一物一価の法則 (1) 式を，一般物価水準における一物一価の法則に拡張したものとなっている。(2) 式を為替レート $e_t$ について解けば，

$$e_t = \frac{P_t}{P^*_t} \tag{3}$$

を得る。(3) 式は，為替レートは自国と外国の一般物価水準の比率によって決定されることを意味しており，**絶対的購買力平価式**と呼ばれる。

ただし，**購買力**とは，貨幣 1 単位で何単位の財が購入できるかを表す尺度である。たとえば，リンゴ 1 個が 100 円のとき，貨幣 1 単位，すなわち 1 円では，リンゴ 1/100 個購入できるため，リンゴで測った円の購買力は 1/100 個とな

る。同様に，アメリカではリンゴ1個が1ドルであったとすると，リンゴで測ったドルの購買力はリンゴ1個となる。すなわち，購買力は，一般物価水準の逆数 $1/P_t$ で測られる。ここで，(3)式は，

$$e_t = \frac{1/P_t^*}{1/P_t} \tag{4}$$

と表せることに注意しよう。(4)式は，為替レートは，自国と外国の購買力の比率によって決定されることを意味している。このため，(4)式を「購買力」平価と呼ぶのである。先の数値例で，リンゴ1個分の購買力をもつ1ドル札1枚とリンゴ1/100個分の購買力をもつ1円玉を等価で交換するためには，1円玉が100枚必要であることがわかる。したがって，このとき，為替レートは1ドル＝100円と決定される。

(3)，(4)式の解釈は以下のとおりである。アメリカの物価水準が不変のもとで，日本の物価水準が上昇（下落）するならば，円の購買力が低下（上昇）する。このため，1ドルとの交換に必要な円が増大（減少）し，為替レートは，円安・ドル高（円高・ドル安）となるのである。

### 相対的購買力平価

絶対的購買力平価式(3)式は，輸送費などの取引費用が存在しないことを前提としていた。しかし，現実的には，アメリカから日本へリンゴを輸送すると無視できない輸送費が生じ，さらに関税等が賦課される場合もある。輸送費や関税など自由な貿易の妨げとなる障害を**貿易障壁**と呼ぶ。ここでは，これら貿易障壁の存在を考慮し，絶対的購買力平価式を修正する。

貿易障壁を反映したパラメータを $\theta$（シータ）で表し，これは時間を通じて一定であると仮定する。このとき，(3)式は，

$$P_t = \theta e_t P_t^* \tag{5}$$

と修正できる。たとえば，アメリカでリンゴが1個1ドルで，為替レートが1ドル＝100円のとき，日本の輸入企業が，アメリカでリンゴを1個購入すれば，円建てで100円必要となる。さらに，これを日本へ輸送するとき，輸送費や関税などすべての取引費用を含めると，追加的に100円の1割に相当する10円がかかるとすれば，$\theta=1.1$ となる。(5)式は，輸送費，関税などの取引費用を

コラム

**ビッグマック・レート**

一物一価の法則(1)式を応用したものに**ビッグマック・レート**がある。ビッグマックは，御存知，マクドナルドのハンバーガーで，世界各国で販売されている。ビッグマック・レートとは，一物一価の法則に基づき，各国のビッグマックの価格が均等化するためには，為替レートがどの水準になければならないかを示すものである。これは，イギリスの「エコノミスト社」(https://www.economist.com/news/2019/07/10/the-big-mac-index）によって，毎年，公表されており，アメリカのドルに対する為替レートが計算されている。これらのうち，代表的な国におけるビッグマック・レートを抜粋したものが，表3-1である。

たとえば，2019年において，ビッグマック1個は，アメリカでは5.74ドル，日本では390円であったため，これらを均等化させる円ドル為替レートは，1ドル＝67.94円となる。これらのレートと現実のレートを比較すると，現実の円ドル為替レートは円安・ドル高の水準にあるといえよう。

ただし，実際には，市場ではビッグマック以外にも無数の財が存在している。したがって，ビッグマック・レートは，国家間でビッグマックの価格が均等化するような為替レートの水準を算出したものに過ぎず，為替レートがビッグマック・レートの水準にあるべきだという意味ではないことに留意が必要である。

購買力平価が，現実に成立しているかどうかについては，次の unit 9 でより詳細に述べる。

表3-1　ビッグマック・レート

| 国 | 現地通貨単位 | ビッグマックの価格（現地通貨建て） | ビッグマック・レート | 実際の為替レート（対ドル）2019/7/9 |
|---|---|---|---|---|
| アメリカ | アメリカ・ドル | 5.74 | 1.00 | 1.00 |
| アルゼンチン | アルゼンチン・ペソ | 120.00 | 20.91 | 41.80 |
| オーストラリア | オーストラリア・ドル | 6.15 | 1.07 | 1.44 |
| ブラジル | レアル | 17.50 | 3.05 | 3.81 |
| カナダ | カナダ・ドル | 6.77 | 1.18 | 1.31 |
| スイス | スイス・フラン | 6.50 | 1.13 | 0.99 |
| 中国 | 元 | 21.00 | 3.66 | 6.88 |
| デンマーク | クローネ | 30.00 | 5.23 | 6.66 |
| ユーロ圏* | ユーロ | 4.08 | 0.71 | 0.89 |
| イギリス | ポンド | 3.29 | 0.57 | 0.80 |
| インドネシア | ルピア | 32000.00 | 5574.91 | 14130.00 |
| インド | ルピー | 183.00 | 31.88 | 68.55 |
| 日本 | 円 | 390.00 | 67.94 | 108.77 |
| 韓国 | ウォン | 4500.00 | 783.97 | 1180.55 |

| メキシコ | メキシコ・ペソ | 50.00 | 8.71 | 18.90 |
|---|---|---|---|---|
| マレーシア | リンギット | 8.85 | 1.54 | 4.14 |
| ノルウェー | クローネ | 42.00 | 7.32 | 8.65 |
| ニュージーランド | ニュージーランド・ドル | 6.40 | 1.11 | 1.51 |
| フィリピン | フィリピン・ペソ | 142.00 | 24.74 | 51.32 |
| ロシア | ルーブル | 130.00 | 22.65 | 63.84 |
| シンガポール | シンガポール・ドル | 5.80 | 1.01 | 1.36 |
| スウェーデン | クローナ | 51.00 | 8.89 | 9.48 |
| タ　イ | バーツ | 119.00 | 20.73 | 30.83 |
| トルコ | リ　ラ | 13.99 | 2.44 | 5.72 |

（注）＊：加盟国平均
（出所）エコノミスト社ホームページ（https://www.economist.com）。

考慮した後の，第 $i$ 財の価格が自国と外国で均等化することを意味している。

ここで，(5) 式を変化率の形に書き直し，$\theta$ が通時的に一定であることを用いれば，

$$\frac{e_{t+1}-e_t}{e_t}=\frac{P_{t+1}-P_t}{P_t}-\frac{P^*_{t+1}-P^*_t}{P^*_t} \tag{6}$$

を得る。(6) 式の導出については各自確かめられたい（確認問題 2）。(6) 式の右辺第 1 項の $(P_{t+1}-P_t)/P_t$ は，$t$ 期から $t+1$ 期にかけて，日本の一般物価水準が何パーセント変化するかを表す日本の一般物価水準の変化率，すなわち，インフレ率である。たとえば，日本の一般物価水準が $t$ 期において $P_t=100$，$t+1$ 期において $P_{t+1}=105$ であるときには，$(P_{t+1}-P_t)/P_t=(105-100)/100=0.05$ となり，$t$ 期から $t+1$ 期にかけて 5% のインフレが発生することがわかる。同様に，$(P^*_{t+1}-P^*_t)/P^*_t$ はアメリカのインフレ率，$(e_{t+1}-e_t)/e_t$ は，為替レートの変化率である。

したがって，(6) 式は，為替レートの変化率は，自国と外国のインフレ率格差に等しくなることを意味しており，**相対的購買力平価式**と呼ばれる。

(6) 式は，アメリカのインフレ率が不変のもとで，日本のインフレ率が上昇（下落）するならば，為替レートの変化率も同率上昇し，円安・ドル高（円高・ドル安）となることを表している。

## 要　約

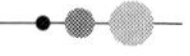

□ 購買力平価は，国家間における商品裁定取引を通じて成立する一物一価の法則に基づいている。絶対的購買力平価式では，為替レートは，自国と外国の一般物価水準の比率，または購買力の比率によって決定される。また，相対的購買力平価式では，為替レートの変化率は，自国と外国のインフレ率格差によって決定される。

## 確 認 問 題

□ ***Check 1*** 日本とアメリカにおいて同一の $n$ 種類の貿易財が取引されており，その各財が両国の消費バスケットに占める割合が同一であり，かつ，すべての財について一物一価の法則が成立するとき，個別の財における一物一価の法則(1)式が絶対的購買力平価式(2)式に展開できることを示しなさい。

□ ***Check 2*** 絶対的購買力平価式(2)式から相対的購買力平価式(6)式を導出しなさい。

□ ***Check 3*** 今日の円ドル為替レートが100円/ドルとする。今後1年間に日本で一般物価水準が1% 上昇し，アメリカで3% 上昇すると予想される。購買力平価式に基づけば，1年後の円ドル為替レートの水準は何円/ドルになると予想されるか。

# unit 9

# 購買力平価は本当に成立するのか

このunitでは，unit 8で解説した購買力平価が，現実に成立しているか，また成立しないのであれば，その原因は何なのかについて解説する。とくに，購買力平価から乖離する原因の1つとして，非貿易財の存在を指摘し，国家間における貿易財部門，非貿易財部門の生産性格差が実質為替レートに与える影響を述べたバラッサ＝サミュエルソンの定理を解説する。

## 円ドル為替レートの動向をみる

購買力平価が現実に成立しているかをみるため，日本が変動相場制度に移行した1973年以降の円ドル為替レートのデータと購買力平価から計算される為替レートを比較する。unit 8の(2)式より，絶対的購買力平価で決定される為替レートは，$e_t = P_t/P_t^*$と計算される。

これを計算し，図示したものが，図3-2である（ただし，厳密には相対的購買力平価の水準を表している。「コラム」を参照のこと）。図3-2の実線は，1973～2018年の実際の円ドル為替レートの動向，破線は，unit 8の(1)式に基づいて計算した購買力平価の水準を表す。ただし，図3-2においては，為替レートのデータとして，市場レートの期末値，物価指数として，消費者物価指数，および企業物価指数（アメリカは生産者物価指数）のデータを用いた。

図3-2より，購買力平価は，長期的な名目為替レートの円高・ドル安という動向を捉えているが，実際の為替レートとの間には乖離が存在することがわかる。また，企業物価指数をベースとした購買力平価のほうが，消費者物価指数をベースとした場合より，当てはまりがよいことがわかる。

また，unit 5において，実質為替レートという概念を説明した。これは，

図 3-2　円ドル為替レートの購買力平価

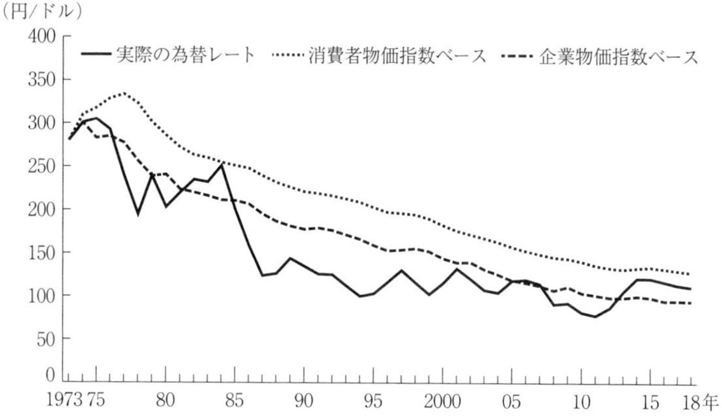


(出所)　IMF, *International Financial Statistics.*

図 3-3　円ドル実質為替レートの購買力平価

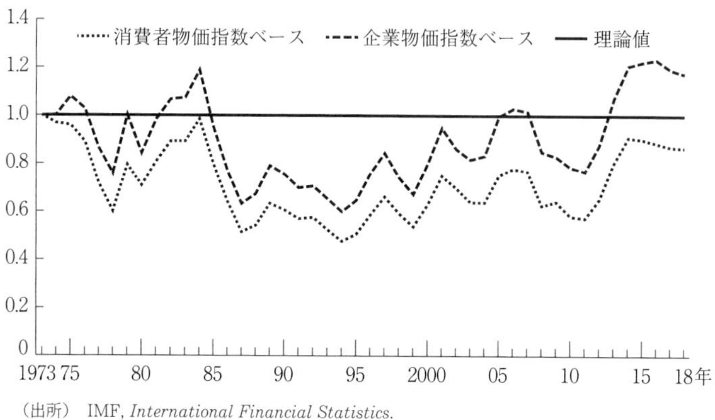


(出所)　IMF, *International Financial Statistics.*

$e_t P_t^* / P_t$ として定義され，自国通貨建てで評価された外国の物価水準と自国の物価水準の相対価格を表すものであった。したがって，絶対的購買力平価が成立するならば，常に実質為替レートは 1 となるはずである。円ドル実質為替レートのデータを示したものが，図 3-3 である。図より，円ドル実質為替レートは，通時的に 1 を下回る方向に購買力平価の水準から乖離していることがわかる。

コラム

**相対的購買力平価の再考**

unit **8** で解説した相対的購買力平価では，為替レートの変化率は内外インフレ率格差によって決定されることを示すものであった。ただし，相対的購買力平価が成立するためには，基準時において為替レートが絶対的購買力平価によって適正な水準に決定されていることが必要となる。

図 3-2 においては $e_t = P_t/P_t^*$，図 3-3 においては実質為替レート $e_t P_t^*/P_t$ を計算しプロットした。ただし，$P_t$，$P_t^*$ は，各財の加重平均値である一般物価水準であるのに対し，実際に利用可能なデータは，ある基準時の一般物価水準に対する比較年の相対的一般物価水準を表す一般物価指数のデータである。$t$ 期における自国の一般物価指数を $PI_t$，基準時を $t=0$ とするならば，$PI_t = P_t/P_0$ という関係式が成立する。同様に，$PI_t^* = P_t^*/P_0^*$ が成立する。これら 2 式を unit **8** の (2) 式に代入すると，$e_t = (P_0/P_0^*) \cdot (PI_t/PI_t^*)$ を得る。

しかし，先と同様，基準時の一般物価水準 $P_0$，$P_0^*$ のデータは利用可能ではない。このため，図 3-2 においては，基準時において絶対的購買力平価式 $e_0 = P_0/P_0^*$ が成立していたと仮定し，

$$e_t = e_0 \frac{PI_t}{PI_t^*}$$

を計算している。すなわち，図 3-2 は，基準時において絶対的購買力平価式が成立していたという想定のもとで，その後の為替レートの動向を物価の変動によって説明したものとなっており，相対的購買力平価の水準を表すものとなっている。

### 購買力平価パズル

図 3-2，図 3-3 では，データを直接的に観察することにより，購買力平価が成立しているかどうかを考察したが，より厳密には，計量経済学の手法を用いて実証分析される。しかし，これらの分析においては，時系列分析という手法を用いる必要があり，本書の水準を超えてしまうため，ここでは，これまでの先行研究の結果のみを述べる。

多くの先行研究においては，名目為替レートと内外物価水準との間には，長期的に安定的な関係があり，購買力平価は，為替レートの長期的な動向を説明できるが，その一方で，購買力平価からの乖離が半分に減少するためには，5〜7 年という期間を要することが示されている。

購買力平価からの乖離をもたらすショックとして，消費者の嗜好，企業の技

術に対するショックに代表される実物ショック（たとえば，技術進歩やエネルギー価格などの生産費用の変動）と貨幣ショックに代表される名目ショック（たとえば，予期せざるマネーサプライの増大）が考えられるが，このうち実物ショックが断続的に発生しているとは考えにくい。したがって，名目ショックが購買力平価からの乖離をもたらす主な原因と考えられるが，一般物価水準の短期的な硬直性を考慮しても，名目ショックは，5〜7年という長期間は持続しないことが知られている。以上の現象を，**購買力平価パズル**と呼ぶ。

### 購買力平価から乖離する原因

購買力平価から乖離する原因として，以下の要因があげられる。

第1に，unit **8** で購買力平価を導出する際，自国と外国の消費バスケットに占める財の種類が同一であり，かつ各財が消費バスケットに占める割合が同一であると仮定した。この仮定は，自国と外国の消費者の嗜好が同一であることを意味する。しかし，日本人とアメリカ人を比較した場合，日本人はより米や魚を選好するのに対し，アメリカ人はよりパンや肉を選好するというように，その嗜好は異なっている。したがって，自国と外国の消費者の嗜好の差異が原因の1つと考えられる。

第2に，商品裁定取引を通じ，すべての財について，一物一価の法則が成立すると仮定した。しかし，この仮定は，以下の2つの理由により非現実的である。まず，第1に，完全な商品裁定取引が行われるためには，市場参加者は財の品質・価格について完全な情報をもつことが必要となる。しかし，現実には，市場参加者の情報は不完全であると考えられる。第2に，現実の財のなかには，持ち運び不可能で，商品裁定取引が行えない**非貿易財**が存在していることである。たとえば，サービスのような非貿易財に対しては商品裁定取引を行えないであろう。図3-2で指摘したとおり，企業物価指数をベースとした購買力平価のほうが，消費者物価指数をベースとした場合より，当てはまりがよいことが示された。これは，消費者物価指数は，サービスを中心とする非貿易財のウェイトが約50%を占めているのに対し，企業物価指数は貿易財から構成されていることによるものであると考えられる。非貿易財の存在の影響については次の項で説明する。

第3に，**市場指向価格形成**（pricing to market : PTM）があげられる。一物一価の法則が成立するためには，市場が完全競争であることが前提となっている。しかし，市場において一定の独占力を行使できる不完全競争市場では，企業は，輸出先の市場において競争力を維持するよう，その市場における競争企業の提示する価格に対して利潤を最大化するように価格を設定する。このように異なる国の市場で異なる価格を設定することを市場指向価格形成と呼ぶ。このとき，為替レートの変化が部分的にしか外国通貨建て価格に影響しないというパス・スルー効果が生じる。たとえば，為替レートが1ドル＝100円のもとで，ある日本企業が1個100円の財をアメリカに輸出しており，アメリカでの販売価格は一物一価が成立するように1個1ドルに設定していたとする。ここで，為替レートが1ドル90円に円高・ドル安となったとすると，一物一価が成立するアメリカでの販売価格は1個100/90≒1.11ドルと上昇する。この結果，アメリカの市場での競争力を失う可能性が生じる。このとき，アメリカでのシェアを維持しようとして，為替レートの変化をアメリカでの販売価格に転嫁（パス・スルー）せずに，1個1ドルで販売し続けるならば，一物一価が成立しなくなる。

第4に，オーバーシューティングの存在があげられる。オーバーシューティングとは，物価水準に硬直性が存在する場合に発生する名目為替レートの過大反応を意味する。オーバーシューティングについては，unit **11** で詳しく解説する。

第5に，バブルの存在があげられる。バブルとは，経済的基礎条件（以下，経済ファンダメンタルズ）から決定される為替レートの理論値（以下，ファンダメンタルズ相場）と実際の為替レートの乖離部分を意味する。為替市場において，バブルが発生すると為替レートは一方向的にファンダメンタルズ相場から乖離する。

### バラッサ＝サミュエルソンの定理

ここでは，先にあげた購買力平価からの乖離原因のうち，非貿易財の存在が，実質為替レートに与える影響を考察する。まず，以下の仮定が満たされる2国間開放経済を想定する。

（仮定 1） 小国開放経済。

（仮定 2） 貿易財と非貿易財が存在し，貿易財については一物一価の法則が成立する。

（仮定 3） 貿易財，非貿易財ともに労働のみから生産され，労働に関し収穫一定である。

（仮定 4） 貿易財部門と非貿易財部門で労働移動が自由である。

（仮定 5） 貿易財部門と非貿易財部門は完全競争市場である。

（仮定 1）は，これから分析する国は十分小さな国であるため，この国における需要，供給の変化が，世界市場で決定される貿易財の価格に影響を与えることはなく，価格受容者として貿易財価格が所与となることを意味する。

（仮定 2）は，unit **8** で説明したとおり，貿易財については，国際的な商品裁定取引が行われるため，一物一価の法則が成立することを意味する。

（仮定 3）は，通常，生産関数は労働のみならず資本にも依存し，資本の投入量を一定としたもとで，追加的に 1 単位労働投入量を増加させたときに得られる追加的な生産量の増分である限界生産力は逓減することが想定されるが，簡単化のために，生産関数は労働のみに依存し，労働投入を増加させると比例的に生産量が増大することを意味する。

（仮定 4）は，貿易財部門と非貿易財部門において名目賃金 $W$ が均等化することを意味する。たとえば，貿易財部門の名目賃金が非貿易財部門のそれを上回るならば，非貿易財部門に従事する労働者はより高い賃金を求め，貿易財部門へ移動するであろう。その結果，貿易財部門では労働供給が増加するため名目賃金が下落する一方，非貿易財部門では労働供給が減少するため，名目賃金が上昇する。その結果，貿易財部門と非貿易財部門で名目賃金が均等化する。

（仮定 5）は，両部門において，完全分配が行われ，利潤がゼロとなることを意味し，この仮定が満たされるとき，貿易財部門においては，貿易財価格で測った実質賃金は，貿易財部門における労働生産性に等しくなる。ただし，労働生産性とは，労働者 1 人当たりの生産量を意味する（すなわち，自国の貿易財価格を $P_T$，貿易財の生産量を $Y_T$，貿易財部門の労働者数を $L_T$，名目賃金を $W$ とするならば，$P_TY_T = WL_T$ が成立する。これを変形すれば，$W/P_T = Y_T/L_T$ を得る）。同様に，非貿易財部門においても，非貿易財価格で測った実質賃金は，非貿易財部門における労働生産性に等しくなる。

また以下では，自国と外国の貿易財の割合が等しく，自国と外国の一般物価水準は貿易財価格と非貿易財価格の加重平均によって決定されると想定する。

ここで，自国の貿易財部門の労働生産性の上昇が実質為替レート $eP^*/P$ に与える影響を分析する。技術進歩率の高い製造業などからなる貿易財部門における労働生産性は，サービス業などからなる非貿易財部門の労働生産性より大きく上昇することは現実的であろう。(仮定1）より，貿易財価格は所与であるため，労働生産性の上昇は貿易財部門の賃金を上昇させる。この結果，非貿易財部門から貿易財部門への労働移動圧力が生じるため，非貿易財部門においても賃金が上昇する。しかし，非貿易財部門においては労働生産性が上昇していないため，実質賃金を一定に保つよう非貿易財価格が上昇する。この結果，自国では一般物価水準 $P$ が上昇するとともに，実質為替レート $eP^*/P$ が 1 を下回る方向に増価する。

このように，「貿易財部門の生産性上昇率の高い国では，一般物価水準が外国と比べて上昇すると同時に，実質為替レートが増価する」ことを**バラッサ＝サミュエルソンの定理**と呼ぶ。

一般に，労働生産性の上昇は，先進国よりも経済成長率の著しい発展途上国のほうが高い。図3-3において，円ドル実質為替レートが 1 を下回る方向に乖離していた原因は，標本期間内において，日本の労働生産性の上昇がアメリカのそれよりも大きかったからであると説明できる。

## 要　約

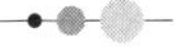

□ 購買力平価式は長期的には成立しているが，購買力平価へ向かう速度は遅いことが知られている。この原因の 1 つとして非貿易財の存在があげられる。サービスなどの非貿易財は商品裁定取引を行えないため，一物一価の法則が成立しない。非貿易財の存在を考慮したとき，貿易財部門の生産性上昇率の高い国では，一般物価水準が外国と比べて上昇すると同時に，実質為替レートが増価することが知られている。これをバラッサ＝サミュエルソンの定理という。

## 確認問題

□ *Check 1* 為替レートが購買力平価から乖離する原因を述べなさい。

□ *Check 2* 為替レートが購買力平価から乖離する原因を説明した以下の文中の空所ア〜キに適切な語句を補いなさい。

いま，貿易財部門と非貿易財部門からなる小国開放経済において，貿易財については一物一価の法則が成立しているものとする。ここで，貿易財部門において生産性が上昇したとする。このとき，貿易財部門においては，生産性の上昇を反映し，（　ア　）が上昇する。もし，国内において，労働移動が自由であるならば，（　イ　）部門から（　ウ　）部門に労働が移動し，この結果，非貿易財部門の（　ア　）が上昇する。しかし，非貿易財部門においては，生産性は上昇していないため，非貿易財の（　エ　）が上昇する。このため，自国における（　オ　）が外国と比較し上昇することによって，貿易財における一物一価を成立させる名目為替レートに比較して購買力平価が過小評価されることになる。このように，貿易財部門の生産性の高い国では，（　オ　）が外国に比較して相対的に上昇すると同時に，（　カ　）が増価する。これを（　キ　）の定理という。

# unit 10

# 金 利 平 価

このunitでは，**金利平価**について解説する。金利平価はunit **8**で解説した購買力平価とともに，国際金融論における重要な考え方である。

unit **1**で述べたとおり，国際経済取引は，国際商取引と国際金融取引とに分けられる。国際金融取引とは，国家間における金利差を利用し，国家間で資金を動かすことによって利益を求める取引である。この国際金融取引においては通貨の交換が必要となる。たとえば，日本の投資家が，アメリカの国債を購入するとき，その代金をドル建てで支払うならば，前もって円を売ってドルを購入する必要がある。このように，国際金融取引から外国通貨に対する需要と供給が発生し，これが為替レートを決定するという考え方を金利平価という。

したがって，金利平価を理解するためには，購買力平価と同様，「通貨軸」の視点が重要となる。さらに，unit **1**で述べたとおり，金融取引とは現在の所得と将来の所得の交換という異時点間取引という特徴をもつ。このため，「時間軸」の視点も必要となる。この現在の所得と将来の所得の交換比率が金利であったことを思い出してほしい。

## 金利裁定取引

購買力平価が，商品裁定取引に基づいていたのと同様，金利平価は，**金利裁定取引**という考え方に基づいている。そこで，まず，金利裁定取引について説明する。金利裁定取引とは，金利の低いところで資金を調達し，高いところで運用することにより「鞘取り」をする取引である。

たとえば，ある銀行の大阪支店と東京支店で，金利が異なっていたとする（以下では，預金金利と貸出金利が等しいという理想銀行の世界を想定する）。ここで

図3-4　金利裁定取引

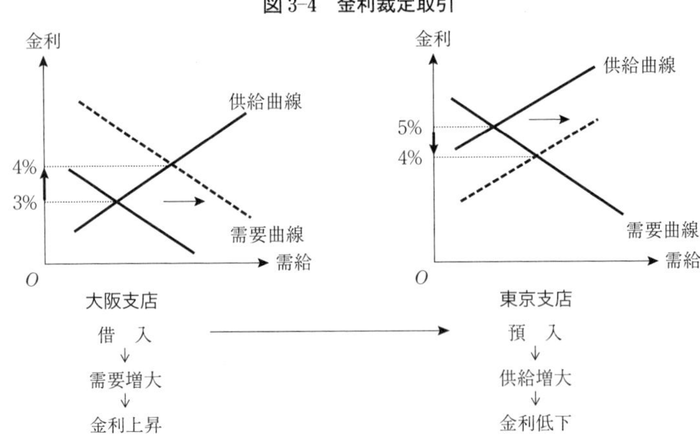


は，ある銀行の大阪支店の金利が3%，東京支店の金利が5%であるとする。大阪と東京で金利差が生じる理由は，大阪と東京における資金に対する需要と供給の相対的な関係に差があるからである。これを図示したものが図3-4である。東京では，相対的に資金に対する需要が多い，または供給が少ないために金利が5%となっているのに対し，大阪では，相対的に資金に対する需要が少ない，または供給が多いために金利が3%となっている。

このような状況下では，金利裁定取引が発生する。取引費用を無視するならば，大阪支店で資金を調達し（借り入れ），これを，東京支店で運用する（預け入れる）ならば，1年後には，差額の2%の利益を得ることができる。しかし，このような裁定機会はいつまでも存続するものではない。大阪支店では，資金に対する需要が増大するため需要曲線が右方シフトする一方，東京支店では資金供給が増大するため供給曲線が右方シフトする。この結果，需要・供給の法則が作用し，大阪支店では金利が上昇する一方，東京支店では金利が下落し，最終的には，たとえば，4%という金利で大阪支店と東京支店の金利，すなわち，収益率が均等化する。このように，金利裁定取引の結果，金利においても一物一価の法則が成立するのである。

### カバーなし金利平価

金利平価式には，為替リスクがヘッジされないカバーなし金利平価（uncovered interest rate parity : UIP）式と，これがヘッジされるカバー付き金利平価（covered interest rate parity : CIP）式がある。以下では，まず，カバーなし金利平価式について解説する。

上記の例では，大阪と東京という国内における異なる2地点間の金利裁定取引を考えたが，国家間における金利裁定取引を考察する。

まず，以下の仮定が満たされる2国間開放経済を想定する。

（仮定1） 完全資本移動。

（仮定2） 内外債券完全代替。

（仮定1）は，資本規制や為替管理が存在せず，国家間を自由に資金が移動することを意味する。（仮定2）は，経済主体は，リスク中立的であり，自国と外国の債券の期待収益率が等しいならば，どちらの債券を保有しても無差別であることを意味する。

ここで，1億円を1年間運用するという国際資金運用の問題を考えよう。資金を運用する方法としては，円建て預金で運用する方法，すなわち，今日（$t$期）において1億円を日本の銀行に預金し，1年後（$t$+1期）に元本と金利を受け取るという方法と，ドル建て預金で運用する方法，すなわち，今日（$t$期）において1億円を全額ドルに交換し，これをアメリカの銀行に預金し，1年後（$t$+1期）に元本と金利を受け取り，これを円に交換するという方法があるものとする。これを示したものが，図3–5である。

図3–5　国際資金運用

円建て預金金利を $i_t$，ドル建て金利を $i_t^*$，円ドル為替レートを $e_t$，$t$ 期における $t+1$ 期の為替レートの予想値を $e_{t+1}^e$ と表す。

このとき，円建て預金で運用した場合には，1年後には元利合計で，$1+i_t$ 億円を受け取れる。たとえば，日本の金利が3% である場合，$i_t=0.03$ であるため，1年後には，元本を含め，1.03億円，すなわち，1億300万円を受け取る。300万円が金利収入に相当する。

一方，ドル建て預金で運用する場合には，$t$ 期において1億円を全額ドルに交換するならば $1/e_t$ 億ドルとなる。たとえば，為替レートが $e_t=100$ 円/ドルであるならば，1億円は1/100億ドル，すなわち100万ドルに交換される。これをドル建て預金するならば，1年後には，元利合計で $(1+i_t^*)/e_t$ 億ドルを受け取れる。さらに，これを $t+1$ 期において，円に交換するならば，$e_{t+1}^e(1+i_t^*)/e_t$ 億円を受け取れると期待される。

ここで，

$$1+i_t<(1+i_t^*)\frac{e_{t+1}^e}{e_t}$$

という不等式が成立していたとしよう。上式は円建て預金で運用する場合よりも，ドル建て預金で運用したほうが，1年後に受け取れる額が多いと期待していることを意味する。このとき，日本の投資家は，①$t$ 期に円建てで資金を借り入れ，②その円をドルに交換し（円売り・ドル買い），③これをドル建て預金として預け入れ，④1年後（$t+1$ 期）に元利合計のドルを円に交換する（ドル売り・円買い），という金利裁定取引により，利益を得られる。

しかし，先と同様，このような裁定機会はいつまでも存続するわけではない。①より円建て預金に対する需要が増大するため，円建て預金市場における需要曲線が右方にシフトし，日本の名目金利 $i_t$ が上昇する。②の円売り・ドル買いより，為替市場におけるドルに対する需要が増大するため，需要曲線が右方にシフトし，$t$ 期において為替レートは円安・ドル高となり為替レートが減価し，$e_t$ が上昇する。③よりドル建て預金に対する供給が増大するため，ドル建て預金市場における供給曲線が右方にシフトし，アメリカの名目金利 $i_t^*$ が下落する。最後に，④より，$t+1$ 期において，ドル売り・円買いが起きるため，1年後には為替レートが円高・ドル安になると期待され，$e_{t+1}^e$ が下落する。

以上の結果，最終的には，

$$1+i_t=(1+i_t^*)\frac{e_{t+1}^e}{e_t} \tag{1}$$

が成立し，円建てで運用した場合とドル建てで運用した場合の1年後に受け取れると期待される額が均等化する。

さらに，(1)式は，

$$i_t=i_t^*+\frac{e_{t+1}^e-e_t}{e_t} \tag{2}$$

と書き直せる。(2)式の導出については各自確かめられたい（確認問題1)。(2)式の左辺は自国で資金運用した場合の収益率，右辺は外国で資金を運用した場合の期待収益率を表す。したがって，(2)式は，金利裁定取引の結果，円建てで運用した場合とドル建てで運用した場合の期待収益率が均等化することを意味する。ただし，外国で資金を運用する場合の期待収益率には，外国の名目金利 $i_t^*$ のみならず，為替レートの期待変化率 $(e_{t+1}^e-e_t)/e_t$ が含まれることに注意してほしい。先に金利平価式を理解する際，「通貨軸」と「時間軸」という2つの視点が重要であることを指摘したが，(2)式はまさにそのことを意味している。また，(2)式を，

$$i_t-i_t^*=\frac{e_{t+1}^e-e_t}{e_t} \tag{3}$$

と書き直せば，為替レートの期待変化率は内外金利格差によって決定されることがわかる。たとえば，$i_t>i_t^*$ であるならば，$e_{t+1}^e>e_t$ が成立するため，将来円安・ドル高になることがわかる。これは，期待収益率を均等化するため，内外金利格差に見合うだけ将来ドルが高くなり，ドル建てで運用する場合の期待収益率が上昇する必要があることを意味する。

### カバー付き金利平価

カバーなし金利平価式は，将来の為替レートの予想に基づいて金利裁定取引を行う投資家の行動を前提に導出された。しかし，$t$ 期における $t+1$ 期の為替レートの期待値 $e_{t+1}^e$ が，$t+1$ 期に実際に実現する直物為替レート $e_{t+1}$ に一致する保証はない。たとえば，ドル建て預金で運用する場合，$t+1$ 期において

予期せざる円高・ドル安が発生するならば，予期せざる損失を被る。一方，$t+1$ 期において予期せざる円安・ドル高が発生するならば予期せざる利益を得る。このように，将来の為替レートの変動により，$t+1$ 期に受け取れる期待収益が不確実となることを**為替リスク**と呼ぶ。換言するならば，ドル建てで資金を運用する投資家は，為替リスクを負うことにより，将来の円安・ドル高を期待し，投機を行っていると考えられる。

しかし，外国為替市場は，このように投機目的をもつ市場参加者のみから構成されるわけではない。たとえば，日本から自動車を輸入するアメリカのディーラーが，その対価として，1年後にある確定額を日本の自動車メーカーに円建てで支払わなければならない場合を考えよう。この場合，アメリカのディーラーは，この支払に備え，1年間ドル建てで資金を運用し，1年後にこのドルを円に交換し，支払に充てようとするかもしれない。しかし，このような市場参加者にとっては，1年後の為替レートが不確定であることは，1年後に円と交換しなければならないドルの額が不確定となることを意味するため，為替リスクを回避（ヘッジ）したいと望むであろう。

為替リスクをヘッジする手段として，先物為替契約を用いる方法がある。先物為替契約とは，将来の特定の日に，特定の為替レートで外国為替の受渡をするという契約を意味する。先物契約において確定される為替レートを先物レート（フォワード・レート）と呼ぶ。先物レートは，現在時点において確定値であるため，為替リスクをヘッジできるのである。

このように，先物為替契約を用い，為替リスクをカバーする場合に成立する金利平価式を**カバー付き金利平価式**と呼ぶ。

ここで，$f_t$ を $t$ 期に契約される $t+1$ 期受渡の円ドル先物レートとする。カバー付き金利平価式は，先の図3-5において，$t+1$ 期にドルを円に交換する際に用いる為替レートを $t$ 期における $t+1$ 期の直物為替レートの予想値 $e^e_{t+1}$ から，先物レート $f_t$ に置き換えたものである。このとき，(3) 式は，

$$i_t - i^*_t = \frac{f_t - e_t}{e_t} \tag{4}$$

となる。$\frac{f_t - e_t}{e_t}$ は直先スプレッドと呼ばれ，その値が正のとき**先物プレミアム**，負のとき**先物ディスカウント**と呼ばれる。

図 3-6　日米金利差と為替レート

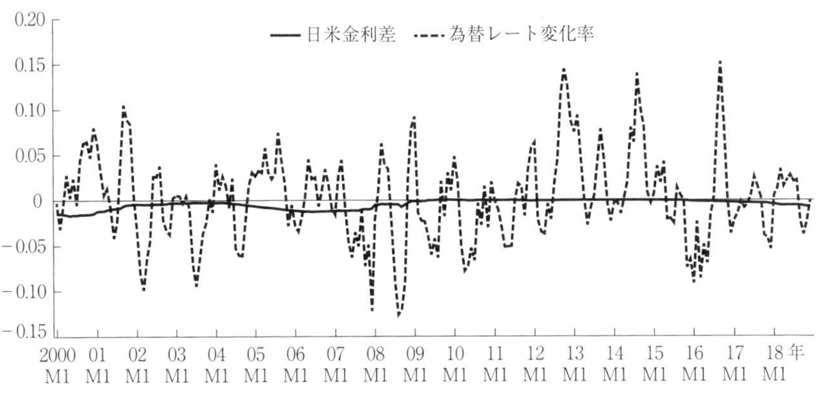


（出所） Datastream.

図 3-7　日米金利差と先物プレミアム/ディスカウント

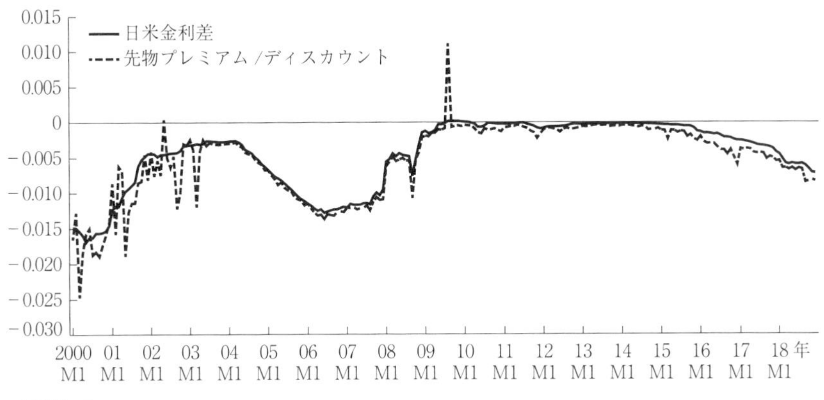


（出所） Datastream.

## 金利平価は本当に成立するのか

それでは，上述の金利平価式が実際に成立しているのであろうか。

まず，カバーなし金利平価式(3)については，直物為替レートの期待値 $e^e_{t+1}$ をどのように計測するかが問題となる。将来の直物為替レートの予測値についてはいくつかのサーベイ・データが公表されているが，ここでは，事後的な直物為替レートの実現値でこれを代替するものとする。図 3-6 は，日本とアメリカの金利差 $i_t - i^*_t$ と事後的な為替レートの変化率 $(e_{t+1} - e_t)/e_t$ をプロットしたものである。ただし，図3–6においては，1期間を3カ月と想定し，金利のデータにはLIBOR（ロンドン銀行間取引金利：ロンドンの銀行間取引で資金の出し手から提示される金利）の3カ月物金利を用い，為替レート変化率は市場レートの期末値から計算される3カ月間の変化率を用いた。図3–6より，為替レート変化率は，日米金利差の周りを大きく変動しており，カバーなし金利平価式は成立していないことがわかる。

次に，カバー付き金利平価式について，図3–7は，日本とアメリカの金利差 $i_t - i_t^*$ と先物プレミアム/ディスカウント $(f_t - e_t)/e_t$ をプロットしたものである。先物プレミアム/ディスカウントは，三菱UFJフィナンシャルグループが提示した3カ月物の先物為替レートから計算した。図3–7より，カバー付き金利平価式は，おおむね成立していることがわかる。これは，先物為替契約を用いる場合には，為替リスクが除去されるため，金利裁定取引の結果，円建てで運用した場合とドル建てで運用した場合の収益率が均等化することを意味する。

### 先物プレミアム・パズル

以上，図3–6，3–7に示されたデータを観察する限り，カバーなし金利平価式は成立していないが，カバー付き金利平価式はおおむね成立していると考えられる。ここで，これを実証分析する手法を紹介する。

(3)式と(4)式が同時に成立するのであれば，

$$e_{t+1}^e = f_t$$

となり，直物為替レートの期待値は先物為替レートに一致するはずである。ここで，直物為替レートの実際の値と期待値の差である予測誤差を $u_t$ と表すならば，

$$e_{t+1} = e_{t+1}^e + u_t$$

となるため，

$$e_{t+1} = f_t + u_t$$

コラム

**キャリー・トレード**

カバーなし金利平価式が成立するのであれば，自国通貨建てで運用しても外国通貨建てで運用しても期待収益率は等しくなる。したがって，金利の低い通貨で調達した資金を，外国為替市場で金利の高い他の通貨に交換し，その高金利で運用しても収益の機会は存在しないことになる。しかし，実際には，カバーなし金利平価式は成立していない。このことは，金利裁定の機会が残っており，国家間で金利裁定取引を行うことで，超過的な収益を得られる可能性があることを意味する。

2000年代初頭において，機関投資家やヘッジファンドは，金融緩和政策により超低金利となっていた円で資金を調達し，これを金利が高かったオーストラリア・ドルなどで運用する**キャリー・トレード**を行った。

が成立する。予測誤差 $u_t$ の期待値はゼロであるため，上式は，先物為替レートは直物為替レートの偏りのない予測値となることを意味する。したがって，実証分析を行い，

$$e_{t+1}=\beta_0+\beta_1 f_t+u_t$$

を推定するならば，$\beta_0=0$，$\beta_1=1$ となるはずである。しかし，K. A. フルートとR. H. セイラーは多くの先行研究をサーベイし，$\beta_1$ の推定値の平均は $-0.88$ であることを指摘している。この結果は，先物プレミアムは，為替相場変化率の予測値としては，偏りをもっていること，また先物プレミアムと逆方向に投機をかけることにより，利益を得る可能性があることを意味している。これを**先物プレミアム・パズル**と呼ぶ。

先物プレミアム・パズルが生じる要因として，第1に，先述のとおり，カバーなし金利平価式が成立していないことがあげられる。カバーなし金利平価式は，経済主体はリスク中立的であるため，内外資産が完全代替となることを前提としているが，実際には，経済主体はリスク回避的であるため，内外資産は不完全代替であると考えられる。詳細は unit 12 で解説するが，このとき，為替リスクを相殺するよう，カバーなし金利平価式には，リスク・プレミアムが含まれることになる。したがって，先物プレミアム・パズルを解明するためには，リスク・プレミアムがどのように決定されるかを考察する必要がある。

また，第2に，**ペソ問題**の存在が指摘できる。ペソ問題とは，1976年のメ

キシコ・ペソの公定レート切り下げ期待が為替市場に与えた影響にちなんでつけられたものである。当時，メキシコでは固定相場制度が採用されていたが，市場ではメキシコ・ペソが早期に切り下げられることを予想したため，先物為替レートが減価したが，1976年9月まで切り下げられなかった。このため，事後的には，先物為替レートが直物為替レートを正しく予測できていなかったように観察された。このように，ペソ問題とは，実現する確率は低いが，実現するならば，将来の経済ファンダメンタルズが大きく変化するため，為替レートが大きく変動するであろうという期待が，為替レートに影響を与える現象を意味する。

### 補論：実質金利平価

名目金利が貨幣単位で測った金利であるのに対し，実質金利は財で測った金利である。$t$ 期における一般物価水準を $P_t$ とするならば，貨幣1単位では $1/P_t$ 単位の財を購入できる。一方，$t$ 期における貨幣1単位は，$t+1$ 期には名目金利 $i_t$ がつき，$1+i_t$ 単位となる。$t+1$ 期における一般物価水準の期待値を $P^e_{t+1}$ とすれば，$t+1$ 期において，貨幣 $1+i_t$ 単位で $(1+i_t)/P^e_{t+1}$ 単位の財を購入できる。したがって，実質金利 $r_t$ は，$t$ 期における購入単位 $1/P_t$ から，$t+1$ 期における購入単位 $(1+i_t)/P^e_{t+1}$ への変化率，

$$r_t \equiv \frac{\dfrac{1+i_t}{P^e_{t+1}} - \dfrac{1}{P_t}}{\dfrac{1}{P_t}} = (1+i_t)\frac{P_t}{P^e_{t+1}} - 1$$

として定義される。また，上式は，

$$i_t = r_t + \frac{P^e_{t+1} - P_t}{P_t} \tag{5}$$

と書き直せる。(5) 式の導出については各自確かめられたい（確認問題2）。したがって，名目金利は実質金利に期待インフレ率を加えたものに等しくなる。(5) 式を**フィッシャー方程式**と呼ぶ。

ここで，購買力平価式とカバーなし金利平価式が成立するならば，自国と外国の実質金利が均等化することを示す。

unit **8** の相対的購買力平価 (6) 式の両辺の期待値をとり，

$$\frac{e^e_{t+1} - e_t}{e_t} = \frac{P^e_{t+1} - P_t}{P_t} - \frac{P^{*e}_{t+1} - P^*_t}{P^*_t}$$

これを(3)式の右辺に代入すると，

$$i_t - \frac{P^e_{t+1} - P_t}{P_t} = i^*_t - \frac{P^{*e}_{t+1} - P^*_t}{P^*_t}$$

となる。ここで，自国のフィッシャー方程式と外国の対応する式を用いると，

$$r_t = r^*_t \tag{6}$$

を得る。(6)式は実質金利平価と呼ぶ。

## 要　約

□ 金利平価は，国家間における金利裁定取引に基づいている。金利平価には，為替リスクがヘッジされないカバーなし金利平価式と，これがヘッジされたカバー付き金利平価式とがある。カバーなし金利平価式は，為替レートの予想変化率が，自国と外国の名目金利格差に等しくなること，またカバー付き金利平価式は，先物プレミアム／ディスカウントが，自国と外国の名目金利格差に等しくなることを意味する。

## 確認問題

□ ***Check 1*** (1)式から(2)式を導出しなさい。

□ ***Check 2*** (5)式を導出しなさい。

□ ***Check 3*** 今日の円ドル為替レートが100円/ドル，また，円建て預金金利が4%，ドル建て預金金利が8%であったとする。カバー付き金利平価説に基づけば，1年後の受渡の円ドル先物レートの水準はいくらになると予想されるか。また，3カ月後受渡の円ドル先物レートの水準はいくらになると予想されるか。

KeyWords 3

- □ 購買力平価（PPP）　77
- □ 商品裁定取引　77
- □ 一物一価の法則　78
- □ 貿易財　79
- □ 絶対的購買力平価式　80
- □ 購買力　80
- □ 貿易障壁　81
- □ ビッグマック・レート　82
- □ 相対的購買力平価式　83
- □ 購買力平価パズル　88
- □ 非貿易財　88
- □ 市場指向価格形成　89
- □ バラッサ＝サミュエルソンの定理　91
- □ 金利平価　93
- □ 金利裁定取引　93
- □ 為替リスク　98
- □ カバー付き金利平価式　98
- □ 先物プレミアム　98
- □ 先物ディスカウント　98
- □ 先物プレミアム・パズル　101
- □ ペソ問題　101
- □ キャリー・トレード　101
- □ フィッシャー方程式　102

# 第4章

# 為替レートの決定理論

11　フローからストックへ
12　為替リスクを考慮する

# Introduction 4

## この章の位置づけ

為替レート決定理論には，フロー・アプローチとアセット・アプローチと呼ばれる2つの考え方がある。フロー・アプローチは，資本移動が為替管理などによって規制されていた1960年代に発展した伝統的な理論である。これに対し，アセット・アプローチは，多くの先進諸国が変動相場制度に移行し，金融の自由化，資本規制の緩和により，国家間の資本移動が増大した1970年代以降に発展した理論であり，近年における為替レート決定理論の主流となっている。

本章では，アセット・アプローチに基づいた為替レート決定理論を解説する。

## この章で学ぶこと

**unit 11** アセット・アプローチの1つであるマネタリー・モデルについて解説する。マネタリー・モデルには，物価水準の伸縮性を仮定した伸縮的マネタリー・モデルと物価水準の短期的な硬直性を仮定した硬直的マネタリー・モデルとがある。

**unit 12** 内外資産が不完全代替である場合の為替レートの決定理論であるポートフォリオ・バランス・モデルを解説する。このモデルにおいては，為替リスクが為替レートに与える影響が考慮される。

# unit 11

# フローからストックへ

為替レート決定理論には，フロー・アプローチとアセット・アプローチと呼ばれる2つの考え方がある。フロー・アプローチは，資本移動が為替管理などによって規制されていた1960年代に発展した伝統的な理論である。これに対し，アセット・アプローチは，多くの先進諸国が変動相場制度に移行し，金融の自由化，資本規制緩和により，国家間の資本移動が増大した1970年代以降に発展した理論であり，近年における為替レート決定理論の主流となっている。これら2つのアプローチの相違は，資本移動の程度に関する認識に基づいている。このunitでは，これら2つのアプローチについて解説する。

## フロー・アプローチ

**フロー・アプローチ**は，ある一定期間における外国通貨のフロー（流れ）に対する需給関係から，為替レートが決定されるとする考え方である。この外貨のフローに対する需給は，経常収支，金融収支によって生じる。unit 2で解説したとおり，金融収支は投資収支（直接投資，証券投資，金融派生商品，その他投資）と外貨準備増減からなり，以下では，金融収支を投資収支と外貨準備増減（公的介入）に分けて解説する。

まず，経常収支に関して，輸出からは外国通貨（たとえば，ドル）に対する供給が発生する。たとえば，日本の自動車メーカーが，アメリカに自動車を輸出し，その代金を円建てで受け取る場合，アメリカの輸入業者は，前もってドルを売り（供給し），円を買っておく（需要する）必要がある。同様に，資本または労働などの生産要素をアメリカに提供し，その報酬（生産要素所得）として金利，配当または賃金などの生産要素所得をアメリカから受け取る場合はドルに対する供給が発生する。一方，輸入および外国への生産要素所得の支払からは，外国通貨に対する需要が発生する。

次に，投資収支に関して，資本流入からは外貨に対する供給が発生する。たとえば，アメリカの投資家が日本の国債を購入する場合，アメリカから日本への資本流入が発生するが，その際，アメリカの投資家は，前もってドルを売り，円を買う必要がある。一方，資本流出からは，外国通貨に対する需要が発生する。

最後に，公的介入に関し，通貨当局が外貨準備を取り崩し，為替市場で円買い・ドル売り介入を行えば，ドルに対する供給が発生する。一方，円売り・ドル買い介入を行い，外貨準備を積み増す場合は，ドルに対する需要が発生する。

以上を unit **2** で解説した国際収支表において資本移転等収支を捨象すれば国際収支の均衡式は，

$$\text{経常収支}\,(\overset{\oplus}{e}, \overset{\ominus}{Y}, \overset{\oplus}{Y^*}) = \text{投資収支}\,(\overset{\oplus}{i-i^*}) + \text{外貨準備増減} \qquad (1)$$

となる。ただし，経常収支は，為替レート $e$ の増加関数，自国の所得 $Y$ の減少関数，外国の所得 $Y^*$ の増加関数として定式化される。なぜならば，為替レート $e$ が減価（上昇）すると，自国の財が外国の財と比較し，相対的に安くなるので輸出が増大し，輸入が減少し，自国の所得 $Y$ が増大すると自国の輸入が増大し，外国の所得 $Y^*$ が増大すると外国の輸入（自国の輸出）が増大するからである。一方，投資収支は，内外金利格差 $i-i^*$ の増加関数として定式化される。なぜならば，内外金利格差 $i-i^*$ が増大すると自国で資産を運用するほうが有利となるので，自国へ資本が流入するからである。ただし，unit **10** のカバーなし金利平価式においては，外国で資産を運用する場合の期待収益率には，為替レートの期待減価率が含まれることを指摘したが，フロー・アプローチでは，為替レートに関する期待は重視されていなかった。外貨準備増減は，通貨当局による公的介入を表す。

(1) 式を用いて，フロー・アプローチを解説する。まず，投資収支は，内外通貨当局の金利政策によって決定する内外金利格差に基づいて受動的に反応するため外生的（所与）であり，また，公的介入も内外通貨当局の介入政策によって決定されるため外生的であると考えられていた。このことは，経常収支は，金融収支（投資収支＋外貨準備増減）に等しくなるように決定され，為替レートはこの経常収支を維持する水準に瞬時に調整されることを意味している。したがって，フロー・アプローチでは，為替レートの決定において，経常収支が重要な役割を果たすと考えられていた。

また，unit **6** で解説したとおり，輸出入の価格弾力性が十分に大きく，マーシャル＝ラーナー条件が成立するならば，為替レートの小幅な変化に対し，輸出入が大きく反応するため，為替レートの乱高下なく国際収支は短期間で均衡し，為替レートによる国際収支の調整機能は高いと考えられていた。

さらに，内外金利差が不変で，公的介入が存在しない場合，投資収支，公的介入が一定となるが，そのもとで，たとえば，外国において景気が悪化し，所得 $Y^*$ が減少するという経済ショックが発生した場合，自国からの輸出が減少するため，経常収支が悪化する圧力が生じる。しかし，これに対し，為替レートが瞬時に減価し，経常収支の悪化圧力を相殺するならば，自国の所得 $Y$ は影響を受けない。このように，フロー・アプローチにおいては，為替レートの調整を通じ，外国の経済ショックは隔離されると考えられていた。

### フロー・アプローチからアセット・アプローチへ

1970 年代に入り，多くの先進諸国が変動相場制度を採用するようになると，フロー・アプローチで予測されていたよりも，短期的な為替レートの乱高下は大きく，また国際収支の調整機能が不十分であることが明らかとなった。国際収支の調整機能が不十分であった理由の 1 つには，unit **6** で解説した J カーブ効果があげられよう。

さらに，近年においては，先進諸国はもとより，新興市場国と呼ばれる発展途上国において金融自由化，資本規制緩和が行われ，国家間における資本移動が急増してきた。これに伴い，近年の為替市場での取引の大部分は，実需取引ではなく，資本取引から派生している。たとえば，国際決済銀行（BIS）が 3 年ごとに公表する調査によれば，2016 年 4 月における外国為替市場 1 日当たりの為替取引の総額は約 5 兆 880 億ドルであるのに対し，ジェトロの調査によれば，2016 年 1 年間における世界全体での輸出額は約 15 兆 6200 億ドルである。

このような状況を踏まえ，近年では，国際的に統合された資産市場における各国の通貨建てで表示された資産ストックに対する需給関係から為替レートが決定されるとする**アセット・アプローチ**と呼ばれる考え方が主流となってきた。

アセット・アプローチには，大きく分けて，マネタリー・モデルとポートフォリオ・バランス・モデルがある。マネタリー・モデルは，資産市場のなかでもとくに貨幣市場に着目する考え方であり，さらに，一般物価水準は伸縮的であるため，短期的にも購買力平価式が成立することを想定した伸縮価格マネタリー・モデルと，一般物価水準は短期的には硬直的であるため，長期的にのみ購買力平価式が成立することを想定した硬直価格マネタリー・モデルとがある。この unit では，マネタリー・モデルについて解説し，ポートフォリオ・バランス・モデルについては，次の unit **12** で解説する。

### 伸縮価格マネタリー・モデル

**伸縮価格マネタリー・モデル**は，一般物価水準は伸縮的であるため，短期的にも購買力平価式が成立することを想定し，この購買力平価式における一般物価水準を貨幣市場の均衡式から，決定するモデルである。

まず，自国の貨幣市場均衡式は，

$$\frac{M_t}{P_t} = L(\overset{\oplus}{Y_t}, \overset{\ominus}{i_t}) \tag{2}$$

と表される。ただし，$M_t$ は名目マネーサプライ，$L$ は実質貨幣需要関数で，実質所得 $Y_t$ の増加関数，名目金利 $i_t$ の減少関数として定式化される（(2) 式の解釈については，「コラム」を参照のこと）。(2) 式は，実質マネーサプライと実質貨幣需要が一致することを表している。

同様に，外国における貨幣市場の均衡式は，

$$\frac{M_t^*}{P_t^*} = L^*(\overset{\oplus}{Y_t^*}, \overset{\ominus}{i_t^*}) \tag{3}$$

と表される。(2)，(3) 式を $P_t$，$P_t^*$ について解き，これを，unit **8** の絶対的購買力平価式 (3) 式に代入すると，

$$e_t = \frac{M_t}{M_t^*} \frac{L^*(Y_t^*, i_t^*)}{L(Y_t, i_t)} \tag{4}$$

を得る。(4) 式は，絶対的購買力平価式における一般物価水準を貨幣市場の均

コラム

**貨幣需要動機**

貨幣市場均衡式(2)式に関し，ここでは，貨幣需要動機について説明する。

貨幣需要動機には，取引動機に基づく貨幣需要，予備的動機に基づく貨幣需要，投機的動機に基づく貨幣需要の3つがある。

第1に，**取引動機に基づく貨幣需要**とは，日常的な支払を円滑に行うための貨幣保有動機である。家計の支出と収入のタイミングにはズレが生じ，これを克服するために貨幣が保有される。貨幣を用いた取引量は，所得が増加すればするほど増大すると考えられるため，この取引動機に基づく貨幣需要は所得の増加関数であると考えられる。貨幣需要関数における所得に依存する部分が，この取引動機に基づく貨幣需要を表している。

第2に，**予備的動機に基づく貨幣需要**とは，将来の不測の事態に備えた貨幣保有動機である。将来において何が起きるか不確実であるため，不意の事故などで支出を余儀なくされる場合がある。これらに備えて，予備的に貨幣が保有される。予備的動機に基づく貨幣需要は，将来の不確実性が高まれば高まるほど増大すると考えられる。しかし，将来における不確実性を定式化することは困難であるため，(2)式においては捨象されている。

第3に，**投機的動機に基づく貨幣需要**とは，危険資産（債券）の価格変動から生じるキャピタル・ロスを回避するための貨幣保有動機である。たとえば，金利が十分に低下している局面においては，債券価格は十分に高くなっている（金利と債券価格には負の関係があることに注意されたい。たとえば，額面価格100円，利回り4%の国債が発行されたとする。その後，国内の金利の低下を反映し，額面価格100円，利回り3%の国債が発行されるならば，4%の利回りをもつ国債の価格は100円よりも上昇するであろう）。このような状況下では，将来的に，債券価格が低下することが予想されるため，現在，自らの資産を債券として保有するならば，債券価格の下落によりキャピタル・ロスを被る可能性が大きい。したがって，このような場合，自らの資産を貨幣として保有することが有利となるため，貨幣需要は増大する。このことから，投機的動機に基づく貨幣需要は金利の減少関数と考えられる。貨幣需要関数における金利に依存する部分が，この投機的動機に基づく貨幣需要を表している。

衡式から決定したモデルであり，為替レートは，自国と外国における通貨の需給関係によって決定されることを意味している。

(4)式より，他の事情を一定としたもとで，自国のマネーサプライ $M_t$ が増加すると，為替レートは，マネーサプライの増加率と同率減価することがわかる。これは，自国のマネーサプライが増加すると貨幣市場において超過供給が発生し，これを解消するため，一般物価水準 $P_t$ がマネーサプライの増加率と同率上昇し，これが絶対的購買力平価を通じ，為替レートを減価させるためである。

次に，他の事情を一定としたもとで，自国の実質所得 $Y_t$ が増大すると，為替レートは増価することがわかる。これは，実質所得が増大すると，取引動機に基づいた貨幣需要が増大するため，貨幣市場において超過需要が発生し，これを解消するため，一般物価水準 $P_t$ が下落し，これが，絶対的購買力平価を通じ，為替レートを増価させるためである。為替レートがどの程度増価するかは，実質所得が1% 増加したとき，実質貨幣需要が何% 増加するかを測る**貨幣需要の所得弾力性**に依存する。

最後に，他の事情を一定としたもとで，自国の名目金利が上昇すると，為替レートは減価することがわかる。これは，名目金利が上昇すると，投機的動機に基づいた貨幣需要が減少するため，貨幣市場において超過供給が発生し，これを解消するため，一般物価水準 $P_t$ が上昇し，これが絶対的購買力平価を通じ，為替レートを減価させるためである。為替レートがどの程度減価するかは，名目金利が1% ポイント上昇したとき，実質貨幣需要が何% 減少するかを測る**貨幣需要の金利半弾力性**に依存する。

同様の議論を用いれば，外国のマネーサプライ，実質所得，名目金利の変化が為替レートに与える効果を分析できよう（確認問題1）。

### 硬直価格マネタリー・モデル

伸縮価格マネタリー・モデルでは，一般物価水準が伸縮的であるため，短期的にも購買力平価式が成立することを前提としていたが，現実的には，財市場の調整速度は遅く，一般物価水準には硬直性が存在することが知られている。このような短期的な一般物価水準の硬直性を考慮し，長期的にのみ購買力平価式が成立することを想定したモデルを，**硬直価格マネタリー・モデル**と呼ぶ。

一般物価水準に硬直性が存在する場合，為替レートに**オーバーシューティング**という現象が発生することが知られている。これを図示したものが図4–1である。図4–1においては，横軸に時間，縦軸に為替レートがとられている。い

図 4-1　オーバーシューティング

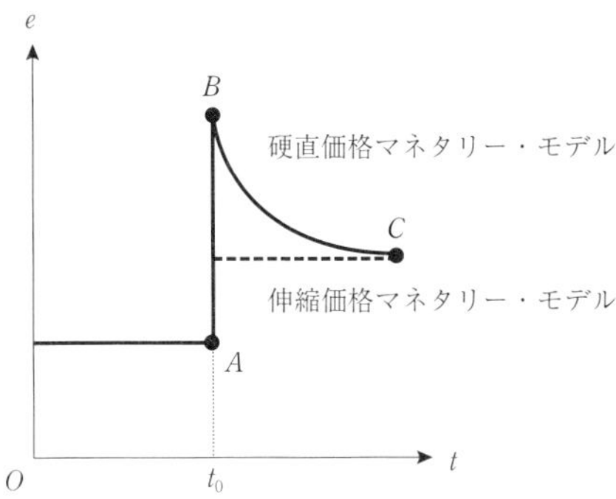


ま，他の事情を一定としたもとで，$t=t_0$ において，自国の名目マネーサプライが増加したとする。先述のとおり，伸縮価格マネタリー・モデルでは，一般物価水準がマネーサプライの増加率と同率上昇するため，購買力平価式を通じて，為替レートも瞬時にこれと同率減価する。しかし，一般物価水準が硬直的である場合には，$t=t_0$ において，為替レートは伸縮価格マネタリー・モデルで説明される水準を超えて点 $A$ から点 $B$ へと大きく減価し，その後，徐々に伸縮価格マネタリー・モデルで説明される水準，点 $C$ に向かって増価する。この過大反応の部分をオーバーシューティングと呼ぶ。

以下では，オーバーシューティングが発生する原因を説明する。

いま，財市場の調整速度は遅いため，unit **8** における購買力平価式 (3) 式は長期においてのみ成立するものとする。一方，金融市場の調整速度は十分速いため，自国の貨幣市場の均衡式 (2) 式と，unit **10** におけるカバーなし金利平価式 (3) 式は短期的にも成立するものとする。また，簡単化のため，外国における諸変数は一定と想定する。

このとき，長期的に購買力平価式が成立することから，長期的には為替レートと自国の物価水準との間には正の比例関係が存在することがわかる。一方，カバーなし金利平価式が成立するもとで，自国の貨幣市場の均衡式 (2) 式が成立するので，自国の一般物価水準 $P_t$ と為替レート $e_t$ との間には，負の関係があることがわかる。なぜならば，$t+1$ 期における為替レートの予想値 $e^e_{t+1}$ を所与としたもとで，為替レート $e_t$ が減価（上昇）するならば，カバーなし金利

図 4-2　硬直価格マネタリー・モデル

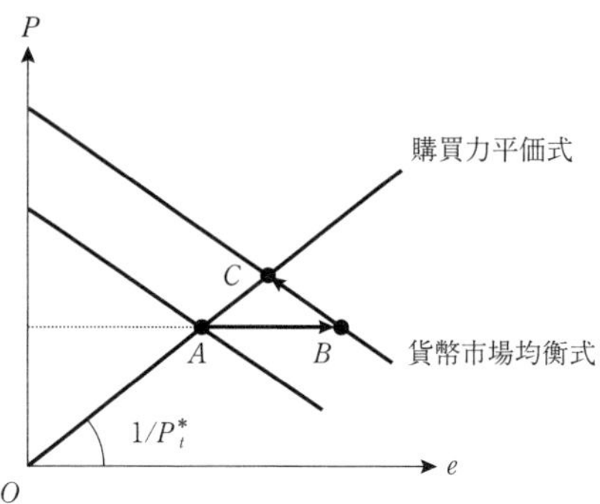


平価式を通じ，自国の名目金利 $i_t$ が低下する。また，このとき，投機的動機に基づく貨幣需要が増加するため，貨幣市場において超過需要が発生し，これを解消するため，一般物価水準 $P_t$ は低下するからである。以上をまとめたものが，図 4-2 である。図 4-2 における傾き $1/P_t^*$ の右上がりの直線は，長期的に成立する購買力平価式，右下がりの直線は，カバーなし金利平価式の成立を考慮した貨幣市場均衡式を表す。

ここで，図 4-2 を用いて，オーバーシューティングを図示する。いま，初期時点において，財市場，貨幣市場ともに均衡しており，経済は点 $A$ にあったとする。ここで，自国のマネーサプライが増大したとすると，貨幣市場の均衡式を表す直線は右方シフトする。このとき，一般物価水準は短期的に硬直的であるため一定である。一方，貨幣市場は短期的にも均衡しているため，経済は点 $A$ から点 $B$ へジャンプする。点 $A$ から点 $B$ へのジャンプの過程において，為替レートにオーバーシューティングが発生する。その後，一般物価水準が徐々に調整されるにつれ，経済は貨幣市場均衡式に沿って点 $B$ から点 $C$ へ移動し，長期的には，点 $C$ において購買力平価式が成立する。ここで，図 4-2 の点 $A$〜$C$ と図 4-1 の点 $A$〜$C$ の対応に留意すること。

図 4-2 を要約すれば，以下のとおりである。いま，自国で名目マネーサプライが増大すると長期的に一般物価水準が，マネーサプライの増加率と同率上昇することが予想されるため，長期的な為替レート（これは，伸縮価格マネタリー・モデルで説明される水準に等しい。以下，**長期的均衡為替レート**という）が，こ

れと同率減価することが予想される。一方，マネーサプライが増大したため，自国の貨幣市場において，超過供給が発生する。一般物価水準が伸縮的である場合には，一般物価水準が瞬時にマネーサプライの増加率と同率上昇することにより，貨幣市場の均衡は回復するが，一般物価水準が短期的に硬直である場合には，実質所得，または名目金利の変化によって調整される必要がある。しかし，実質所得は短期的には変化しないため，自国の名目金利が低下する。このとき，自国通貨建て債券の期待収益率が外国通貨建て債券の期待収益率を下回るため，内外債券完全代替の仮定のもと，資産市場の均衡が崩れる。この結果，自国通貨建て債券売り・外国通貨建て債券買い圧力が生じ，為替レートが減価する。資産市場を均衡させるためには，為替レートが長期的均衡為替レートを超えて大きく減価し，将来的に自国通貨高・外国通貨安が発生するという自国通貨の先高感（さきだかかん）をもたらす必要がある。この長期的均衡為替レートの水準を超える減価部分がオーバーシューティングである。

## 要　約

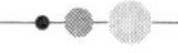

□ 為替レート決定理論には，ある一定期間における経常収支，金融収支，公的介入によって生じる外国通貨のフローに対する需給関係から，為替レートが決定されるとするフロー・アプローチと，国際的に統合された資産市場における，各国の通貨建てで表示された資産ストックに対する需給関係から為替レートが決定されるというアセット・アプローチとがある。

□ アセット・アプローチの1つに資産市場のなかでも貨幣市場に着目したマネタリー・モデルがある。このマネタリー・モデルには，一般物価水準は伸縮的であるため，短期的に購買力平価式が成立することを想定した伸縮価格マネタリー・モデルと，一般物価水準は短期的には硬直的であるため，長期的にのみ購買力平価式が成立することを想定した硬直価格マネタリー・モデルとがある。硬直価格マネタリー・モデルにおいては，名目マネーサプライの変化に対し，為替レートが過大反応するオーバーシューティングが発生する。

## 確認問題

□ *Check 1* 伸縮価格マネタリー・モデルにおいて，他の事情を一定としたもとで，(1) 外国のマネーサプライが増大した場合，(2) 実質所得が増大した場合，(3) 名目金利が上昇した場合，それぞれにおいて，為替レートはどのように変化するか述べなさい。

□ *Check 2* 以下の文中の空所ア～キに適切な語句を補いなさい。

日本銀行が拡張的金融政策を行った途端に為替レートが急激に円安となった。その後，徐々に円高に向かったが，最終的に落ち着いた為替レートは，政策実施前に比較すると円安であった。

これは，マネーサプライの増大により，長期的均衡為替レートが（　ア　）すると同時に，一般物価水準の（　イ　）により，貨幣市場を均衡化するため，日本の（　ウ　）が低下した。このとき，内外債券完全代替のもと，円の（　エ　）をもたらすよう，円が長期的均衡為替レートよりも減価する（　オ　）が発生した。その後，一般物価水準が上昇するにつれて，実質貨幣供給量が（　カ　）し，日本の名目金利が（　キ　）すると，海外への資本流出が減少し，為替レートは，長期的均衡為替レートに向かって増価したからであると説明できる。

# unit 12

# 為替リスクを考慮する

unit **10** におけるカバーなし金利平価式においては，内外債券が完全代替であることを想定していた。この unit では，内外債券が不完全代替である場合の為替レートの決定理論であるポートフォリオ・バランス・モデルを解説する。

## 為替リスク

unit **10** におけるカバーなし金利平価式においては，内外債券が完全代替であることを想定していた。これは，自国と外国の資産の期待収益率が等しければ，どちらを保有しても無差別なことを意味していた。しかし，外国の資産の期待収益率には，為替レートの期待変化率が含まれている。このため，$t+1$ 期において，為替レートが予想以上に減価すれば，外国の資産を保有することで，予期せざる収益を得るが，為替レートが予想以上に増価すれば予期せざる損失を被ることになる。このように，不確実性によって，自らの予想から振れる可能性をリスクと呼ぶ。予期せざる収益を得ることもリスクである。この場合，為替レートの不確実性に起因するリスクであるため，**為替リスク**という。

したがって，内外債券の完全代替性を想定するカバーなし金利平価式は，為替リスクに対し無頓着な経済主体を想定することを意味する。このような経済主体をリスク中立的な経済主体と呼ぶ。しかし，多くの経済主体は，期待収益率が等しいならば，為替リスクのない自国の債券を保有したいと考えるであろう。このように，期待収益率が等しければ，リスクを避け確定的な収益を得ようとする経済主体を**リスク回避的**と呼ぶ。

以下では，リスク回避的な経済主体を想定し，**内外債券不完全代替**の場合の為替レート決定理論である**ポートフォリオ・バランス・モデル**を解説する。

### リスク・プレミアム

内外債券が不完全代替である場合には，カバーなし金利平価式は unit **10** の(2)式のような単純な形では成立しない。

たとえば，アメリカが日本に対して経常収支赤字である場合を考えよう。この場合，アメリカは経常収支赤字分の金融資産を日本に引き渡す必要があるが，日本の債権者はドル建て債権を保有するならば為替リスクを負い，同様にアメリカの債務者が円建て債務を保有するならば為替リスクを負うため，日本の債権者は円建て債権を好み，一方アメリカの債務者はドル建て債務を好むであろう。いうまでもなく，日本の債権者とアメリカの債務者の好みを同時に満たすことは不可能である。

このような状況下で，日本の債権者が進んでドル建て債権を保有するためには，ドル建て債権の収益率が円建て債権の収益率を上回る必要がある。

$$i_t < i_t^* + \frac{e_{t+1}^e - e_t}{e_t}$$

一方，アメリカの債務者が進んで円建て債務を保有するためには，円建て債務の費用がドル建て債務の費用を下回る必要がある。

$$i_t - \frac{e_{t+1}^e - e_t}{e_t} < i_t^*$$

よって，以上の2式を同時に満たすためには，unit **10** におけるカバーなし金利平価式(2)式は，

$$i_t + \rho = i_t^* + \frac{e_{t+1}^e - e_t}{e_t} \tag{1}$$

と修正されることがわかる。$\rho$（ロウ）は，日本の債権者にとっては，為替リスクを補うために必要な収益率の上乗せ分，アメリカの債務者にとっては，為替リスクを補うための費用の減少分を表し，**リスク・プレミアム**と呼ばれる。

### ポートフォリオ・バランス・モデル

ここで，リスク・プレミアムがどのような要因によって決定するかを考察する。

unit **11** で解説したマネタリー・モデルにおいては，自国通貨建て債券と外

国通貨建て債券は完全代替であったため，これらが取引される市場を債券市場として，ひとまとめに分析できたが，ポートフォリオ・バランス・モデルにおいては，これらは不完全代替であるため，貨幣市場，自国債券市場，外国債券市場の３つの市場が存在することになる。

このとき，一定の収益率を確保しながらもリスクを最小限に抑えたいと考える合理的な投資家は，自らの資産を貨幣，自国債券，外国債券に分散投資するであろう。なぜならば，自らの資産を貨幣のみで保有するならば，リスクは除去されるが収益を生まない。一方，自らの資産を自国債券，または外国債券のいずれか一方のみで保有するならば，債券価格の乱高下により自らの資産価値も大きく変動するからである。

したがって，各投資家にとって最適な自国通貨建て債券に対する外国通貨建て債券の保有比率 $e_tB_t^*/B_t$ が存在する。ただし，$B_t$ は自国に存在する自国通貨建て債券の残高，$B_t^*$ は自国に存在する外国通貨建て債券の残高であり，外国通貨建てで表示される。したがって，$e_tB_t^*$ は自国に存在する外国通貨建て債券の残高を自国通貨建てで表示したものである。この保有比率を**ポートフォリオ・バランス**と呼ぶ。

このポートフォリオ・バランスに対する需要と内外期待収益率格差 $i_t-i_t^*-(e_{t+1}^e-e_t)/e_t$ は負の関係がある。なぜならば，内外期待収益率格差が上昇したとき，自国通貨建て債券に対する需要が増大する一方，外国通貨建て債券に対する需要は減少するため，ポートフォリオ・バランスに対する需要は減少するからである。また，(1) 式におけるリスク・プレミアム $\rho$ は内外収益率格差 $i_t-i_t^*-(e_{t+1}^e-e_t)/e_t$ に負の符号をつけたものである。したがって，リスク・プレミアムは，ポートフォリオ・バランスの増加関数となり，(1) 式は，

$$i_t+\overset{\oplus}{\rho}\left(\frac{e_tB_t^*}{B_t}\right)=i_t^*+\frac{e_{t+1}^e-e_t}{e_t} \tag{2}$$

と表せる。これは，外国通貨建て債券が増大し，ポートフォリオ・バランス $e_tB_t^*/B_t$ が上昇すると，自国の投資家は，より大きな為替リスクに直面することとなる。この為替リスクを補うためには，より大きなリスク・プレミアムが必要となることを意味する。

コラム

**国際分散投資**

「すべての卵を1つのバスケットに入れてはならない」という格言をご存知だろうか。これは，卵を1つのバスケットに入れて持ち運ぶと万が一の場合には，全部割れてしまう可能性があるが，複数のバスケットに分けて運べば，万が一の場合の被害を最小限にできることを意味している。

これは，資産運用においても当てはまる。自らの資産を単一の債券，または株式といった証券に集中して投資するならば，その証券価格の乱高下により，自らの資産価値も乱高下することになる。このとき，自らの資産価値が予期せず上昇をする場合もあれば，予期せず下落する場合もあるであろう。本文中にも説明したとおり，不確実性によって，自らの予想から振れる可能性をリスクと呼ぶ。より厳密には，証券投資におけるリスクは，予想された収益率から実際に実現する収益率がどの程度ばらついているかという期待収益率の分散（または標準偏差）によって測られる。

このリスクを軽減するためには，自らの資産を現金，または複数の証券に分散して投資することが有用となる。たとえば，完全に相反する動きをする2つの証券を組み合わせて保有するならば，一方の証券の価格が下落した場合，もう一方の証券の価格はそれと同程度上昇しているはずなので，リスクは完全に相殺されるであろう。このように分散して投資を行うことにより，リスクを軽減することを**リスク分散**と呼び，リスク分散の結果作られる投資の集合体を**ポートフォリオ**と呼ぶ。

ポートフォリオにおいて，どの資産をどの程度の割合で保有すればよいかという最適なポートフォリオ・バランスは，あるリターン（期待収益率）と，そのもとで実現可能なリスク（ポートフォリオの収益率の標準偏差）の最小値の関係を表す効率的フロンティア曲線と，投資家がリスクとリターンに対し，どのような選好をもっているかを表す無差別曲線を用いると決定できる。

この unit においては，自国の投資家は，自らの資産を貨幣，自国通貨建て債券，外国通貨建て債券に分散して保有することが想定されていたが，これは，上述の分散投資の考え方を前提としたものである。また，日本の投資家は，ドル建て債券の残高の増大に対し，ポートフォリオを組み替える行動をとっていたが，これは，日本の投資家が上述の手法を用いて決定される最適なポートフォリオ・バランスを維持するために行った行動である。

ここで，自国に存在する外国通貨建て債券の残高 $B_t^*$ は経常収支黒字の累積額に依存することに留意されたい。なぜならば，unit 2 で解説した国際収支表に基づけば，ある期間における資本の純流出額（金融収支の黒字額）は，ある期間における対外純債権の増加額に相当するが，これは，その期間における経常収支黒字額に等しいからである（確認問題1）。したがって，経常収支黒字の累積額が増加（減少）すると，対外純債権が増加（減少）するため，リスク・プレミアムは上昇（低下）することがわかる。

### ポートフォリオ・バランス・モデルの解釈

1980年代における円ドル為替レートの動向とアメリカにおける「双子の赤字」を例に，ポートフォリオ・バランス・モデル(2)式の意味を解釈する。

図4–3は，1980年第1四半期から89年第4四半期までの円ドル為替レートの期末値を示したものである。図4–3より，円ドル為替レートは，1980年代前半においては，円安・ドル高基調で推移したが，85年のプラザ合意以降，急速に円高・ドル安基調となったことがわかる。また，図4–4，図4–5は，それぞれ，1980〜89年のアメリカの財政収支，および経常収支を表したものである。これらの図より，アメリカは財政収支赤字と経常収支赤字の「双子の赤字」の状態にあったことがわかる。

1980年代前半において，アメリカでは財政赤字が拡大し（図4–4），これを国債の発行によってファイナンスした。アメリカにおける国債の増大は，国債価格を低下させると同時に，アメリカの金利を上昇させた。図4–6は，1980

図4–3　円ドル為替レート

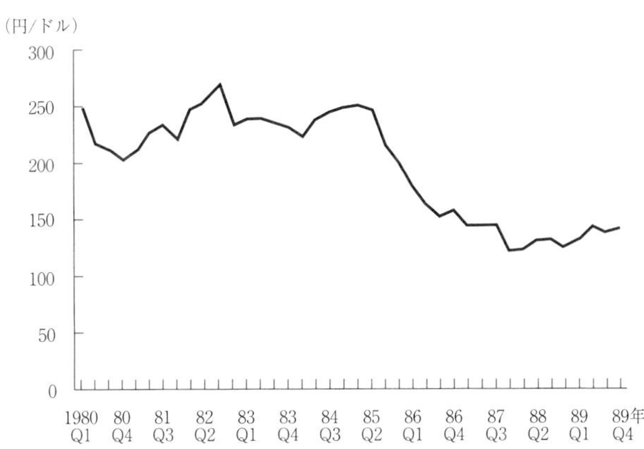


（出所） IMF, *International Financial Statistics* (CD-ROM).

図 4-4　アメリカの財政収支

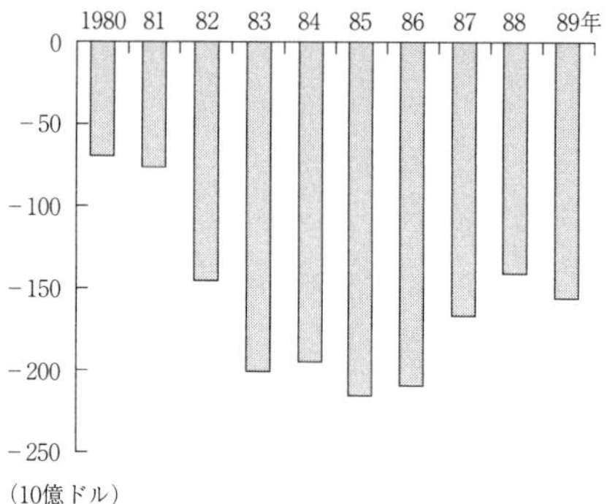


(出所)　IMF, *International Financial Statistics* (CD-ROM).

図 4-5　アメリカの経常収支

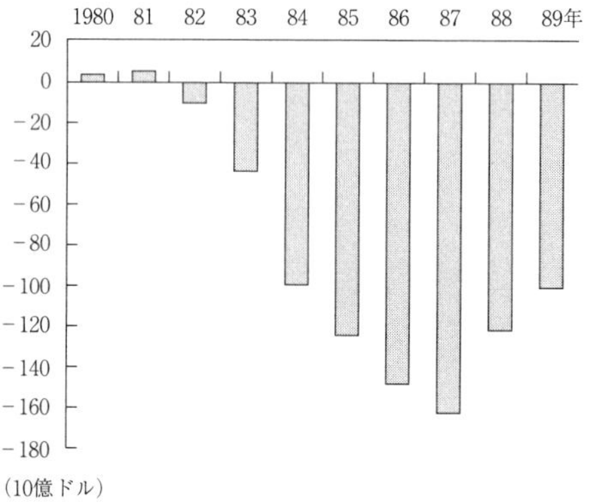


(出所)　IMF, *International Financial Statistics* (CD-ROM).

年第1四半期から89年第4四半期までのアメリカと日本の10年物国債利回りの推移を表している。図4-6より，アメリカの国債利回りは高い水準にあったことがわかる。この結果，アメリカに資本が流入し，ドルが世界通貨に対し全体的に増価し，円ドル為替レートも円安・ドル高基調で推移した（図4-3）。このドルの増価はアメリカの経常収支赤字を拡大した（図4-5）。図4-7はアメリカの対日貿易収支を表したものである。図4-7より，アメリカは，1980年代を通じ，日本に対しても貿易収支赤字の状態にあったことがわかる。一方，アメリカの対日貿易赤字の増大により，日本に存在するドル建て債券の残高 $B_t^*$

図 4-6　アメリカ，日本の国債利回り（10 年物）

（出所） IMF, *International Financial Statistics* (CD-ROM).

図 4-7　アメリカの対日貿易収支

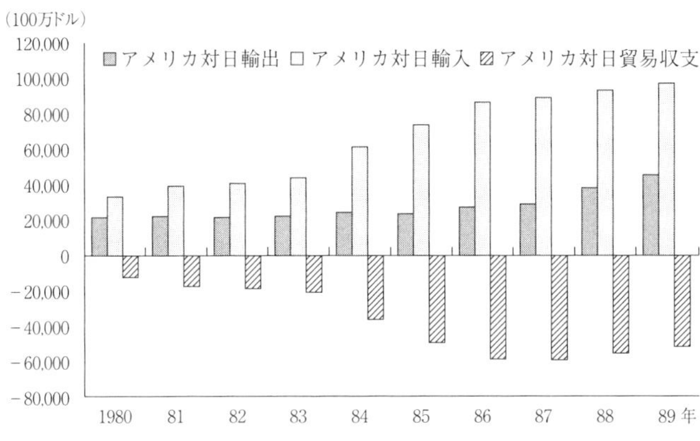


（出所） IMF, *Direction of Trade Statistics* (CD-ROM).

が増大した。このため，日本の投資家にとっての最適なポートフォリオ・バランスが崩れ，日本の投資家は，より大きな為替リスクに直面することとなった。このため，日本の投資家は，円建て債券買い・ドル建て債券売り圧力を強め，その結果，円高・ドル安が進むとともに（図 4-3），リスク・プレミアムが上昇したのである。

## 要　約

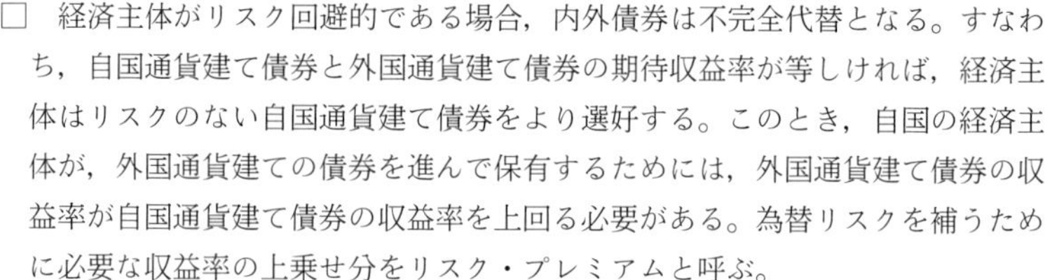

□　経済主体がリスク回避的である場合，内外債券は不完全代替となる。すなわち，自国通貨建て債券と外国通貨建て債券の期待収益率が等しければ，経済主体はリスクのない自国通貨建て債券をより選好する。このとき，自国の経済主体が，外国通貨建ての債券を進んで保有するためには，外国通貨建て債券の収益率が自国通貨建て債券の収益率を上回る必要がある。為替リスクを補うために必要な収益率の上乗せ分をリスク・プレミアムと呼ぶ。

□　リスク・プレミアムは，自国通貨建て債券に対する外国通貨建て債券の保有比率として定義されるポートフォリオ・バランスの増加関数となる。また，自国に存在する外国通貨建て債券の残高は自国の経常収支黒字の累積額に依存する。したがって，リスク・プレミアムの決定には，経常収支黒字の累積額が，重要な影響を与える。

## 確認問題

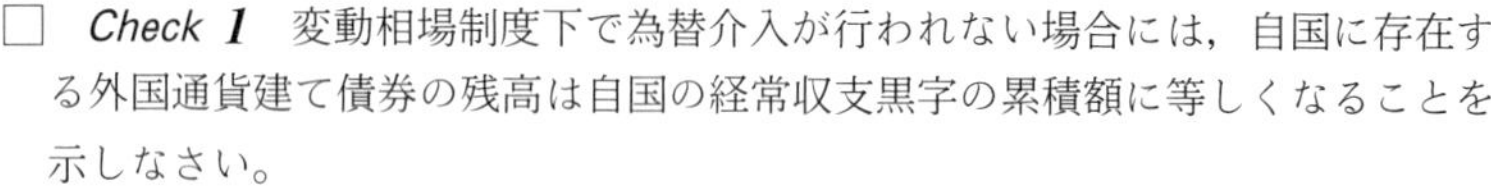

□　*Check 1*　変動相場制度下で為替介入が行われない場合には，自国に存在する外国通貨建て債券の残高は自国の経常収支黒字の累積額に等しくなることを示しなさい。

□　*Check 2*　ポートフォリオ・バランス・モデルを用いて，1980年代における円ドル為替レートの動向とアメリカの「双子の赤字」の関係を説明した以下の文中の空所ア～コに適切な語句を補いなさい。

1980年代前半において，アメリカでは財政赤字が拡大し，アメリカの金利が相対的に（　ア　）したために，資本がアメリカに（　イ　）し，ドルが（　ウ　）した。そのためアメリカの貿易収支の（　エ　）が拡大した。一方，アメリカの貿易収支（　エ　）の増大は，日本の投資家が需要するポートフォリオ・バランスに比較して，円建て資産に対するドル建て資産の供給比率を（　オ　）させた。このため，投資家は（　カ　）建て資産を売却し，（　キ　）建て資産を購入することによってポートフォリオ・バランスの調整を図ろうとした。そのため，ドル建て資産のリスク・プレミアムが（　ク　）する一方，ドルが（　ケ　）する傾向になった。この傾向は1985年の（　コ　）合意により加速した。

## KeyWords 4

- □ フロー・アプローチ　107
- □ アセット・アプローチ　110
- □ 伸縮価格マネタリー・モデル　110
- □ 取引動機に基づく貨幣需要　111
- □ 予備的動機に基づく貨幣需要　111
- □ 投機的動機に基づく貨幣需要　111
- □ 貨幣需要の所得弾力性　112
- □ 貨幣需要の金利半弾力性　112
- □ 硬直価格マネタリー・モデル　112
- □ オーバーシューティング　112
- □ 長期的均衡為替レート　114
- □ 為替リスク　117
- □ リスク回避的　117
- □ 内外債券不完全代替　117
- □ ポートフォリオ・バランス・モデル　117
- □ リスク・プレミアム　118
- □ ポートフォリオ・バランス　119
- □ リスク分散　120
- □ ポートフォリオ　120

# 第5章

# 為替介入とマクロ経済政策

13　為替介入の方法と効果
14　マンデル＝フレミング・モデル
15　マクロ経済政策の効果

# Introduction 5

## この章の位置づけ

各国の通貨当局は，為替レートの急激な変動を避けるため，または為替レートをある目標水準に誘導するため，外国為替市場で直接的に外国為替取引を行う為替介入を行う。

また，各国の政策当局は，国内生産量の拡大や物価水準の安定化を目的に財政政策，金融政策を行う。ただし，開放経済においては，財政政策，金融政策の変化により国内の金利水準が変化するため，これに伴い資本移動が発生し，為替レートが影響を受ける。固定相場制度下においては，通貨当局は，この為替レートを一定の水準に維持するために為替介入を行う必要が生じる。一方，変動相場制度下においては，為替レートの変化により，さらにこれが国内経済に影響を与えるという効果をもつ。

本章では，これまで解説してきた為替レート決定理論を応用し，為替介入とマクロ経済政策の効果について解説する。

## この章で学ぶこと

**unit 13**　為替介入の目的，方法について解説する。この為替介入の方法には，不胎化せざる介入と不胎化介入の2つの方法がある。ここでは，unit 12 で学習したポートフォリオ・バランス・モデルに基づき，これらの介入の効果について分析する。

**unit 14**　開放経済下におけるマクロ経済政策の効果を分析するために有用なマンデル＝フレミング・モデルを解説する。このモデルは，閉鎖経済下の *IS–LM* モデルを開放経済に拡張したモデルである。

**unit 15**　unit 14 で解説するマンデル＝フレミング・モデルを用いて，変動相場制度および固定相場制度下における財政政策および金融政策の効果について分析する。

# unit 13

# 為替介入の方法と効果

通貨当局が，為替市場メカニズムを通じ為替レートに影響を与えることを目的に，外国為替市場で直接的に外国為替取引を行うことを**為替介入**と呼ぶ。この為替介入は，固定相場制度を採用する国においては，外国為替市場における需給ギャップを埋め，公定相場を維持するため行われるが，変動相場制度を採用する国においても，為替レートの急激な変動を避けるため，または為替レートをある目標水準に誘導するために行われる場合がある。

この unit においては，unit 12 で解説したポートフォリオ・バランス・モデルを用い，為替介入の目的，方法および効果について解説する。

## 為替介入の目的

unit 7 で述べたとおり，固定相場制度を採用する国においては，通貨当局は，公定相場を維持するため，為替市場に介入する義務をもつ。

たとえば，1973 年以前，日本では，公定相場を 1 ドル＝360 円とする固定相場制度が採用されていた。これを図示したものが，図 5-1 である。図の横軸にはドルに対する需要量と供給量，縦軸には為替レートが測られており，いま，需要曲線と供給曲線が 1 ドル＝360 円の公定相場の水準，点 $A$ で交わっていたとする。ここで，何らかの理由により，ドルに対する需要が増加し，需要曲線が右側にシフトしたと想定する。このとき，1 ドル＝360 円の公定相場のもとでは，ドルに対する超過需要が発生するため，市場為替レートは点 $B$ で決定され，円安・ドル高が発生する。このような場合，日本の通貨当局（日本銀行）は，円安・ドル高圧力を抑え，公定相場を維持するため，超過需要を相殺するドルを為替市場に供給する円買い・ドル売り介入を行う必要がある。この

図 5-1　固定相場制度と為替介入

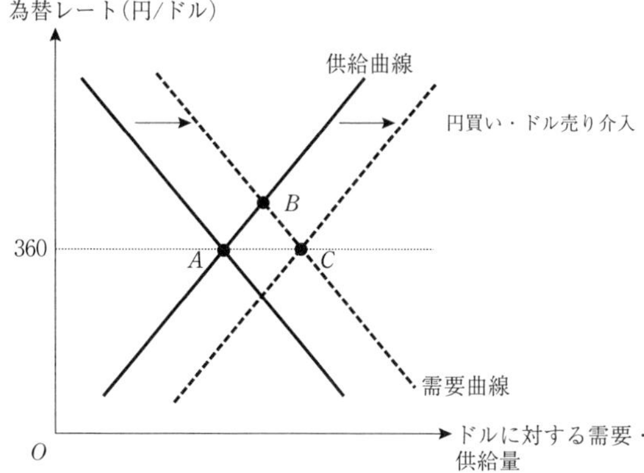


結果，供給曲線が右側にシフトし，点 $C$ において公定相場 1 ドル＝360 円を維持できるのである。

一方，変動相場制度は，原則として，為替レートを為替市場における外国通貨に対する需給関係に任せて決定する制度である。しかし，変動相場制度下においても，通貨当局が，為替レートの急激な変動を避け，為替レートを安定化させる目的や，為替レートをある目標水準に誘導する目的で，為替介入が行われる場合がある。

為替レートを安定化させるためには，市場の流れとは逆方向に介入する必要がある。たとえば，為替市場で円買い・ドル売りが行われ，急激な円高・ドル安が進んでいるときに，これを避けようとするならば，通貨当局は市場の流れとは逆方向の円売り・ドル買い介入を行う必要がある。このように，市場の流れとは逆方向に介入する場合を，**風向きに逆らう介入**または**抑制介入**と呼ぶ。

一方，為替レートをある目標水準に誘導しようとする場合には，市場の流れと逆方向への介入と市場の流れに沿った介入とを使い分ける必要がある。たとえば，為替市場で円買い・ドル売りが行われ，円高・ドル安が進んでいるときに，目標為替レートが，現在の為替レートよりも円安・ドル高の水準であれば，風向きに逆らう介入をする必要があるが，目標為替レートがさらなる円高・ドル安水準にあれば，市場の流れと同じ円買い・ドル売り介入を行い，市場の流れを後押しする必要がある。市場の流れに沿った介入を**風向きに沿った介入**または**促進介入**と呼ぶ。



### 為替介入の方法

為替介入の方法には，**不胎化せざる介入**と**不胎化介入**の 2 通りがある。

まず，不胎化せざる介入について説明する。たとえば，為替市場で，円高・ドル安が進んでいるときに，過度な円高・ドル安を避けるため，または円安・ドル高に誘導するため，円売り・ドル買い介入が行われたとする。この為替介入に伴う通貨当局のバランスシートの変化を示したものが，図 5-2 である（通貨当局のバランスシートについては，コラムを参照）。通貨当局が，為替市場からドルを購入するならば，通貨当局の保有する外貨準備が増大する。また，これと同時に，円を売る（円を供給する）ため，現金通貨が増大し，マネタリー・ベースが増大する。

ここで，マネタリー・ベースが増大するならば，マネーサプライが増大する（マネタリー・ベースとマネーサプライの関係については，コラムを参照）ため，国内の一般物価水準が上昇することに注意してほしい。

通貨当局が，マネーサプライの変化により，国内の一般物価水準が変化することを好まない場合，外貨準備の変化を相殺するように国内信用残高を変化させればよい。このような介入を不胎化介入と呼ぶ。

たとえば，先の例において，通貨当局が円売り・ドル買い介入を行う場合，これと同時に，通貨当局が保有している国債（国内信用）を，外貨準備の増加分に相当する額だけ売るというオペレーションを行うならば，マネタリー・ベースを一定に保つことができる。この不胎化介入に伴う通貨当局のバランスシートの変化を表したものが 133 頁の図 5-4 である。

**図 5-2　不胎化せざる介入と通貨当局のバランスシート**

通貨当局

| 資　産 | 負　債 |
|---|---|
| 国内信用 | 支払準備 |
| | 現金通貨 |
| 外貨準備 | |

⇨

通貨当局

| 資　産 | 負　債 |
|---|---|
| 国内信用 | 支払準備 |
| | 現金通貨 |
| 外貨準備<br>ドル買い | 円売り |

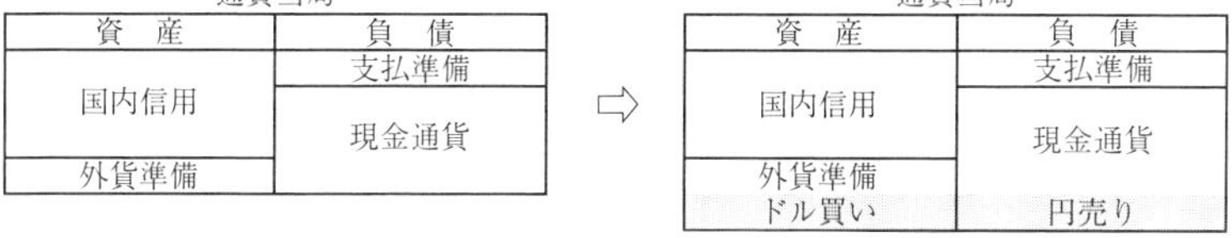

コラム

**マネタリー・ベースとマネーサプライ**

マネタリー・ベースとマネーサプライとの関係を示すため，まず，通貨当局のバランスシートについて解説する。簡略化された中央銀行のバランスシートを示したものが，図5-3である。

まず，バランスシートの資産項目は，**国内信用**と**外貨準備**からなる。国内信用には，国債保有などからなる対政府信用と，民間金融機関への貸出である対民間信用がある。外貨準備は，通貨当局が保有する外貨，または外貨建て資産である。

一方，負債項目は，**支払準備**（または**準備預金**）と**現金通貨**からなる。支払準備とは，民間銀行が普通預金や定期預金の一定割合を通貨当局に預ける預金を意味する。民間銀行は，預金の引出に備え，預金残高の一定比率以上を支払準備として通貨当局へ預けることが法律で義務づけられている。支払準備には金利がつかないが，すぐに現金として引き出すことが可能である。この比率を，**支払準備率**（または**預金準備率**）と呼ぶ。また，負債項目には，通貨当局が発行した発行銀行券（日本においては日銀券）が含まれる。発行銀行券は，いわば通貨当局が発行する債務証書なのである。ただし，一般企業や民間銀行の発行する債務証書は，期日がくると返済しなければならないが，発行銀行券には期日が存在しないことが大きな違いである。

通貨当局が供給する貨幣量を**マネタリー・ベース**と呼ぶ。したがって，マネタリー・ベースは負債項目における現金通貨と支払準備の和である。ここで，マネタリー・ベースを$MB$，現金通貨を$C$，預金通貨を$D$，支払準備を$R$，支払準備率を$r$とするならば，$R=rD$なので，$MB=C+rD$となる。一方，マネーサプライは現金通貨と預金通貨の和であるため，$M=C+D$と表せる。

ここで，上の2式を整理するならば，

$$M=C+D=\frac{C+D}{C+rD}MB=\frac{(C/D)+1}{(C/D)+r}MB\equiv mMB$$

を得る。$m$を**貨幣乗数**，または**通貨乗数**と呼ぶ。$0<r<1$より，$m>1$であることがわかる。したがって，追加的にマネタリー・ベースが1単位増加すると，マネーサプライは追加的に$m(>1)$単位増加する。

**図5-3　通貨当局のバランスシート**

通貨当局

<table>
<tr><th colspan="2">資　産</th><th>負　債</th></tr>
<tr><td rowspan="2">国内信用</td><td>対民間信用</td><td rowspan="2">支払準備</td></tr>
<tr><td>対政府信用</td></tr>
<tr><td colspan="2">外貨準備</td><td>現金通貨</td></tr>
</table>

図 5-4　不胎化介入と通貨当局のバランスシート

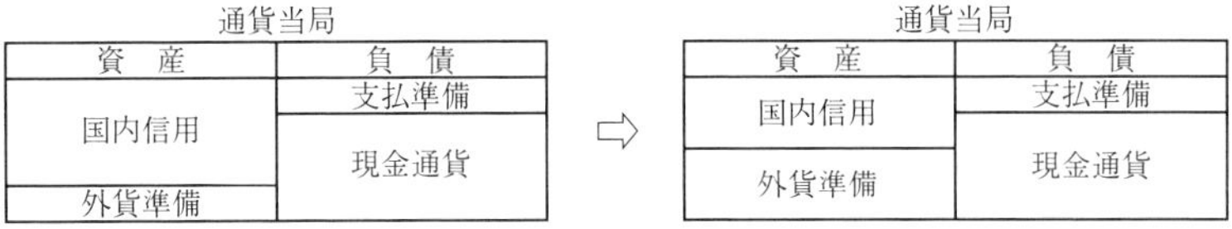

通貨当局

| 資　産 | 負　債 |
|---|---|
| 国内信用 | 支払準備 |
| | 現金通貨 |
| 外貨準備 | |

通貨当局

| 資　産 | 負　債 |
|---|---|
| 国内信用 | 支払準備 |
| 外貨準備 | 現金通貨 |

## 為替介入の効果

先述のとおり，不胎化せざる介入においては，マネタリー・ベースの増大を通じ，マネーサプライが増大する。このとき，unit **11** で解説したマネタリー・モデルに基づけば，一般物価水準が伸縮的であるならば，為替レートがマネーサプライの増加率と同率減価する。一方，一般物価水準が硬直的であるならば，名目金利が低下することを通じ，為替レートは，オーバーシューティングにより，マネーサプライの増加率以上に減価する。

しかし，不胎化介入においては，マネーサプライは一定であるため，上記のようにファンダメンタルズの変化を通じ，為替レートに影響を与えることはできない。それでは，不胎化介入においては，どのような経路を通じ，為替レートに影響を与えるのであろうか。

まず，第 1 の直接的な経路として，為替介入により，通貨当局による円売り・ドル買いが行われるため，為替市場の需給関係を通じて，為替レートが円安・ドル高になる経路が考えられる。しかし，現実的には，為替市場全体の取引額に対する通貨当局の取引額は微々たるものでしかないため，この経路による効果は小さいと考えられる。

第 2 の経路として，**ポートフォリオ・バランス効果**がある。これを，unit **12** で解説したポートフォリオ・バランス・モデルによって説明しよう。まず，unit **12** における (2) 式を再掲する。

$$i_t+\rho\left(\overset{\oplus}{\frac{e_t B_t^*}{B_t}}\right)=i_t^*+\frac{e_{t+1}^e-e_t}{e_t}$$

先の例において，通貨当局が，不胎化介入を行い，円売り・ドル買いと同時に，国債の売りオペレーションを行うならば，自国通貨建て債券の供給量 $B_t$ が増大するため，日本の投資家のポートフォリオ・バランスが崩れる。日本の投資家が増大した円建て債券を進んで保有するためには，ドル建て債券の期待収益率が低下する必要がある。これは，円建て債券売り・ドル建て債券買い圧力を強める結果，為替レートが円安・ドル高になると同時に，リスク・プレミアム $\rho$ が低下することによって達成される。

第3の経路として，**シグナリング効果（アナウンスメント効果）**がある。通貨当局が，円売り・ドル買い介入を行うならば，民間部門は，これを，将来，通貨当局が円安・ドル高誘導のための金融緩和政策を行うというシグナルと受け取るであろう。将来における為替レートの減価が予想されるならば，自己実現的に現在時点において，円安・ドル高となる。

為替介入には，一国の通貨当局のみが行う**単独介入**と，複数の国の通貨当局が同時に介入を行う**協調介入**とがある。協調介入が行われる場合，民間部門は，通貨当局間で目標とする為替レートについての認識が一致しており，将来の金融政策協調が行われる環境が整っているというシグナルを受け取ると考えられるため，シグナリング効果はより強くなるであろう。

一方，多くの国の通貨当局は，介入の有無や実行額を公表しないことが多い。このような介入は**覆面介入**と呼ばれている。不胎化介入によるシグナリング効果は，民間部門が，通貨当局の介入行動を観察し，この行動から通貨当局の将来における金融政策の方向性を認識して初めて発揮されるものである。このことから，覆面介入には理解しにくい面があり，多くの研究が行われている。

## 要　約

□ 通貨当局が，外国為替市場で直接的に外国為替取引を行うことを為替介入と呼ぶ。固定相場制度を採用する国においては，通貨当局は，公定相場を維持するため，為替介入を行う義務をもつ。一方，変動相場制度を採用する国においても，為替レートの急激な変動を避けるため，または為替レートをある目標水準に誘導するために行われる場合がある。

□ 為替介入には，マネタリー・ベースが変化する不胎化せざる介入と，外貨準備の変化を相殺するように国内信用残高を変化させ，マネタリー・ベースを一定に保つ不胎化介入とがある。

□ 不胎化介入においては，ポートフォリオ・バランス効果，またはシグナリング効果を通じ，為替レートに影響を与える。

## 確認問題

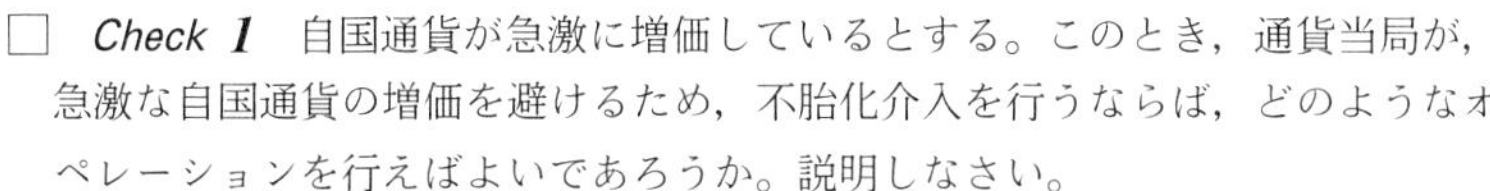

□ *Check 1* 自国通貨が急激に増価しているとする。このとき，通貨当局が，急激な自国通貨の増価を避けるため，不胎化介入を行うならば，どのようなオペレーションを行えばよいであろうか。説明しなさい。

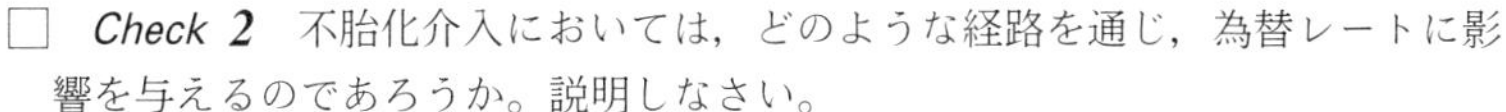

□ *Check 2* 不胎化介入においては，どのような経路を通じ，為替レートに影響を与えるのであろうか。説明しなさい。

# unit 14

# マンデル＝フレミング・モデル

このunitでは，*IS–LM*分析を開放経済に拡張したマンデル＝フレミング・モデルを解説する。このモデルは，次のunit **15**でみる変動相場制度および固定相場制度下における財政政策および金融政策の効果の分析において必要となるモデルである。

## マンデル＝フレミング・モデルにおける仮定

**マンデル＝フレミング・モデル**とは，*IS–LM*分析を開放経済に拡張したモデルであり，実物部門と金融部門の相互作用を考慮するため，財政政策，金融政策の効果の分析に適したモデルである。

以下では，次の仮定が満たされる経済を想定する。

（仮定1） 小国開放経済を想定する。

（仮定2） 物価水準は一定である。

（仮定3） 完全資本移動。

（仮定4） 内外債券完全代替。

（仮定5） マーシャル＝ラーナー条件。

（仮定6） 静学的期待による為替レートの予想。

（仮定1）は，これから分析する国は十分小さな国であるため，この国における資金需要・供給の変化が，世界市場で決定される世界金利に影響を与えることはないことを意味する。

（仮定2）は，労働市場において不完全雇用が発生しているため，企業は現行賃金を上昇させることなく雇用を拡大し，生産量を増加できること，すなわち，企業は財の価格を上昇させることなく供給量を増加できることを意味する。

（仮定 3）は，資本規制や為替管理が存在せず，国家間を自由に資金が移動すること，（仮定 4）は，経済主体はリスク中立的であり，自国と外国の債券の期待収益率が等しいならば，どちらの債券を保有しても無差別であることを意味する。unit **10** で示したとおり，（仮定 3），（仮定 4）が成立するならば，カバーなし金利平価式が成立する。

（仮定 5）は，unit **6** で解説したとおり，為替レートが円安（円高）となったとき，日本の貿易収支が改善（悪化）するための条件であり，貿易収支が為替レートの増加関数であることを意味する。

（仮定 6）は，経済主体は 1 年後の為替レートの予想値 $e^e_{t+1}$ を今年の為替レートの実現値 $e_t$ に等しいと予想すること，すなわち，

$$e^e_{t+1} = e_t \tag{1}$$

を意味する。

## *IS* 曲線

***IS*** **曲線**とは，財市場を均衡させる国民所得（$Y$）と金利（$i$）の組合せである。財市場の均衡式は，

$$\overset{\oplus}{S(Y)} = \overset{\ominus}{I(i)} + G + NX(\overset{\ominus}{Y}, \overset{\oplus}{e}) \tag{2}$$

と表せる。ただし，$S$ は所得から消費を差し引いて得られる貯蓄であり，所得 $Y$ の増加関数である。これは，**ケインズ型消費関数**を想定する場合，消費は所得の増加関数となるが，限界消費性向が 1 より小さいため，追加的な所得の増加分のうち追加的な消費の増加分に用いられない部分，貯蓄が増加するからである。$I$ は投資であり，金利 $i$ の減少関数である。これは，投資の限界効率理論によっている。また，$G$ は政府支出で外生変数である。$NX$ は輸出から輸入を差し引いて得られる純輸出であり，所得の減少関数，為替レートの増加関数である。純輸出が所得の減少関数となるのは，所得が増加すると輸入が増加するためであり，為替レートの増加関数となるのは，（仮定 5）によっている。

次に (2) 式を $Y-i$ 平面上にプロットした *IS* 曲線を導出する。以下では，為替レート $e$ は外生変数であると想定する。これを図示したものが，図 5–5 である。

図 5-5　*IS* 曲線の導出

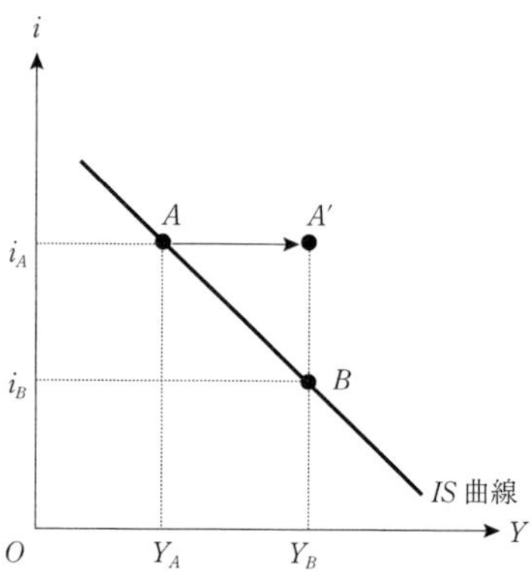


まず，初期時点において点 $A(Y_A, i_A)$ で財市場が均衡していたと想定する。ここで，金利を $i=i_A$ の水準で一定としたもとで所得が $Y_A$ から $Y_B$ へ増加し，点 $A$ から点 $A'$ へ移動したとする。このとき，貯蓄が増加し純輸出が減少するため，点 $A'$ では，(2) 式の左辺が右辺を上回り，財市場において超過供給（貯蓄超過）が生じる。このとき，財市場を再び均衡させるためには，金利が減少し，投資を増加させる必要がある。ここで，金利が $i_A$ から $i_B$ まで低下したとき，点 $B(Y_B, i_B)$ において再び財市場が均衡したと想定する。最後に，財市場が均衡する点 $A$，$B$ を結べば，$Y-i$ 平面上で右下がりとなる *IS* 曲線を得る。

### *IS* 曲線のシフト

*IS* 曲線を導出する際には，外生変数である政府支出 $G$，為替レート $e$ を一定と想定したが，ここでこれらの外生変数が変化した場合，*IS* 曲線がどのようにシフトするかを分析する。

まず，拡張的財政政策による政府支出の増大の効果を分析する。これを図示したものが，図 5-6 である。図 5-6 の破線は初期時点における *IS* 曲線である。ここで，$i=i_A$ の水準に固定した点 $A$ に着目する。政府支出が増大すると，(2) 式において，右辺が左辺を上回り財市場において超過需要が発生する。増大した政府支出のもとで財市場が均衡するためには，たとえば，点 $A'$ で表されるより高い貯蓄水準，より低い純輸出をもたらすようなより高い所得水準が必要

図 5-6　*IS* 曲線のシフト

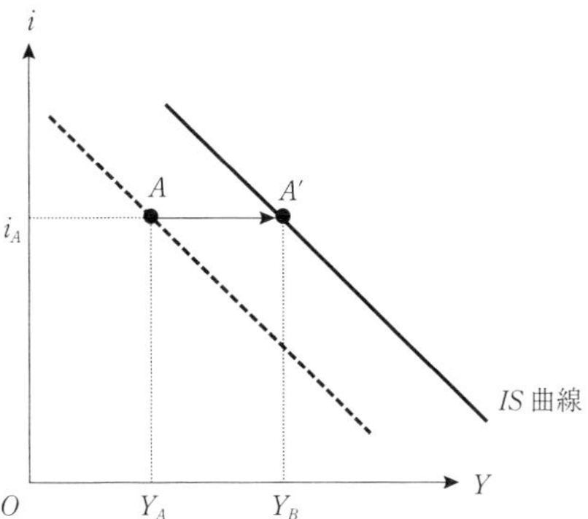




となる。したがって，政府支出が増大すると *IS* 曲線は右方シフトすることがわかる。

同様に，為替レートの減価の効果を分析できる。先と同様，図 5-6 における点 $A$ に着目する。為替レートが減価すると，輸出が増大するため，純輸出が増大し，(2) 式において，右辺が左辺を上回り財市場において超過需要が発生する。先と同様，財市場が均衡するためには，たとえば，点 $A'$ で表されるようなより高い貯蓄水準，より低い純輸出をもたらすようなより高い所得水準が必要となる。したがって，為替レートが減価すると *IS* 曲線は右方シフトすることがわかる。一方，為替レートが増価した場合は，*IS* 曲線は左方シフトする。

## *LM* 曲線

***LM* 曲線**とは，貨幣市場を均衡させる国民所得 $(Y)$ と金利 $(i)$ の組合せである。unit **11** で分析したとおり，貨幣市場の均衡条件は，

$$\frac{M}{P} = L(\overset{\oplus}{Y}, \overset{\ominus}{i}) \tag{3}$$

と表せる。ただし，$M$ は外生的に与えられる名目マネーサプライ，$L$ は実質貨幣需要関数で，所得 $Y$ の増加関数，金利 $i$ の減少関数である。実質貨幣需要が所得の増加関数であるのは，取引動機に基づいた貨幣需要が所得の増加関

図 5-7　*LM* 曲線の導出

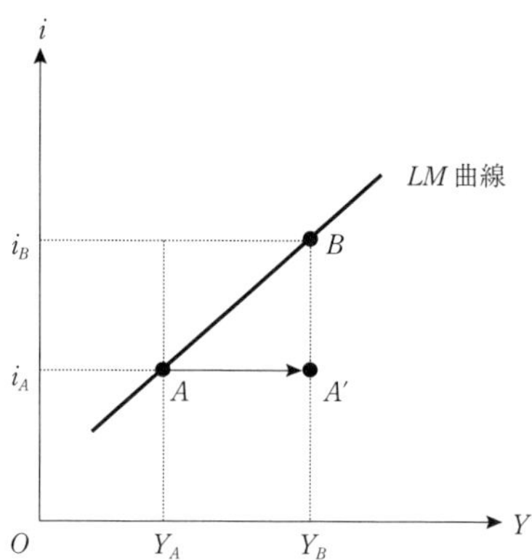


数であること，金利の減少関数であるのは，投機的動機に基づいた貨幣需要が金利の減少関数であることによっている。

次に (3) 式を $Y-i$ 平面上にプロットした *LM* 曲線を導出する。以下では，為替レート $e$ は外生変数であると想定する。これを図示したものが，図 5-7 である。

まず，初期時点において点 $A(Y_A, i_A)$ で貨幣市場が均衡していたと想定する。ここで，金利を $i=i_A$ の水準で一定としたもとで所得が $Y_A$ から $Y_B$ へ増加し，点 $A$ から点 $A'$ へ移動したとする。このとき，取引動機に基づいた貨幣需要が増加するため，点 $A'$ では，(3) 式の右辺が左辺を上回り，貨幣市場において超過需要が生じる。このとき，貨幣市場を再び均衡させるためには，金利が上昇し，投機的動機に基づいた貨幣需要が減少する必要がある。ここで，金利が $i_A$ から $i_B$ まで上昇したとき，点 $B(Y_B, i_B)$ において再び貨幣市場が均衡したと想定する。最後に，貨幣市場が均衡する点 $A$，$B$ を結べば，$Y-i$ 平面上で右上がりとなる *LM* 曲線を得る。

### *LM* 曲線のシフト

*LM* 曲線を導出する際には，外生変数である名目マネーサプライ $M$ を一定と想定したが，名目マネーサプライが変化した場合，*LM* 曲線がどのようにシフトするかを分析する。

図 5-8　*LM* 曲線のシフト

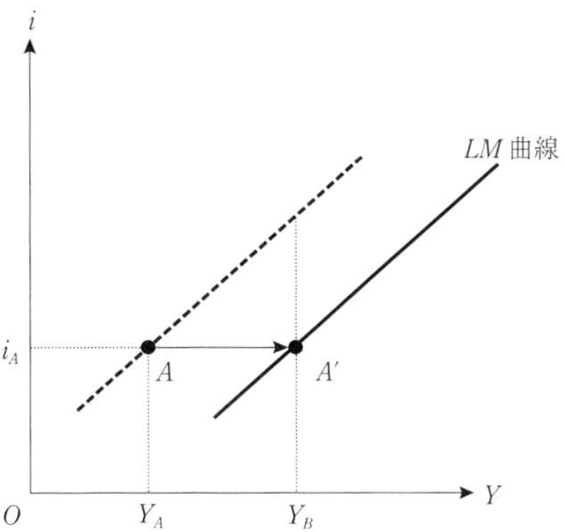


拡張的金融政策によるマネーサプライの増大の効果を分析する。これを図示したものが，図 5-8 である。図 5-8 の破線は初期時点における *LM* 曲線である。ここで，$i=i_A$ の水準に固定した点 $A$ に着目する。名目マネーサプライが増大すると，(3) 式において，左辺が右辺を上回り貨幣市場において超過供給が発生する。増大した名目マネーサプライのもとで貨幣市場が均衡するためには，たとえば，点 $A'$ のように，より高い取引動機に基づいた貨幣需要をもたらすより高い所得水準が必要となる。したがって，名目マネーサプライが増大すると *LM* 曲線は右方シフトすることがわかる。一方，名目マネーサプライが減少すると *LM* 曲線は左方シフトする。

### *BP* 曲線

***BP* 曲線**とは，国際収支を均衡させる国民所得 ($Y$) と金利 ($i$) の組合せである。unit **2**，unit **11** で解説したとおり，資本移転等収支を捨象するならば，経常収支と金融収支は等しくなるため，国際収支の均衡式は，経常収支と金融収支の差，

$$NX(\overset{\ominus}{Y},\overset{\oplus}{e})-F\left(i-\left(i^*+\overset{\oplus}{\frac{e^e_{t+1}-e_t}{e_t}}\right)\right)=0 \tag{4}$$

で表せる。ただし，ここでは，経常収支が純輸出（貿易・サービス収支）*NX* で

コラム

**財市場の均衡**

財市場が均衡するとは，財市場において，総需要 $Y_D$ と総供給 $Y_S$ が一致し，売れ残りも品不足も発生しない状態を意味する。

財市場における総供給 $Y_S$ は，ある国の国内において，ある一定期間に生産された付加価値の総額を市場価値で評価した**生産面からみたGDP**として定義される。また，**GDPの三面等価の法則**より，生産面からみたGDPは，各生産要素所得の総計として定義される**分配面からみたGDP**と一致する。また，企業の内部留保や固定資本減耗が存在しない場合には，分配面からみたGDPは家計の所得 $Y$ に一致する。すなわち，

$$Y_S = Y$$

が成立する。

一方，総需要 $Y_D$ は，家計，企業，政府および海外部門によって「意図された」支出の総額であり，

$$Y_D \equiv C + I + G + NX$$

として定義される。ただし，ここで，総需要は，各経済主体の支出の総計として定義される**支出面からみたGDP（国内総支出）**とは必ずしも一致しないことに注意してほしい。なぜならば，支出面からみたGDPにおける投資は，「実現した」投資として定義され，これには，「意図された」投資のみならず，売れ残りや品不足による「意図せざる」在庫投資の増減も含まれるのに対し，総需要における投資には，意図せざる在庫投資の増減は含まれないからである。

以上より，総需要と総供給が一致する財市場の均衡式は，

$$Y = C + I + G + NX$$

と表される。換言すれば，「意図せざる在庫投資の増減＝0」となるとき，財市場は均衡するといえる。

近似できることを想定している。また，$F$ は金融収支を表し，カバーなし金利平価式に基づいた自国債券の超過収益率 $i-(i^*+(e^e_{t+1}-e_t)/e_t)$ の減少関数として定式化される。金融収支の赤字は，対外債務の増加分が対外債権の増加分を上回ることを意味するため，資本流入超を意味する。したがって，自国債権の超過収益率が拡大すると，自国に資本が流入し，金融収支は赤字になるため，金融収支は自国債権の超過収益率の減少関数と定式化できる。

次に(4)式を $Y-i$ 平面上に描かれた $BP$ 曲線を導出する。以下では，変動相場制度の場合について解説するが，固定相場制度の場合も同様に導出される。

図 5-9　*BP* 曲線

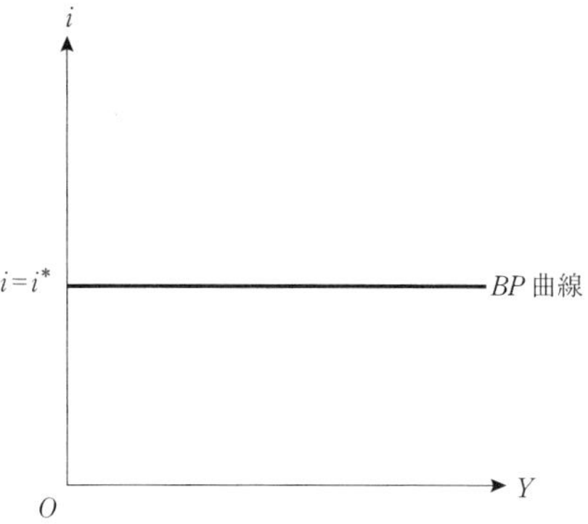




まず，（仮定 6）より，$e^e_{t+1}=e_t$ となり，金融収支は内外金利格差 $i-i^*$ の増加関数となることに注意してほしい。また，資本移動が完全であるため，自国の金利が外国の金利を上回れば自国への資本流入は無限大となり，一方，自国の金利が外国の金利を下回れば自国からの資本流出が無限大となるため，(4)式においてこれを満たす $Y$ は存在しない。一方，$i=i^*$ のとき $F$ は不定ですべての値をとるため，所得 $Y$ も $NX$ がすべての値をとるようすべての値をとる。したがって，*BP* 曲線は，$Y-i$ 平面上の $i=i^*$ の水準で水平となる。この結果は，カバーなし金利平価式のもとで，$e^e_{t+1}=e_t$ が成立するため，$i=i^*$ となることと整合的である。*BP* 曲線を図示したものが，図 5-9 である。

## 要　約

- □ *IS–LM* 分析を開放経済に拡張したモデルを，マンデル＝フレミング・モデルと呼ぶ。
- □ *IS* 曲線とは，財市場を均衡させる国民所得（$Y$）と金利（$i$）の組合せである。この *IS* 曲線は，$Y-i$ 平面上で右下がりとなる。これは，国民所得が増大すると，貯蓄が増大すると同時に，輸入の増大により貿易収支が減少するため，財市場において超過供給が発生する。このため，財市場を均衡させるためには，金利が低下し，投資が増大する必要があるからである。*IS* 曲線は，外生変数である財政支出が増大するとき，また為替レートが減価するとき，右方にシフ

トする。

□ *LM*曲線とは，貨幣市場を均衡させる国民所得（$Y$）と金利（$i$）の組合せである。この*LM*曲線は，$Y-i$平面上で右上がりとなる。これは，国民所得が増大すると，取引動機に基づいた貨幣需要が増大するため，貨幣市場において超過需要が発生する。このため，貨幣市場を均衡させるためには，金利が上昇し，投機的動機に基づいた貨幣需要が減少する必要がある。*LM*曲線は，外生変数であるマネーサプライが増大するとき，右方にシフトする。

□ *BP*曲線とは，国際収支を均衡させる国民所得（$Y$）と金利（$i$）の組合せである。完全資本移動，内外債券完全代替，および静学的期待による為替レートの予想という仮定が満たされるとき，*BP*曲線は，$Y-i$平面上で，外国の金利水準のもとで水平となる。

## 確認問題

□ ***Check 1*** 為替レートが増価したとき，*IS*曲線はどのように変化するか説明しなさい。

□ ***Check 2*** マネーサプライが減少するとき，*LM*曲線はどのように変化するか説明しなさい。

# unit 15

# マクロ経済政策の効果

unit 7 において，世界には多くの種類の為替相場制度が存在することを概観した。この unit では，為替相場制度を大きく変動相場制度と固定相場制度に分類し，変動相場制度および固定相場制度下における財政政策および金融政策の効果について解説する。この分析において，unit 14 で解説したマンデル＝フレミング・モデルを用いる。

## 財政政策の効果

unit 14 におけるマンデル＝フレミング・モデルを用い，変動相場制度および固定相場制度下における財政政策の効果について分析する。

まず，変動相場制度下における拡張的財政政策の効果をみる。これを図示したものが，図 5-10 である。図 5-10 においては，これまで導出した $IS$ 曲線，$LM$ 曲線，$BP$ 曲線が同時に描かれており，初期時点において経済は点 $A$ にあったとする。ここで，拡張的財政政策により政府支出が増大するならば，$IS$ 曲線が右方シフトし，短期的に経済は点 $B$ へと移動する。しかし，点 $B$ では自国金利が外国金利を上回るため，資本が流入し，為替レートが増価し，純輸出が減少する。このため，$IS$ 曲線は左方へシフト・バックし，経済は再び点 $A$ へと戻る。したがって，変動相場制度下での財政政策は，為替レートの増価と純輸出の減少に吸収され，国民所得を増加させることはできない。よって，変動相場制度下における財政政策は無効である。

次に固定相場制度下における拡張的財政政策の効果をみる。これを図示したものが，図 5-11 である。先と同様，初期時点において経済は点 $A$ にあったとする。ここで，拡張的財政政策により政府支出が増大するならば，$IS$ 曲線が

図 5-10　財政政策の効果（変動相場制度）

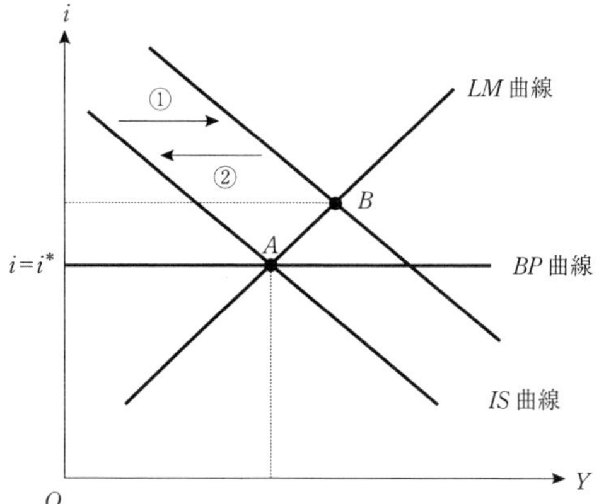


図 5-11　財政政策の効果（固定相場制度）

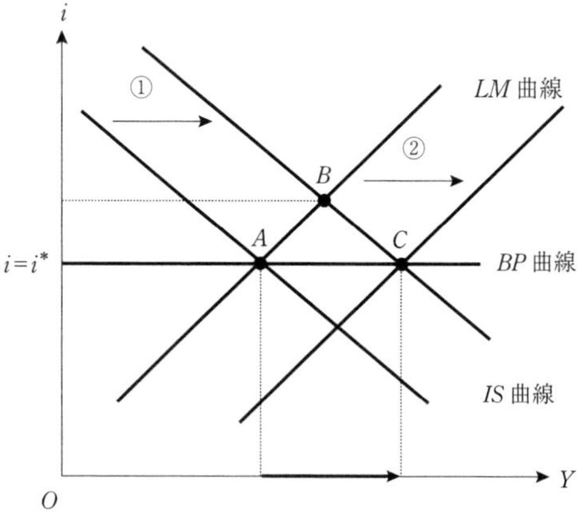


右方シフトし，短期的に経済は点 $B$ へと移動する。しかし，点 $B$ では自国金利が外国金利を上回るため，資本が流入し，為替レートが切り上げ圧力を受ける。これに対し，通貨当局は公定相場を維持するため，自国通貨売り・外国通貨買い介入を行う。このとき，マネタリー・ベースが増大し，通貨乗数を通じてマネーサプライが増大する。この結果，$LM$ 曲線が右方シフトし，経済は点 $C$ へと移行し国民所得は増大する。したがって，固定相場制度下における財政政策は有効である。

### 金融政策の効果

次に，マンデル＝フレミング・モデルを用い，変動相場制度および固定相場制度下における金融政策の効果について分析する。

まず，変動相場制度下における拡張的金融政策の効果をみる。これを図示したものが，図 5-12 である。初期時点において経済は点 $A$ にあったとする。ここで，拡張的金融政策により名目マネーサプライが増大するならば，$LM$ 曲線が右方シフトし，短期的に経済は点 $B$ へと移動する。しかし，点 $B$ では自国金利が外国金利を下回るため，資本が流出し，為替レートが減価し，純輸出が増加する。このため，$IS$ 曲線は右方シフトし，経済は点 $C$ へと移行し，国民所得が増大する。したがって，変動相場制度下における金融政策は有効である。

次に，固定相場制度下における拡張的金融政策の効果をみる。これを図示したものが，図 5-13 である。初期時点において経済は点 $A$ にあったとする。ここで，拡張的金融政策により名目マネーサプライが増大するならば，$LM$ 曲線が右方シフトし，短期的に経済は点 $B$ へと移動する。しかし，点 $B$ では自国金利が外国金利を下回るため，資本が流出し，為替レートに切り下げ圧力がかかる。これに対し，通貨当局は公定相場を維持するため，自国通貨買い・外国通貨売り介入を行う。このとき，マネタリー・ベースが減少し，通貨乗数を通じてマネーサプライが減少する。このため，$LM$ 曲線は左方へシフト・バック

図 5-12　金融政策の効果（変動相場制度）

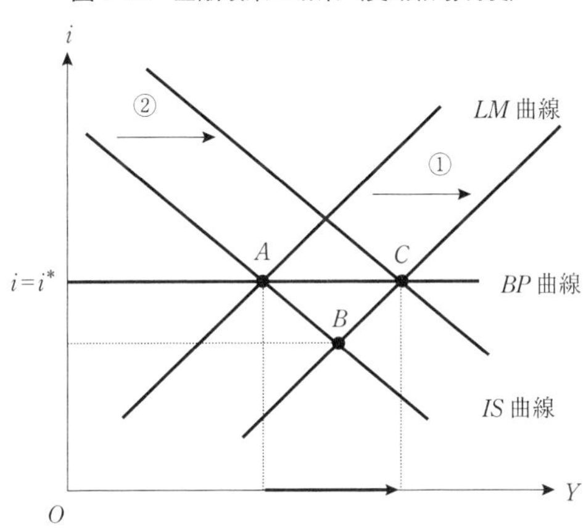

図 5-13　金融政策の効果（固定相場制度）

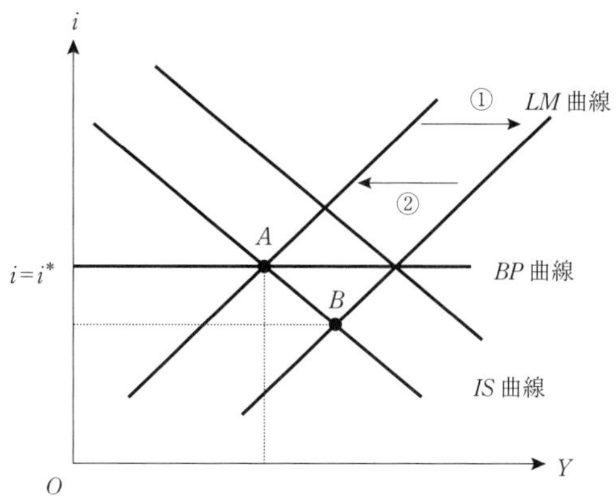


し，経済は再び点 $A$ へと戻る。したがって，固定相場制度下での金融政策は国民所得を増加させることはできない。よって，固定相場制度下における金融政策は無効である。

### マンデル＝フレミング命題

以上の結果をまとめたものが，表 5-1 である。表の○は政策が有効であること，× は無効であることを意味している。

ここで，金融政策の効果についてみると，完全資本移動の想定のもと，変動相場制度下では金融政策は有効となるのに対し，固定相場制度下では無効となることが示された。この結果は,「自由な資本移動」「為替レートの安定性」（＝為替レートの固定）「金融政策の自由度」という 3 つの選択肢を同時に達成することはできないことを意味しており，これは，**マンデル＝フレミング命題**または**国際金融のトリレンマ**と呼ばれている。

表 5-1　開放経済における財政政策・金融政策の効果：まとめ

| | 変動相場制度 | 固定相場制度 |
|---|---|---|
| 財政政策 | × | ○ |
| 金融政策 | ○ | × |

コラム

**非伝統的金融政策**

マンデル＝フレミング・モデルでは，中央銀行は，マネタリー・ベースを操作目標とし，マネーサプライを増減させることで，金融政策を行うものと想定した。しかし，通常，多くの中央銀行は，インターバンク市場（金融機関が相互に日々の短期的な資金の過不足を調整する金融市場）における短期金利を操作目標として金融政策を行っている。

日本銀行も，伝統的に無担保コール・オーバーナイト物金利を政策金利としてきた。しかし，長引く不況のなか，1999 年から 2000 年にかけて，政策金利をできるだけ低めに推移するよう促す，いわゆる「**ゼロ金利政策**」を実施し，この結果，政策金利を引き下げる余地がなくなった。このため，それ以降，**非伝統的金融政策**と呼ばれる金融政策が採用されている。

非伝統的金融政策とは，政策金利がゼロになったもとで，さらに金融緩和を行う政策を意味する。たとえば，2001 年 3 月から 2006 年 3 月にかけて，「量的緩和政策」が行われた。これは，日本銀行が，市中銀行から国債や手形などの資産を買い取り，その買い取り相当額を，日本銀行当座預金へ振り込むことでマネーサプライを増大させる政策である。また，2013 年 4 月には，「量的・質的金融緩和政策」が導入された。ここでは，①目標インフレ率 2% を 2 年程度の期間を念頭に，できるだけ早期に実現すること，②「量」的緩和政策として，長期国債の保有残高をさらに増加させること，③「質」的緩和政策として，買い入れる長期国債の平均残存期間を延ばすこと，不動産投資信託（REIT）や上場投資信託（ETF）と呼ばれるリスク資産保有残高を増加させることが行われた。その後，2016 年 1 月には，**マイナス金利政策**が導入された。これは，日本銀行当座預金を「基礎残高」「マクロ加算残高」「政策金利残高」の 3 階層に分割し，基礎残高にはプラス 0.1% の金利，マクロ加算残高には 0% の金利，政策金利残高にはマイナス 0.1% の金利を適用する政策であった。さらに，2016 年 9 月には，長短金利操作（イールドカーブ・コントロール）が導入され，短期金利については，日本銀行当座預金のうち政策金利残高にマイナス 0.1% のマイナス金利を適用するとともに，長期金利については，10 年物国債金利がおおむねゼロ % 程度で推移するよう，長期国債を買い入れることとされた。

## 補論：*BP* 曲線の傾き

この unit では，財政政策は変動相場制度下では無効となるのに対し，固定相場制度下では有効となること，および金融政策は変動相場制度下では有効となるのに対し，

図 5-14　*BP* 曲線

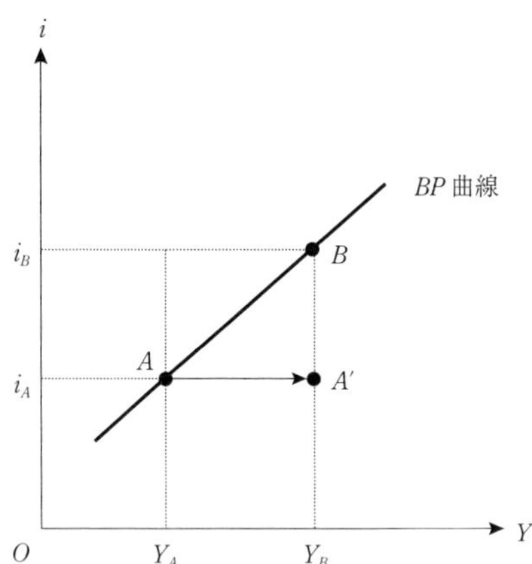


固定相場制度下では無効となることを示した。ただし，この極端な結果には，完全資本移動という仮定が大きく効いていることに注意してほしい。

資本移動が不完全な場合，*BP* 曲線は右上がりとなる。これを図示したものが，図 5-14 である。

まず，初期時点において点 $A(Y_A, i_A)$ で国際収支が均衡していたと想定する。ここで，金利を $i=i_A$ の水準で一定としたもとで所得が $Y_A$ から $Y_B$ へ増加し，点 $A$ から点 $A'$ へ移動したとする。このとき，輸入が増大し経常収支が減少するため，点 $A'$ では，国際収支赤字が発生する。このとき，国際収支を再び均衡させるためには，金利が上昇し，金融収支を赤字化する必要がある。ここで，金利が $i_A$ から $i_B$ まで上昇したとき，点 $B(Y_B, i_B)$ において再び国際収支が均衡したと想定する。最後に，国際収支が均衡する点 $A$，$B$ を結べば，$Y-i$ 平面上で右上がりとなる *BP* 曲線を得る。

*BP* 曲線が右上がりとなる場合，変動相場制度，固定相場制度下における財政政策，金融政策はこの unit で分析したものと異なってくる。また，その効果は *LM* 曲線の傾きと *BP* 曲線の傾きの大小関係にも依存する。

なお，資本移動が存在しない場合，*BP* 曲線は垂直となる。なぜならば，資本移動が存在しない場合，金融収支 $F=0$ なので，国際収支の均衡，$NX(Y, e)=0$ を満たす国民所得の水準が一意に決定されるからである。

## 要　約

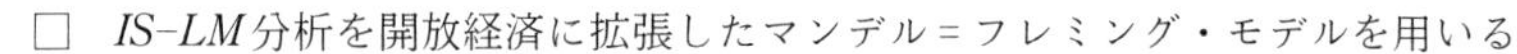

□　*IS*–*LM* 分析を開放経済に拡張したマンデル＝フレミング・モデルを用いる

ならば，変動相場制度および固定相場制度下における財政政策および金融政策の効果を分析できる。



□ 拡張的財政政策は変動相場制度下では為替レートの増価と貿易収支の悪化をもたらす一方，国民所得は不変にとどまるため無効となるが，固定相場制度下では，国民所得を増大させるため有効となる。

□ 拡張的金融政策は，変動相場制度下では為替レートを減価させ，経常収支を改善し，国民所得を増大させるため有効となるが，固定相場制度下では無効となる。

□ 以上の結果は，「自由な資本移動」「為替レートの安定性」「金融政策の自由度」という3つの選択肢を同時に達成することはできないことを意味しており，マンデル＝フレミング命題または国際金融のトリレンマと呼ばれる。

## 確認問題

□ *Check 1* マンデル＝フレミング・モデルを用い，変動相場制度および固定相場制度下における拡張的財政政策の効果を述べなさい。

□ *Check 2* マンデル＝フレミング・モデルを用い，変動相場制度および固定相場制度下における拡張的金融政策の効果を述べなさい。

## KeyWords 5

- □ 為替介入 129
- □ 風向きに逆らう介入(抑制介入) 130
- □ 風向きに沿った介入(促進介入) 130
- □ 不胎化せざる介入 131
- □ 不胎化介入 131
- □ 国内信用 132
- □ 外貨準備 132
- □ 支払準備(準備預金) 132
- □ 現金通貨 132
- □ 支払準備率(預金準備率) 132
- □ マネタリー・ベース 132
- □ 貨幣乗数(通貨乗数) 132
- □ ポートフォリオ・バランス効果 133
- □ シグナリング効果(アナウンスメント効果) 134
- □ 単独介入 134
- □ 協調介入 134
- □ 覆面介入 134
- □ マンデル＝フレミング・モデル 136
- □ *IS* 曲線 137
- □ ケインズ型消費関数 137
- □ *LM* 曲線 139
- □ *BP* 曲線 141
- □ 生産面からみた GDP 142
- □ GDP の三面等価の法則 142
- □ 分配面からみた GDP 142
- □ 支出面からみた GDP(国内総支出) 142
- □ マンデル＝フレミング命題(国際金融のトリレンマ) 148
- □ ゼロ金利政策 149
- □ 非伝統的金融政策 149
- □ マイナス金利政策 149

# 第6章

# 通貨危機の考え方

16　通貨危機の発生メカニズム
17　通貨危機はなぜ伝播するのか
18　通貨・経済危機への対応

## この章の位置づけ

1990年代以降，新興市場（エマージング・マーケット）国での通貨危機が頻発している。1992年から93年にかけての欧州通貨危機，94年末のメキシコ通貨危機，97年のアジア通貨危機，98年春から夏のロシア，さらに98〜99年以降のブラジルやアルゼンチン，2001年のトルコなど，世界経済に大規模な影響を与える危機が続いている。本章では，通貨危機がなぜ発生するのか，一国の危機が周辺諸国にどのような影響を及ぼすのか，さらに，これらの通貨危機と為替相場制度との関連について解説する。

## この章で学ぶこと

**unit 16**　通貨危機の発生プロセスを解説する。通貨危機は，現在，第1世代，第2世代，第3世代モデルと3種類のモデルで説明される。

**unit 17**　近年の通貨危機は，発生した国にとどまらず，周辺諸国に波及する現象が多くみられる。危機の波及の影響や，どのように波及するのかについて，アジア通貨危機を例に解説を行う。

**unit 18**　通貨危機は巨大な影響を残すため，世界や国際機関，各国は通貨危機を防ぐための努力を行っている。国際通貨基金（IMF）の危機への対処を解説する。

# unit 16

# 通貨危機の発生メカニズム

## 通貨危機とは

**通貨危機**とは，固定相場制度を採用している国において，ある日を境に通貨価値が大きく下落して，固定相場制度を維持できなくなる状況を指す。外国為替市場での投機アタックで自国通貨売りが進み，当局が固定相場制度を維持することができなくなった結果，変動相場制度に移行する（通貨下落が起きる）ケースである。たとえば，アジア通貨危機の発端となったタイでは，1997年7月2日に，それまでの1ドル＝25バーツという為替レートを放棄し，変動相場制度に移行した。急激な通貨下落は国内経済に混乱をもたらし，銀行や企業の倒産などが起こり，不況が続くことになる。

## 通貨危機のモデル

通貨危機の発生原因として，大きく3つのモデルがある。1つはマクロ経済状況の悪化が原因で，通貨価値が下落する下地となるケースであり，これを**第1世代モデル**という。このモデルの原型は，P. R. クルーグマンらによって考えられた。ロシア通貨危機は典型的な第1世代モデルである。もう1つは，マクロ経済状況とは関係なく，外国為替市場における投資家の投機アタックと当局の防衛のなかで，投資家の自己実現的な期待による通貨下落を**第2世代モデル**という。これはM. オブズフェルドによってモデルの精緻化が行われた。欧州通貨危機が第2世代モデルに当てはまる。3つめのモデルは，国内銀行部門の脆弱性と通貨危機がセットになって発生するという**第3世代モデル**である。このモデルは，アジア通貨危機を経て，クルーグマンが提唱したものである。

### 第1世代モデル

第1世代モデルで考えている状況は，マクロ経済状況の良くない国である。たとえば，財政赤字が毎年続いている国では，政府が国債を発行するなどして，歳出に見合うだけの補塡をしなければならない。ここでは簡単に，財政赤字分を貨幣発行によって補うケースを考えてみる。

比較的小さな規模で，外国と資本や貿易の取引を行っている小国開放経済を考える。この国では，失業が発生しておらず，GDP生産は一定と仮定する。外国為替市場では購買力平価（PPP）が成立している。また，外国と自国との間で資本取引が自由に行われるため，カバーなし金利平価が成立している。

これらを式で表すと，次のようになる。

$$M^d = P + Y - \alpha i \tag{1}$$

$$M^s = d + R \tag{2}$$

$$\dot{d} = \mu > 0 \tag{3}$$

$$P = e \tag{4}$$

$$i = i^* + \dot{e} \tag{5}$$

(1) 式は実質貨幣需要量が国内生産高（GDP：$Y$）と金利に依存することを表している。(2) 式は国内信用（$d$），つまり貨幣発行量と，中央銀行が保有している外貨準備（$R$）の和が，国内の貨幣供給量になることを表している。(3) 式は，国内信用の増加率，つまり，貨幣発行量が，$\mu$（ミュー）という一定の値で増加していくことを示す。(4) 式は，購買力平価式である。かつ，外国の物価水準 $P^*$ を1と簡単化したケースである。(5) 式が，カバーなし金利平価を示す。(3) 式と (5) 式で，変数 $d$ と $e$（為替レート）の上についている黒丸「・」は，変化率を表す。

ここで重要なのは，(3) 式である。財政赤字を貨幣発行によって補うということは，国内信用が増加を続ける (3) 式で示される。

さて，簡単に考えるために，外国の金利がゼロ（$i^*=0$）と仮定してみよう。さらに，貨幣の需給が均衡している，すなわち $M^d=M^s=M$ という状況であると仮定する。そして，(4) 式と (5) 式を (1) 式に代入して整理すると，

$$M = e + Y - \alpha \dot{e} \tag{6}$$

となる。さて，固定相場制度が信用のあるものならば，将来にわたって，為替

レートはずっと現在の値と変わらないはずである。すると，為替レート変化率はゼロとなる。つまり，

$$\dot{e}=0 \quad e=\bar{e}$$

これを(6)式に代入すると，

$$M=\bar{e}+Y \tag{6'}$$

となる。(2)式と(6)′式から，

$$R=Y+\bar{e}-d \tag{7}$$

となる。

さて，この(7)式は，外貨準備が，GDPと為替レート，そして国内信用に依存することを示す式である。このなかで，GDPと為替レートは一定の値をとると仮定されている。一方，国内信用は，$\mu$の割合で増え続けている。したがって，外貨準備は，$\mu$の割合で減り続けることになる。つまり，

$$\dot{R}=-\mu \tag{8}$$

となる。財政赤字を出している小国開放経済では，財政赤字ファイナンスのために貨幣発行量が$\mu$の割合で増加すると，外貨準備は逆に$\mu$の速度で減少することを意味する。

実際の経済では，どのようなメカニズムが働いているのであろうか。国内信用の膨張は，インフレ期待を引き起こす。インフレ期待は，自国の為替レートに減価圧力を与える。これは，購買力平価が成立している状況では，自国の物価上昇によって，海外の物価に比べて割高となるため，為替レートが減価して割高感を調整する働きが出てくるためである。

さて，当局は固定相場制度を維持するために，外国為替市場において安くなっている（減価圧力のかかっている）自国通貨を買い，外国通貨を売る介入を行う。これを自国通貨の**買い支え**という。自国通貨を買うことによって，自国通貨の価値を上げる，つまり為替増価圧力を生み出す。このような介入によって，為替レートは維持されるが，外国通貨売りによって，当局のもっている外貨準備が減少する。これが，財政赤字を貨幣発行で補塡することによって，外貨準備を減少させるメカニズムである。

外貨準備が一定の割合で減少を続ければ，いつかはゼロまたは，きわめて少ない量（下限閾値（いきち））に達する。外貨準備がゼロや下限閾値の状況では，外国為

図 6-1　外貨準備の減少とシャドー・レート

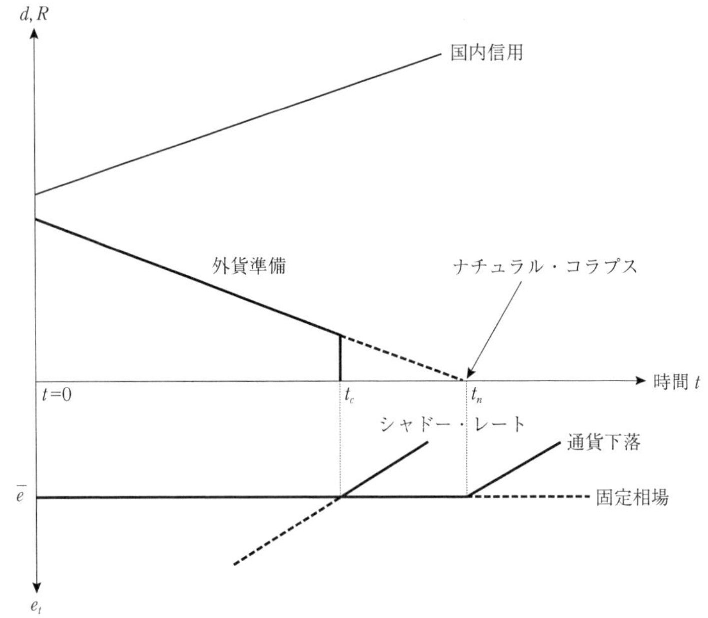


替市場で自国通貨売りが行われた場合に，当局は自国通貨の買い支えをすることができない。すると，固定相場制度を維持することが不可能となり，為替レートは，固定相場を離れて，変動相場制度に移らざるをえなくなる。外貨準備がなくなることによって，固定相場制度が維持できなくなることを，ナチュラル・コラプス（natural collapse）という。

もし，外貨準備が減るに任せるだけであれば，図 6-1 の時点 $t_n$ で外貨準備が底をつき，固定相場制度が放棄される。しかし，固定相場制度が近いうちに崩壊すると予想する投機家は，自国通貨売りのアタックを始める。たとえば，バーツ売り・ドル買いの投機を行い，固定相場制度が崩壊してバーツ為替レートが下落した後にバーツを買い戻すと，為替差益を得ることができる。したがって，変動相場制度であったと仮定した場合の為替レートが現行の固定為替レートにほぼ近くなってくると，投資家は投機を始める。この仮の変動レートを**シャドー・レート**（shadow floating rate）と呼ぶ。

多くの投資家がいっせいに大量の投機アタックを行うと，当局の買い支えも増大し，外貨準備の減り方はさらに速くなる。すると，外貨準備は$t_n$までもたずに，もっと早い$t_c$で枯渇する。このように，最終的な固定相場制度崩壊のタイミングは，$\mu$の大きさ，すなわち国内信用の膨張速度と当初の外貨準備の大きさに依存する。

### 第2世代モデル

第2世代モデルでは，投資家の為替相場制度に関する期待，すなわち固定相場制度が維持可能か，破棄されるかに依存して，実際に危機が起こる場合と，起こらない場合が発生する状況を説明する。経済学の用語では，「複数均衡が存在する」という。危機が発生する場合は，投資家による巨額の投機が同時期に行われ，当局が外貨準備を失う。一方，危機とならない場合は，投資家が，投機を仕掛けても当局が防衛可能だと判断し投機を行わないために，危機にならない。このように，危機が発生するか否かは，マクロ経済状況を必ずしも反映していない。

ここでは，投資家の期待についてゲーム理論の協調ゲームを用いて解説する。

ゲームの参加者（プレーヤー）は3人，通貨当局と投資家2人である。投資家はそれぞれ，ある国の通貨を6単位ずつ保有している。そして，投機を行う（通貨を売る），または何もしない（そのまま通貨を保持）という戦略のいずれかをとる。さて，通貨を保持した場合は，投資家にとって利得ゼロである。もし通貨を売るという戦略をとると，取引費用が1発生する。投機が成功した場合は，売りに出した通貨単位の2分の1を利得として得ることができる。自国通貨売り・外国通貨買いの投機によって為替レートが50%減価した後，その50%減価した自国通貨を買い戻すと，残りの50%が為替差益となる。たとえば，1ドル＝25バーツの固定相場において1ドルを買い（バーツを売り），後にバーツが50%減価して1ドル＝37.5バーツになったところで1ドルを売る（バーツを買い戻す）と，この売買によって12.5バーツ（＝37.5−25）の利益を得ることができる。逆に，投機が失敗に終わり，固定相場制が維持されると，取引費用分が損失となる。為替レートは1と仮定する。

以上のような投機の仕組みや，保有する通貨量，当局の保有する外貨準備の量については，参加者全員がよく知っているだけでなく，互いに認識している（ゲーム理論の用語ではコモン・ナレッジ〔common knowledge〕という）。

ここで，当局のもつ外貨準備が6，10，20と異なる場合の通貨危機発生をそれぞれ分析する。

⑴　当局の外貨準備が20のケース

当局のもつ外貨準備が20単位ある場合，投資家A，Bそれぞれの利得は表6-1のようになる。2人とも投機を行わず，保持戦略を選択すると，利益も損も発生しない。投資家Aが手持ちの6単位の通貨を売り，投資家Bは保持戦略をとる場合，当局は投資家Aが売った6単位の通貨を手持ちの外貨準備ですべて買うことができる。したがって投機は失敗し，Aは取引費用1だけ損をする。もし2人の投資家がいっせいにそれぞれ6単位の通貨売り投機を行っても，当局は合計12単位の通貨を買い支えることができるため，やはり投機は失敗する。以上から，投資家にとっての最適な戦略は，通貨保持ということになる。つまり，当局の外貨準備が豊富にある場合は，投資家は投機をするインセンティブをもたず，通貨売りを行わない。

**表6-1　利得表（外貨準備20）**

| | | 投資家B | |
|---|---|---|---|
| | | 保持 | 売り |
| 投資家A | 保持 | (0, 0) | (0, −1) |
| | 売り | (−1, 0) | (−1, −1) |

⑵　当局の外貨準備が6のケース

さて，当局の外貨準備が6の場合，投資家の1人が，自分のもつ通貨6単位をすべて売り，当局がその通貨を買い介入すると，外貨準備が0となってしまう。当局の外貨準備が枯渇し，当局は固定相場制度を放棄せざるをえず，この投機は成功する。したがって，売り戦略をとった投資家は，利潤2（通貨売りによる利得6/2−取引費用1）を得る。投資家2人が同時に投機を行い，それぞれ通貨を3ずつ売ると，1/2(=3/2−1)の利潤を得ることができる。したがって，当局の外貨準備が少ないケースでは，他の投資家がどのような戦略をとるにしても，最適な戦略は通貨売り，すなわち投機を仕掛けることである。つまり，当局が防戦できないという期待形成を行い，実際に投機を仕掛けることによって，通貨危機が実現する。



表 6-2　利得表（外貨準備 6）

| | | 投資家 B | |
|---|---|---|---|
| | | 保持 | 売り |
| 投資家 A | 保持 | (0, 0) | (0, 2) |
| | 売り | (2, 0) | (1/2, 1/2) |

⑶　当局の外貨準備が 10 のケース

当局の外貨準備が 10 の場合，投資家は 1 人で投機を行っても，固定相場制度を崩すことはできず，損をするだけである。したがって，他の投資家が保持戦略をとるならば，自分も保持戦略をとることが最適である。一方，2 人の投資家が同時に合計 10 単位の通貨売りを行えば，当局は外貨準備を失い，固定相場制度を放棄する。この場合は投資家は 3/2(＝5/2−1) の利益を得る。したがって，このケースでは，他の投資家と同じ行動をとることが，最適な戦略となる。多くの投資家が，固定相場制度は維持されるであろうという期待形成を行えば，誰も投機を行わず，通貨危機は起こらない。逆に，多くの投資家が，当局は買い支えができないであろうという期待形成を行うと，実際に通貨売りを選択し，当局は外貨準備を失って，通貨危機が起こる。

このように，外貨準備が 10 のケースでは，投資家がとるべき戦略は，全員が保持，あるいは，全員が売りの 2 つである。つまり，ナッシュ均衡（自ら戦略を変更するインセンティブがないような戦略の組合せ）が 2 つある，複数均衡の存在である。中央銀行の外貨保有がある程度あっても，投資家の期待に基づいて，いっせいに大規模な投機アタックが起こると，それが自己実現し通貨危機が生じるケースである。

表 6-3　利得表（外貨準備 10）

| | | 投資家 B | |
|---|---|---|---|
| | | 保持 | 売り |
| 投資家 A | 保持 | (0, 0) | (0, −1) |
| | 売り | (−1, 0) | (3/2, 3/2) |

通貨当局が固定相場制度の防衛費用は高くつくと判断する，またはそのような姿勢がみられると，投機アタックは成功しやすいと期待され，実際に投機が起こり，通貨危機に陥る。逆に，通貨当局の固定相場制度に対するコミットメントが強ければ，アタックは必ずしも成功しないと期待され，投資家は投機をしない。

### 第3世代モデル

アジア通貨危機の特徴としてあげられるのは，通貨危機と金融危機の併発である。アジアでは企業の銀行依存度が高いうえ，銀行の外貨建て借入比率も高いため，バランスシート悪化と資本逃避による通貨危機の同時発生が特徴である。通貨危機と金融危機の同時発生としては，次のような2つのチャンネルが考えられる。

通貨危機が金融危機を引き起こすチャンネルとしては，何らかの理由で資本流入減または資本逃避が起こり，為替下落（減価）圧力となる。すると，外貨建て債務の多い銀行や企業のバランスシートが悪化するため，金融システムへの不安と金融危機が広がる。これがさらに為替下落を招く。一方，金融危機が通貨危機を引き起こすチャンネルとしては，外貨建て借入を行う銀行や企業のバランスシート悪化が金融システムへの不安となり，資本流入減または資本逃避を誘発して通貨危機に至ると考えられる。

第3世代モデルでは，企業は資産量に比例した（海外）借入を行い，それを投資にまわして生産活動を行う。企業の資産には国内通貨建て債券と海外通貨建て債券が含まれる。海外の投資家は資産内容をみて独自に判断を行い，融資額や融資を行うか否かを決定する。

簡単な例を考えよう。企業は資産量に比例した海外借入を行い，それを投資にまわして生産活動を行う。つまり，企業は自らの資産価値を担保に借入を行い，投資を行って収益をあげ，次期の資産を増やし，さらに借入額を増加させて投資拡大を行っていくのである。企業の資産には国内通貨建て債券と海外通貨建て債券が含まれる。海外の投資家は資産内容をみて独自に判断を行い，融資額や融資を行うか否かを決定する。海外投資家は，満期が短めの融資（企業にとって短期借入）を行う。一方，企業の投資資金の回収までには，投資先で生

図 6-2　資産内容と投資額

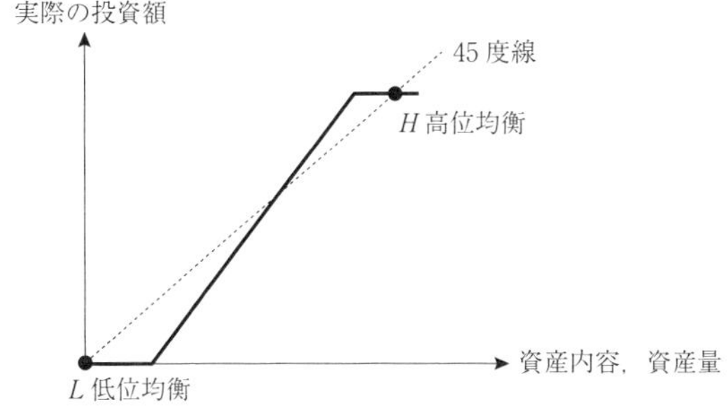


産活動を行い利益をあげるまでに時間がかかることから，長期の貸出となる。

資産内容が良い企業は，必ずしも借入に頼らなくても，自らの資産で投資活動を行うことができる。一方，可能なかぎり借入を行い，投資を増やしたい企業にとっては，海外投資家が融資をしてくれるのかどうか，いくら貸してくれるのかが，鍵となる。

この場合，資産内容がよくなるほど，企業の投資額は増えていく。資産内容がある水準を超えて多くなると，企業はそれ以上の規模拡大のインセンティブが減ってくるため，投資額は増えず横ばいとなる。逆に，資産内容が悪くなるほど可能な投資額も減少する。ある水準を割って資産内容が悪くなると，誰もその企業に融資をしてくれないため，企業はまったく投資ができなくなってしまう。

この場合，経済には 2 つの均衡が存在する。1 つは高位均衡と呼ばれる図 6-2 の点 $H$ である。企業の資産内容がよく，投資量が多く，海外融資のある状態を高位均衡と呼ぶ。高位均衡では，通貨危機も金融危機も発生しない。一方，企業が海外からの借入が行えず投資ができない状態を，低位均衡という。低位均衡は点 $L$ である。この状況では，企業が借入に見合うだけの資産をもっていない，あるいは貸し手が何らかの理由（減価期待による資産悪化，情報の非対称性など）で融資を拒む場合である。借入ができないため，企業は新たな投資を行うことができない。海外からの資金流入減によって為替下落圧力がかかる。また，金融システムや企業セクターへの不信感も，為替下落圧力となり，企業の資産内容がさらに悪化する。最終的には金融危機と通貨危機に陥ってしまう

コラム

**急増するアジアの外貨準備**

2000年頃から，アジア諸国では急激な外貨準備の増加がみられるようになり，国際金融の大きな話題の1つとなっていた。この傾向は続き，2018年12月の統計では，外貨準備の多い国ではアジア地域の国が多くを占める。トップ2カ国の中国と日本は長年変わらない。外貨準備は為替介入によっても変化するが，通貨危機の予防のためにある程度積み増していると考えられていた。近年，ロシアやサウジアラビアなどの産油国など，コモディティ輸出国の外貨準備増加が目立ってきている。

**表6-4　アジアの外貨準備の推移**

（単位：100万ドル）

| | 2005年 | 2008年 | 2015年 | 2016年 | 2017年 | 2018年 |
|---|---|---|---|---|---|---|
| 中　国 | 821,514 | 1,949,260 | 3,345,194 | 3,029,775 | 3,158,877 | 3,091,881 |
| 日　本 | 834,275 | 1,009,365 | 1,207,019 | 1,188,327 | 1,232,244 | 1,238,935 |
| スイス | 36,297 | 45,061 | 566,960 | 640,594 | 767,680 | 744,167 |
| サウジアラビア | 155,029 | 442,249 | 615,985 | 535,364 | 495,990 | 496,156 |
| 台　湾 | 253,290 | 291,707 | 426,031 | 434,204 | 451,500 | 461,784 |
| 香　港 | 124,244 | 182,469 | 358,702 | 386,217 | 431,355 | 424,534 |
| 韓　国 | 210,317 | 201,144 | 363,149 | 366,308 | 384,453 | 398,780 |
| ロシア | 175,891 | 411,750 | 319,835 | 317,544 | 356,084 | 381,575 |
| インド | 131,924 | 247,419 | 334,311 | 341,145 | 389,350 | 374,425 |
| ブラジル | 53,245 | 192,844 | 354,175 | 362,505 | 371,151 | 371,934 |
| シンガポール | 115,960 | 173,981 | 247,534 | 246,365 | 279,690 | 287,466 |
| タ　イ | 50,691 | 108,661 | 151,266 | 166,157 | 196,121 | 199,296 |
| 中東・北アフリカ・アフガニスタン・パキスタン | 404,668 | 937,610 | 1,215,864 | 1,092,220 | 1,049,342 | 1,070,837 |
| 北中南米 | 255,416 | 498,504 | 791,611 | 812,432 | 840,120 | 848,542 |
| ユーロ圏 | 184,714 | 218,717 | 333,872 | 344,413 | 353,249 | 378,391 |
| 世界合計 | 4,394,634 | 7,418,218 | 11,298,863 | 11,066,302 | 11,803,626 | 11,796,547 |

（出所）IMF, *International Financial Statistics* より筆者作成。

均衡となる。

高位均衡から低位均衡に移動するきっかけは，いくつか考えられる。たとえば，為替減価期待が，企業や銀行のバランスシート悪化を予測させ，それが資本流入減または資本逃避につながり，通貨危機を自己実現化させる。ほかには，銀行や企業のバランスシート悪化で，借入ができなくなり，資本流入減または資本逃避による為替減価圧力がさらにバランスシートを悪化させる循環である。

## 要　約

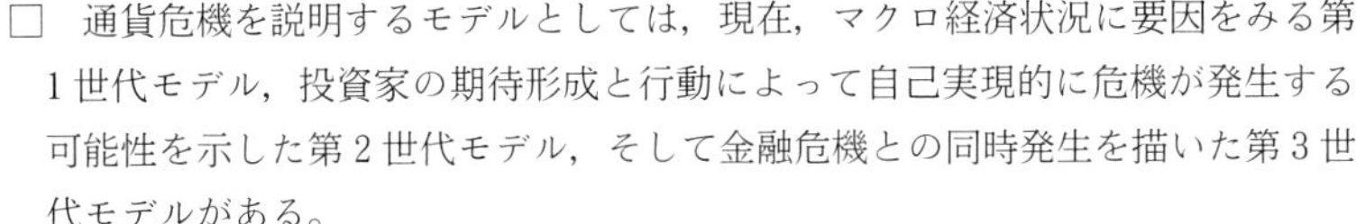

□　通貨危機を説明するモデルとしては，現在，マクロ経済状況に要因をみる第1世代モデル，投資家の期待形成と行動によって自己実現的に危機が発生する可能性を示した第2世代モデル，そして金融危機との同時発生を描いた第3世代モデルがある。

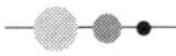

## 確 認 問 題

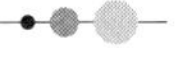

□　*Check 1*　第2世代モデルにおいて，当局のもつ外貨準備が8の場合は，通貨危機は起こるか説明しなさい。

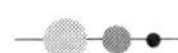

unit 17

# 通貨危機はなぜ伝播するのか

1990年代以降の通貨危機の大きな特徴として，危機の伝播があげられる。通貨危機の発生が一国にとどまらず，周辺諸国にも影響する状況である。1994年末のメキシコ通貨危機の際には，ラテンアメリカ諸国のみならず，アジアへの影響も多少みられた。しかし，1997年7月のタイ・バーツの切り下げを発端として始まったアジア通貨危機では，半年以上にわたり周辺諸国でも通貨下落が起きた。なかでも，IMF（国際通貨基金）の支援を受けることになったタイ，韓国，インドネシアは通貨危機の影響に苦しんだ。1997年11月から12月にかけての韓国通貨の下落は銀行危機をも引き起こした。1998年1月から半年ほどにわたって通貨下落を経験したインドネシアでは，政治・社会不安を引き起こした。1998年春から夏にかけて起きたロシア通貨危機は，直接には周辺国の通貨下落を引き起こさなかった。しかし，その年の10月にアメリカのヘッジファンドのロング・ターム・キャピタル・マネジメント（LTCM）の破綻の遠因となり，さらにその後の急速な円高・ドル安につながるなど，影響は世界中に及んだ。2000年のトルコ，その後のアルゼンチン通貨危機などで

**表6-5　最近の通貨危機とその伝播の例**

| 発生時期 | 発生国（地域） | 周辺国への影響 |
|---|---|---|
| 1992年 | イギリス | なし |
| 1994年末 | メキシコ | 大（テキーラ効果） |
| 1997年 | タ　イ | 大（アジアの風邪） |
| 1998年 | ロシア | 直接の伝播はなし。ただし，10月にLTCM破綻，アメリカの株価下落が世界中に波及した。 |
| 2000年 | トルコ | なし |

は，周辺国への伝播は限定的であった。



## 通貨危機の伝播とは

**通貨危機の伝播**とは，一国の通貨危機が周辺諸国の経済に影響を及ぼす現象をいう。タイで通貨危機が起これば，アジア地域が伝播の影響を被る可能性がある。アルゼンチンで通貨危機が起これば，ラテンアメリカに伝播する可能性が高い。

危機の伝播があったかどうかは，為替レートの下落率，株価下落率，金利動向，外貨準備の急激な減少，短期資本移動（急速な資本流出）などによって，総合的に判断される。ある国が通貨危機に陥った後，安定した為替レートとマクロ経済状況を維持していた近隣の国々で，通貨下落や資本逃避が起こり経済に悪影響がみられた場合は，危機の伝播があったといえよう。

伝播の期間でみると，数週間から数カ月にかけて危機の影響が伝播していくケースと，数時間から数日で比較的早く危機の影響が周辺国に及ぶケースがある。前者では，危機の伝播によって，金融市場だけでなく，財市場も含めた，実物経済全体での経済トレンドの変化が起こる。一方，後者の短期間における伝播は，主に金融市場内での伝播と考えられる。予想外のニュースの発表などで，為替レートや株価が大きく影響を受けるケースである。

## 伝播による経済への影響

危機の伝播による影響で最も顕著なのは，為替レートや株価の急激な下落である。固定相場制度を採用している国では，変動相場制度に変更せざるをえなくなるほどの影響を受けることがある。また，変動相場制度の国でも，為替レートの急激かつ急速な下落が起こる。また，通常の株価変動の域を超えて，数カ国または同一地域内で株価が同時に下落する現象がみられる。

長期的な影響としては，マクロ経済全体への悪影響がみられる。たとえば，企業や金融機関が海外から外国通貨建てで資金を借り入れている場合，為替下落によって，自国通貨で計算した場合に返還しなければならない借入額が大きく膨らんでしまう。企業や金融機関にとっては借金額が増え，大きな負担となる。株価下落によって企業の資本力が弱まり，減産に追い込まれたり，倒産する場合もある。

このように，金融市場，実物市場全体に影響が及ぶことによって，GDP が伸び悩み，景気後退に陥る。

### 伝播の経路

通貨危機が周辺諸国に及ぶ方法として，いくつかの伝播の経路が考えられる。大きく分けると，地理的要因，金融機関などの貸出行動に依存する共通の貸し手行動，貿易リンク，マーケットの期待，の 4 点にまとめられる。

(1) 地理的要因とマクロ経済状況

通貨危機が伝播する例として最もわかりやすいのは，同じ地域に属する周辺国への危機の波及であろう。仮に，まったく異なる経済や社会構造であったとしても，近隣同士であれば，貿易や金融取引などさまざまな経済交流があるため，ある国で通貨危機が発生するという非常事態であれば，周辺国はより影響を受けやすいといえる。たとえば，アルゼンチンで通貨危機が発生した場合，周辺諸国へ影響をまったく及ぼさずに，突然アジアの国々に影響を与えることはまれであろう。同様に，タイの通貨危機が，周辺国へ影響を及ぼさず，突如，ヨーロッパ諸国に伝播するということはありえない。さらに，地域全体でマクロ経済状況が似ている場合には，伝播の確率がいっそう高くなる。たとえば，震源国と経済状況の似たような国や，マクロ経済状況のよくない国が危機の伝播を受けやすい。これは，投機アタックが成功しやすく，為替下落につながりやすいと考えられるからである。たとえば，金利水準や外貨準備，財政赤字の大きさ，金融システムの頑健さなどが指標となる。また，経済政策や介入の程度，非不胎化介入政策を行っているかどうかなども，伝播の起こりやすさとしてあげられる。

(2) 共通の貸し手行動

近年，巨額の資本移動が，通貨危機のきっかけとなるだけでなく，さらに危機の伝播を促進しているとされる。ある国が通貨危機に陥ると，投資銀行，投資信託，ヘッジファンドなどの機関投資家が，それ以外の国々に対するリスク・アセスメント（評価）を変えて，危機に陥った国だけでなくそれ以外の国からも資金の回収を行うというものである。つまり，ある国で通貨減価が起こ

図 6-3　アジア 6 カ国への融資額（1997 年上半期）

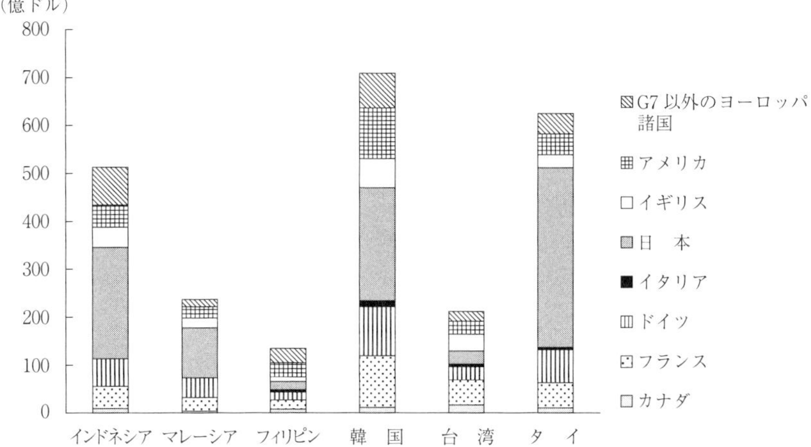


（出所）　伊藤隆敏・橋本優子「アジア通貨危機の震源と伝播」『経済研究』第 55 巻第 3 号，2004 年，204〜216 頁。



った際に，その国への大量の貸付を行っている金融機関は，債権の焦げ付きを嫌ったり流動性を確保するために，融資比率の高い周辺国からも資金引き揚げを行ったり，借り換え拒否を行う結果，周辺国の通貨が減価するのである。このような伝播の経路を**共通の貸し手行動**という。

図 6-3 は通貨危機直前の 1997 年上半期の G7 を含む先進 13 カ国（G7＋オーストリア，ベルギー，フィンランド，オランダ，スウェーデン，スペイン）からアジア 6 カ国への融資額を示している。インドネシア，韓国，タイへの貸付額が際立って大きい。

アジア通貨危機の際には，日本の金融機関がアジア諸国から貸付の引き揚げを行ったために，通貨危機がアジア全域に広がったのではないかという指摘もあったが，この共通の貸し手行動はデータから確認されていない。

(3)　貿易リンク

輸出や輸入相手国との間における貿易量の大小による，**貿易リンク**を考慮した危機の伝播は次のように考えることができる。貿易関係が密接な 2 カ国で一方の国の通貨が減価すると，貿易価格競争上の理由から，もう一方の国の通貨も減価しがちである。アジアのように輸出依存度が大きい国では，隣接国の通貨切り下げにより自国の実質実効為替レートが増価すると，貿易収支の悪化を通じて将来のファンダメンタルズ悪化につながる可能性がある。そのため，自己実現的に通貨減価の圧力が生まれる。ただし，その影響が出るまでには時間がかかる場合もある。逆に，貿易リンクの薄い国同士であれば，通貨切り下げの影響はファンダメンタルズにそれほどの影響を与えないと考えられる。貿易リンクによる伝播は，大きく3点にまとめられる。競争効果，所得効果，輸入価格効果，である。

①競争効果　ある国が通貨危機に見舞われて震源となり通貨下落を起こすと，その貿易相手国や競合国の為替レートが不変の場合には，それら貿易相手国の輸出価格が割高となる。したがって，最初に危機に陥った国（震源国）との貿易関係が密接である国ほど，通貨の割高による貿易収支のネガティブな影響を受けやすいといえる。将来的には貿易収支の悪化がファンダメンタルズを弱め，この国も通貨危機に見舞われる可能性はゼロではない。このような，貿易相手国の通貨下落により自国が価格競争力を失う結果，マーケットから「次の」ターゲットとみなされることで通貨危機の伝播を受けるケースを**競争効果**と呼ぶ。

②所得効果　通貨危機に見舞われた国では，経済危機のために経済成長率や所得水準が落ち，輸入量が減少する。そのため，その国に対して輸出を行っていた貿易相手国の輸出が減少し，貿易収支やマクロ経済にネガティブな影響を与える。したがって，震源国と密接な貿易関係を保っていた国では，輸出減とマクロ経済状況悪化の両面から，通貨下落の圧力がかかりやすい。このような影響を，**所得効果**と呼ぶ。

③輸入価格効果　震源国の通貨下落は，震源国の輸出品価格（通貨単位を同じにした貿易相手国の輸入品価格）の低下をもたらす。相手国で実質所得が一定（かつその他の条件が一定）の場合，輸入価格が減少するので消費可能水準が上昇し，効用水準が上がる。また，震源国からの輸入品価格が下落し，かつ自国の震源国向け輸出品価格は震源国の為替レート変動の影響を受けずに不変であるため，交易条件が改善する。このような効果を**輸入価格効果**と呼ぶ。競争効果や所得効果とは異なり，波及国も震源国の通貨下落の恩恵を受けるため，危機の伝播による通貨下落に結びつくかどうかは一概にはいえない。

通貨危機の伝播に関するさまざまな実証研究では，貿易リンクに基づく伝播チャンネルが支持されている。とくに，アジア通貨危機では，競争効果と所得効果がはっきりとみられている。

(4) マーケットの期待・群集心理

近年では，投資家の「期待」が金融市場に重要な役割を与えている。簡単にいうと，「美人投票」のような現象である。最も人気のある商品に投票した人に賞金を出すという投票では，人々は，各自が好きな商品ではなく，多くの人に好まれそうな商品に投票するであろう。多くの人が投票するであろうと予想するものに投票すれば，その商品が一番人気のあるものになってしまう。金融市場でも同様の現象がみられる場合がある。ある国が通貨危機に陥り，「次に危ないのはどの国だろうか」というとき，あるいは，多くの投資家が「次に危ない」と予想する国へ投資を行っている場合，その国への投資をやめようとするであろう。実際に多くの投資家が投資をやめてしまう結果，その国への資金流入がなくなり，通貨危機に陥ってしまうのである。このように，多くの人々が同じような考え（これを「期待」という）に基づいて行動することによって，結果が実現してしまう状況がある。

## アジア通貨危機における伝播

1997年の**アジア通貨危機**では，7月のタイの通貨下落をきっかけとして，数カ月のうちに多くのアジア諸国が危機の伝播を受け，経済不況を被った。周辺諸国において大幅な通貨価値の下落が起こり，韓国，インドネシア，マレーシア，フィリピンなどの為替レートは大きく下落した。11月から12月にかけての韓国通貨の下落は銀行危機をも引き起こした。1997年11月頃からはインドネシア通貨も不安定さを増し，翌年1月から半年ほどにわたり，連続かつ大幅な下落となった。インドネシアでは，通貨下落が政治・社会不安をも引き起こした。多くの国で，タイの通貨下落からおよそ半年後の1998年1月には，通貨が危機以前の半分以下の価値にまで落ち込んだ。通貨危機の発端となったタイと，韓国，そしてインドネシアでは，IMFの支援を受けるほどに，経済への影響が大きかった。

アジア通貨危機の大きな特徴として，貿易リンクによる伝播の影響が大きか

図6-4 アジア8カ国の為替レート（1997年6月30日＝100）

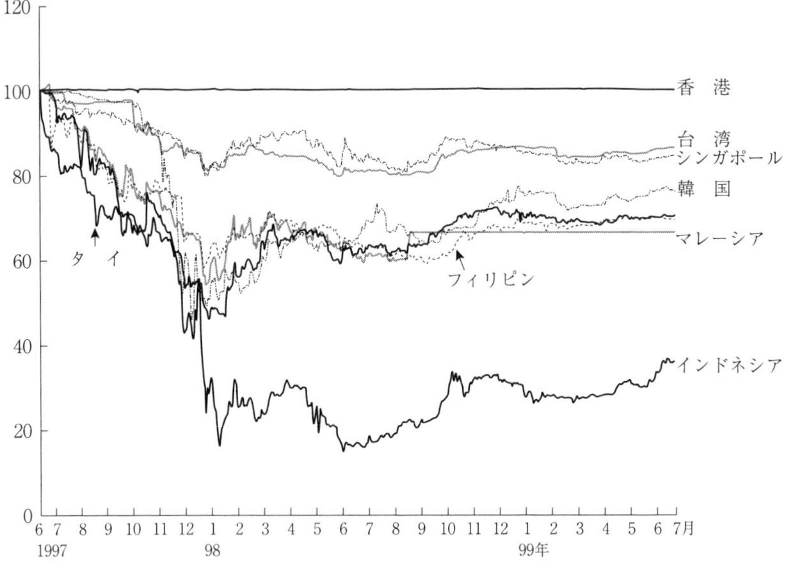


（出所） IMF, *International Financial Statistics*（CD-ROM）より筆者作成。

ったことが示されている。事実，アジア域内では域内国同士での輸出シェア（総輸出額に占める輸出先別の割合）が高まっている。近年，金融市場の連関性が高まり，ある1つの市場へのショックが，数時間と経たずに他の金融市場に影響することがある。このように非常にスピーディな金融市場での現象と，貿易という（反応の比較的遅い）財市場の結びつきも，アジア通貨危機の特徴の1つである。

図6-4は1997年6月30日の通貨価値を100とした8カ国の通貨動向を表している。1997年の7月から9月にかけては，タイ・バーツが最も大きな下落を記録した。10月に入ると，インドネシア・ルピアの下落が始まり，さらに韓国ウォンとルピアが連動するように下落していった。マレーシア通貨は1998年9月の資本取引規制導入によって固定レートに戻っている。

タイでは，通貨危機以前には，公式には，管理フロート制度を採用していたものの，実際にはドルの比率が非常に大きかった。1996年12月ごろから，ヘッジファンドによるアタックがしばしばかけられるようになった。なかでも，

コラム

**双子の危機**

韓国では通貨危機と銀行危機の双子の危機の典型例が発生したといわれる。財閥体制のもとで，銀行がグループ企業に長期融資を行い，海外からは短期での借入を行っていた。さらに，借入は外国通貨（ほとんどがドル建て）で，企業への貸出は自国通貨ウォン建てであったため，銀行は貸出と借入に関して，期間と通貨の2つのミスマッチを抱え込んでいた。アジア通貨危機の勃発で，韓国の通貨も影響を受け，自国通貨建てでみた対外返済額が巨額化したために，金融システムへの不安が生まれ，さらにウォンの下落を引き起こすという，双子の危機につながった。

1997年5月の投機アタックにより，中央銀行は先物で外貨準備を失うこととなった。先物契約期限が到達した段階で外貨準備が不足すると，固定相場制度を破棄して管理フロート制に移行せざるをえなくなった。タイでは7月に外貨準備が枯渇し，結果として，事実上の固定相場制度を維持できなくなり，7月2日に変動相場制度移行となったのである。

韓国は1997年末の11〜12月に通貨危機を経験した。タイの通貨危機のあおりを受けて，韓国でも秋口からウォンの減価が始まった。韓国では商業銀行が海外から短期で借入を行う一方で，国内に長期的な融資を行っていたが，ちょうど，1998年初めに，各金融機関の海外への借入返済期限が迫っていた。通貨下落が始まっていたために，外国の金融機関は，資金返済を再び韓国の金融機関への貸出にまわすロールオーバー（rollover）を拒否するようになった。そのため，韓国の金融機関が資金不足になるのではないかという不安から，通貨下落にいっそう拍車がかかり，韓国の通貨危機は深刻化していった。12月4日にIMFによる支援プログラムが組まれたが，効果はみられず，ウォンの暴落が続いた。12月24日にIMFや世界銀行，先進国が追加支援策を打ち出し，ようやく韓国の通貨危機は治まった。

インドネシアでも，タイに始まった通貨危機の影響から，1997年9月から10月にかけて小規模ながら通貨下落が起きた。タイの状況をみていたインドネシアはIMFに支援要請し，10月末にIMFの支援プログラムが決定した。その内容には，財務基盤の悪い銀行の閉鎖や預金の一部カットなどが含まれていたため，かえって銀行取付騒ぎを引き起こす結果となった。そのために，通貨はさらに下落をはじめ，12月に入ってからは，韓国に引きずられるように減価幅が拡大した。また，スハルト大統領とIMF側との対立や，大統領の健康不安説などが流れ，1998年1月以降に通貨下落は加速した。政治的・社会的不安が募るなか，ついにスハルト大統領の退陣にまで発展した。

韓国，インドネシアはタイの通貨下落から多大な伝播を受け，IMFの支援を必要とするほどの状況に陥ってしまった。このような大規模かつ深刻な伝播は，過去の通貨危機の例ではみられず，その後，通貨危機や伝播を防ぐための望ましい為替政策のあり方や，各国の健全な金融システムの重要性，さらには，地域内での支援体制の必要性といった国際的な問題提起を起こすきっかけとなった。

## 要　約

□ アジア通貨危機とは，1997年7月2日にタイの通貨バーツが急落したことを発端に，多くの東アジア周辺諸国でも通貨下落が起こり，経済不況が広がった状況をいう。それまでは事実上のドルへの固定レート（ドル・ペッグ）を採用していた多くの国で，通貨が大幅に下落し，変動相場制度に移行せざるをえなくなった。なかでも，タイと韓国，インドネシアは国内経済への打撃が大きく，IMFの支援を受けることとなった。

## 確認問題

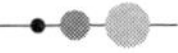

□ *Check* ***1*** 通貨危機にいたるタイ，韓国，インドネシアのそれぞれの状況を簡潔にまとめなさい。

unit 18

# 通貨・経済危機への対応

このunitでは，国際経済や金融システムの安定を目指すため，IMF（国際通貨基金；International Monetary Fund）の役割，地域金融協力の状況，そして国際経済全体での枠組みについて検証する。まず初めに，第2次世界大戦後にグローバル・システムとして採用されていたIMF体制について説明し，IMFがどのように世界各国の経済通貨危機に対応するかを考察する。同時に，グローバル・システムとしてのIMF体制と並行して，近年では地域レベルにおいてさまざまな地域で地域通貨協力が実施されてきている。ここでは，1999年1月1日にスタートした経済通貨同盟（Economic and Monetary Union : EMU）や，1997年に発生したアジア通貨危機を契機としてアジア地域で始まったチェンマイ・イニシアティブ（Chiang Mai Initiative : CMI）など，各地域経済協力について紹介する。

2009年に始まった欧州債務危機をきっかけとして，国際社会全体での経済や金融の安定化にむけた協力体制がさらに重要と認識されてきている。世界金融危機や欧州債務危機については，第7章と第8章で詳しく扱うが，通貨・経済危機の対策として，第7章では国際金融規制について紹介し，このunitではIMFによる支援，国際機関や地域協力体制との連携について紹介する。

## IMF体制

1944年，アメリカやイギリスなど44カ国の代表がアメリカのニューハンプシャー州ブレトンウッズに集まり，第2次世界大戦後の国際通貨制度について話し合った。そこで，アメリカがドルを金に固定させると同時に，アメリカ以外の国は自国通貨をドルに固定させるという国際通貨制度（固定為替相場制）の採用が決定した。同時に，その国際通貨制度を支えるために各種の融資制度（ファシリティ）を備えた**国際通貨基金**（IMF）が設立されることとなった。

第2次世界大戦後の固定相場制度，その後の国際通貨制度が変遷を迎えるなかで，IMFは国際通貨制度や国際経済の安定化のために，国際収支危機に陥った国々に対してさまざまな形での金融支援（融資プログラム）を行ってきた（表6-6)。IMF融資の主なものとしては，**スタンドバイ取極**（stand-by arrangement : SBA）と**拡大信用供与措置**（extended fund facility : EFF）がある。スタンドバイ取極は，一時的あるいは循環的な性格をもった短期的な国際収支問題が発生したときに，最大3年間にわたって行われる融資であり，返済期間は3年から5年である。拡大信用供与措置は，主として構造的問題から国際収支問題が長期化している国を対象とした融資であり，融資期間は4年ほどである。構造改革を考慮して，返済期間は4年半から10年と長めとなっている。ほかにも，健全な経済政策を実施している国で，世界的にリスクが高まった場合の危機への予防措置として，フレキシブル・クレジットライン（flexible credit line : FCL）や予防的流動性枠（precautionary and liquidity line : PLL)，さらには低所得国を対象とした融資制度など，いくつかの制度が整っている。これらの融資による資金利用枠は，各国がIMFに出資している割当額（クォータ）に比例して決められる。近年の危機では，融資額がクォータに比して巨額となるケースがある。

1994年末に発生したメキシコ通貨危機では，直後のIMF発表によるスタンドバイ取極の融資額は，18カ月間で，メキシコのクォータの300%にのぼり，総額では600%を超えるものとなった。1997年夏のタイの通貨下落に端を発するアジア通貨危機においても，IMFはタイ，インドネシアに対して，各国それぞれのクォータの約5倍近く，韓国に対してはおよそ19倍強に相当する融資額を決定した。欧州債務危機の発端となったギリシャの財政危機に対しては，2010年に，スタンドバイ取極による3年間のプログラムが決定したが，その融資額は，ギリシャのクォータの約32倍という例外的な措置がとられた（その後，プログラム期間中にギリシャ側の要請により取り消しとなる)。2012年には，新たに，拡大信用供与措置を使った，ギリシャのクォータの21倍もの融資が決定した。

表 6-6　IMF におけるプログラム詳細

| 目的 | 制度 | 資金源 | 期間 | コンディショナリティ |
|---|---|---|---|---|
| 顕在化した，見込まれる，または潜在的な国際収支上のニーズ | スタンドバイ取極（SBA） | 一般資金勘定 | 3 年以下 しかし通常 12〜18 カ月 | 事後 |
| | スタンドバイ・クレジット・ファシリティ（SCF） | 貧困削減・成長トラスト | 1〜2 年 | |
| 長期化する国際収支上のニーズ/中期的な支援 | 拡大信用供与措置（EFF） | 一般資金勘定 | 4 年以下 | 事後，構造改革に重点を置く |
| | 拡大クレジット・ファシリティ（ECF） | 貧困削減・成長トラスト | 3〜4 年 5 年まで延長可 | |
| 顕在化し，かつ，喫緊のニーズ | ラピッド・ファイナンシング・インストルメント（RFI） | 一般資金勘定 | 一括買い入れ | IMF 支援プログラムと事後コンディショナリティはないが，事前措置はありうる |
| | ラピッド・クレジット・ファシリティ（RCF） | 貧困削減・成長トラスト | 一括支払 | |
| 顕在化した，見込まれる，または潜在的な国際収支上のニーズ（極めて堅固なファンダメンタルズと政策） | フレキシブル・クレジットライン（FCL） | 一般資金勘定 | 1〜2 年 | 事前（資格基準）と，2 年間の取極の場合は年次審査 |
| 顕在化した，見込まれる，または潜在的な国際収支上のニーズ（健全なファンダメンタルズと政策） | 予防的流動性枠（PLL） | 一般資金勘定 | 6 カ月（流動性枠），1 年，または 2 年 | 事前（資格基準）と事後 |
| 非金融/シグナルインストルメント | 政策支援インストルメント（PSI） | 該当なし | 1〜4 年 5 年まで延長可 | 事後 |
| | 政策調整インストルメント（PCI） | 該当なし | 6 カ月〜4 年 | |

（出所）国際通貨基金ウェブサイト（https://www.imf.org/ja/About/Factsheets/IMF-Lending）。

### 地域金融協力

1990年代のアジア通貨危機をきっかけとして，IMFのような世界的な国際機関による金融支援を補完する形での**地域金融協力**の必要性が，アジア各国間で認識されるようになった。また，経済活動や金融市場の国際的なつながりが年々強く，かつ複雑になっていくなかで，2000年代に入ってからの危機は，より規模の大きな，他国への影響の強いものとなっていった。ギリシャ財政危機では，IMFだけでなく欧州連合（EU）や欧州中央銀行（ECB）の3者協力体制（トロイカ）による支援パッケージが組まれた。さらに，経済体制や経済環境が多様化するなかで，IMF融資に求められる役割も，少しずつ変化している。IMFは低所得国を対象とした融資の枠組みの充実化を図っている。また，金融市場が巨大化するなかで，先進国の中央銀行を中心として，金融市場の安定化を目的とした各国中銀間での通貨スワップ取極も進んでいる。こうした状況で，地域金融協力のあり方や，さらには地域金融協力とIMFの連携の可能性が議論されるようになっている。

地域金融協力の枠組みは，決して古いものではない。**チェンマイ・イニシアティブ**（**CMI**）は，アジア通貨危機をきっかけとした地域間協力への手がかりとして，2000年5月に，ASAEN諸国と日本，中国，韓国（ASEAN＋3）との間の金融協力・通貨協調として始まった。タイのチェンマイで開催されたASEAN＋3財務大臣会議で合意されたこの取極では，2国間通貨スワップ取極が網の目のように構築され，通貨危機の際に各国が外貨準備を融通する仕組みができた。2005年までには，参加8国間で16もの2国間取極が交わされた。その後，2010年には，CMIをマルチ化した契約（CMIM）が締結された。マルチ化とは，通貨スワップを発動する際の当局間での手続きを共通化することであり，1つの契約のもとで複数（多国間）取極を発動できるようにしたのである。取極の規模も1200億ドルに拡大した。また，これらの2国間スワップの発動は，基本的にIMF金融支援プログラムと連動しているが，スワップ総額の20％までは，IMF金融支援プログラムとは連動せずに実施可能である。一方で，その間にも，欧州債務危機が起こり，地域の金融セーフティーネットをさらに強化する必要性が高まってきた。2012年5月の第15回ASEAN+3財務大臣会議（フィリピン・マニラ）において，CMIMの強化策が合意されることとなり，2014年7月にはCMIM改訂契約が発効した。この改訂では，**危機予防**（precautionary line : PL）の機能が導入され，規模も2400億ドルに倍増した。IMF金融支援プログラムとの連動の必要がない融資可能額は，スワップ総額の30%までに引き上げられた。

ヨーロッパでは，債務危機に見舞われたユーロ圏の支援と安定化のために，経済の安定化を目的として，EU加盟国すべてを対象とした欧州金融安定化メカニズム（European Financial Stabilisation Mechanism : EFSM）と，ユーロ国を対象とした危機対処機関として，欧州金融安定基金（European Financial Stability Facility : EFSF）が2010年に発足した。2012年には，EFSFの後継組織として，欧州安定メカニズム（European Stability Mechanism : ESM）が発足している。2011年のアイルランド危機においても，IMFの支援とともに，EFSFが融資を行った。スペインの危機の際，また，ギリシャの第3次支援においても，欧州各国や機関とIMFが連携して支援パッケージの作成と危機からの回復に努めている。

アジア通貨危機以降，ロシア通貨危機，さらに欧州債務危機や各地域での危機を経て，危機の規模が巨大化するにつれて，危機国の救済に関してはIMFからの支援だけでなく，他の国際機関や地域内での相互の援助が必要であることが明らかとなっていった。実際，アジア通貨危機においても，IMF支援以外に世銀やアジア開発銀行，日本をはじめとする各国の援助があった。また欧州債務危機，とりわけギリシャにおいては，トロイカチームによる莫大な救済パッケージが組まれたのである。さらに，地域協力は，支援額（量）だけでなく，地域に密着したサーベイランスの実施や各国事情を踏まえたうえでの金融支援条件の策定，ピア・プレッシャー（仲間内の圧力）をかけることなど，質的な面でも重要な役割を担っている。このように，地域経済協力体制は年々その重要性を増しているといえる。

### 国際協調の枠組み

2008年の世界金融危機では，多くの国がIMFへの融資要請を行い，IMFは危機に瀕した加盟国への支援を行った。こうしたなかで，支援の原資となるIMFの資金基盤の強化が急務となった。IMFの融資は，各国がIMFに出資するクォータを財源として行われる。2010年のギリシャ財政危機では，かつてない巨額の融資が決定し，その過程で，IMFの融資財源の確保が重要課題としてあがってきたのである。2009年には，G20首脳会議（G20とは，Group of Twentyの略で，主要国首脳会議（Group of Seven：G7）に参加する日本，アメリカ，カナダ，イギリス，フランス，ドイツ，イタリアの7カ国に，その他先進国や新興市場国，そして欧州連合と欧州中央銀行を加えた，計20カ国・地域からなるグループ）において，IMFによる資金支援への需要を満たすため，IMFの融資原資を，危機前の水準である約2500億ドルから約5000億ドルへ増やして，ほぼ2倍に増強することを決定した。

増資方法は，従来からの**一般借入取極**（the general arrangements to borrow：**GAB**）と，**新規借入取極**（the new arrangements to borrow：**NAB**）の2つの取極を通じて行われる。GABは1962年に発効し，加盟国がIMFの必要に応じて資金を提供するように準備するものであり，多くの先進諸国が参加している。1998年に発効したNABは，94年のメキシコ通貨危機を契機に議論が始まり，発足が決定したものである。金融危機の規模が拡大し，より多くの資金需要が見込まれる場合に，IMFがGABからの借入以上に加盟国からの資金を得て，危機に陥った国への融資に使うためのものである。欧州債務問題が続くなかで，2011年には，日本をはじめとする多くの有志国が，NABに加えて，個別に融資取極を結び，IMFの資金基盤を強化することに貢献した。

2008年の世界金融危機やさらに続く欧州債務危機は，国際的な金融協力体制（global financial safety net：GFSN）の必要性が認識される大きなきっかけとなった。これまでの，途上国での危機に対してIMFや先進国を中心とした救済措置がとられるというパターンから，先進国が危機の震源となり，かつ救済を必要とする可能性がゼロではないことが浮かび上がったのである。経済活動が国際化し，金融市場の国際的な連動性が高まるなかで，危機の際の救援必要規模は巨額にのぼり，IMF単独で，あるいは外貨準備積み増しなどによって各国が自前で危機に備える範囲を大幅に超えるようになっていった。そのために，国際社会全体での金融協力体制（GFSN）の充実がさらに求められるようになった。国際的な金融協力体制は，単に資金援助の際の拠出額だけでなく，密接につながりのある世界経済や金融の安定化を国際社会が一丸となって目指すことによって，危機を防ぎ，また危機の際にその影響を最小限に抑えるという目的がある。

国際的な金融協力を推進するうえでの重要な役割は，IMF やその他の国際機関，先進国を中心としたグループ間での国際協調に期待されている。IMF は各国・地域のサーベイランスや経済政策のアドバイス，そして危機の際の資金提供により，国際金融の安定化に貢献することができる。**金融安定理事会**（Financial Stability Board : **FSB**）は，金融システムの安定化と推進に重要な役割を果たすことを期待され，2009 年に設立された。元は 1999 年に設立された金融安定化フォーラム（Financial Stability Forum : FSF）を強化・拡大したものである。2008 年の世界金融危機における金融機関への監視・監督体制への反省から，主要 20 カ国・地域（G20）首脳会議の提言のもとで，国際的な金融機能の強化，拡充を図っていくこととなった。

FSB は金融システムの監視を強化し，金融システムの脆弱性への対応や金融システムの安定のために，各国の協調と連携を推進する国際機関であり，事務局は BIS（国際決済銀行）に設置されている。具体的には，国際的に統一された金融規制や金融セクターの監督，その他の政策の導入などについて助言を行ったり，各国の金融当局と連携を図っている。2018 年末時点で，FSB には，主要 25 カ国・地域の中央銀行，金融監督当局，財務省，主要な基準策定主体，そして IMF，世界銀行，BIS，OECD（経済協力開発機構）などが参加している。世界金融システムの安定化のために FSB は IMF や G20 と密接に連絡をとっている。たとえば，G20 財務大臣・中央銀行総裁会議には，FSB をはじめ IMF，世界銀行，欧州中央銀行の代表も参加し，金融問題，財政問題，そのほかの世界経済が抱える諸問題などについて協議が行われ，また G20 財務大臣・中央銀行総裁会議にあわせて FSB は報告書を発表している。さらに，G20 や FSB での提言をもとに国際機関や各国政府が，それぞれの金融安定化のための政策や基準，規制策定などに携わるなど，国際社会相互での取り組みによって，金融安定化と健全な経済運営を目指す努力をしているのである。

また，年に 2 回行われる IMF と世銀の年次総会（秋の年次総会および春の春季会合）の開催中には，国際通貨金融委員会（International Monetary and Financial Committee : IMFC）の会議が開かれ，そこで IMFC は IMF への助言や

コラム

**IMFのクォータとSDR**

⑴ IMFのクォータ改革

IMFの財源となり，また加盟国の経済危機の際には融資という形で金融支援（プログラム）を行う際に使われる資金は，加盟各国の出資（クォータ）による。クォータの額は，GDPや貿易額などで示される経済力の大きさによって決められ，またクォータに比例して理事会における投票権が割り当てられる。

本文中でも述べたように，クォータの大きさは融資の限度額のベースとなる。クォータは，通常5年ごとに，一般見直しが行われる。第14次の一般見直しが行われた2010年12月のIMF総務会では，総クォータ額を倍増して4770億SDR（約6630億ドル）とすることなどが決議された。この14次見直しは，総クォータ額の増強だけでなく，クォータの各国シェアの見直しも行われた。それまで過大に評価されていた国から過小に評価されていた国へのクォータ額の移行，また，新興市場国や途上国の代表権を強化することなどが盛り込まれた。

また，この改革では，中国のシェアがアメリカ，日本に次ぎ第3位の地位を占めることとなり，またブラジル，インド，ロシアもIMFへのトップ10の出資国となった。しかし，2010年の一般見直しによる改訂の手続きには，投票権85％以上の承認が必要であるが，15％の投票権シェアをもつアメリカの国内手続きの遅延により実質的に発効ができず，2016年1月になってようやく発効となった。

⑵ 中国人民元のSDRへの追加

IMFでは出資や融資の際に使う準備資産（の単位）として，特別引出権（Special Drawing Right : SDR）を用いている。これは，IMFが1969年に創設した国際準備資産で，現在では複数国の通貨を加重平均して計算したバスケットからなる，IMFの通貨単位といえる。2016年9月までは，SDRの構成通貨としてアメリカ・ドル，ユーロ，日本円，イギリス・ポンドが使われていた。2016年10月からは，新たに中国の人民元もSDRバスケットに導入されることとなった。このときに，SDRの新たなバスケット比重として，アメリカ・ドル41.73％，ユーロ30.93％，人民元10.92％，日本円8.33％，イギリス・ポンド8.09％が決定された。人民元の導入は，国際貿易における中国のシェアや役割の高まり，金融市場の自由化や通貨制度，為替制度，金融システムの進展を考慮して決定された。

報告を行い，世界経済の見通し，金融市場の動向に関して話し合う。会議の最後にはコミュニケ（声明）が発表されるが，このコミュニケはIMFや世銀，さらに各国がそれぞれにどう世界経済の変化に対処していくべきかの重要な指針となる。年々，世界経済の連関が強まり，かつ不透明性も増すなかで，コミュニケでも，国際的な協調の必要性とさらなる拡充について，言及されている。



## 要　約

□ 通貨危機の発生は，金融機関や企業の破綻を引き起こすなど，国内経済に大きな影響を与える。そのため，危機の収拾と経済の立て直しのために，IMFや先進国が資金援助を行うことが多い。

## 確認問題

□ *Check 1* 近年，地域金融協力や国際的な金融協力の必要性が強く求められている。それはなぜか。具体例をあげながら，説明せよ。

## KeyWords ⑯

□ 通貨危機　155
□ 第1世代モデル　155
□ 第2世代モデル　155
□ 第3世代モデル　155
□ 買い支え　157
□ シャドー・レート　158
□ 通貨危機の伝播　167
□ 共通の貸し手行動　169
□ 貿易リンク　169
□ 競争効果　170
□ 所得効果　170
□ 輸入価格効果　170
□ アジア通貨危機　171
□ 国際通貨基金（IMF）　176
□ スタンドバイ取極（SBA）　176
□ 拡大信用供与措置（EFF）　176
□ 地域金融協力　178
□ チェンマイ・イニシアティブ（CMI）　178
□ 危機予防（PL）　179
□ 一般借入取極（GAB）　180
□ 新規借入取極（NAB）　180
□ 金融安定理事会（FSB）　181

# 第7章

# 世界金融危機と国際金融システム

19　世界金融危機
20　なぜドルを保有するのか
21　新しい国際金融規制

## この章の位置づけ

この章では，アメリカ発の金融危機を世界金融危機に発展させた背景を考察したうえで，世界金融危機において金融機関が直面したドル流動性不足を考察する。そのうえで，世界金融危機におけるドル流動性不足や景気悪化に対する対応を学ぶ。ドル流動性不足の背景として基軸通貨ドル体制が指摘される。国際通貨システムのなかでドルが事実上，基軸通貨として独占的地位を占めている，ガリバー型国際通貨システムと呼ぶことのできる現在の国際通貨制度を特徴づける。一方で，金融セクターの健全性を維持するために国際金融規制が強化されてきたが，世界金融危機の経験を踏まえて，自己資本比率規制の強化のほかに流動性等に関する規制が導入されたことを考察する。

## この章で学ぶこと

**unit 19**　世界金融危機の背景としてそれ以前に拡大したグローバル・インバランスがあった。アメリカで住宅バブルが崩壊すると，アメリカのみならず欧州においても金融危機・流動性危機が深刻化し，世界金融危機に発展した。その対策として，アメリカのFRBは量的金融緩和やゼロ金利政策のほかに主要国との通貨スワップ協定を締結して，流動性供給を行った。一方，G20では財政拡張の国際協調がとられた。

**unit 20**　国際通貨は，計算単位としての機能（国際経済取引における契約通貨），交換手段としての機能（国際経済取引における決済通貨），および価値貯蔵手段としての機能（対外資産の表示通貨）をもっている。ネットワーク外部性によって，基軸通貨としてのドルに慣性がみられる。

**unit 21**　国際金融規制は，自己資本比率規制を中心としてバーゼルⅠからバーゼルⅡへと規制が強化されてきた。世界金融危機を経験して，自己資本比率規制がさらに強化されると同時に，世界金融危機において流動性危機を併発したことから，レバレッジ規制や流動性規制が新たに導入された。

# unit 19

# 世界金融危機

このunitでは，2007年から08年にかけて世界金融危機が発生した背景を国際金融論の視点から考察する。世界金融危機が発生する前の2000年代半ばまでにIMFにおいても問題視されていたのが世界的な経常収支不均衡，すなわち，**グローバル・インバランス**であった。アメリカで住宅バブルが激しくなるにつれて，グローバル・インバランスが拡大した。このグローバル・インバランスを背景としてアメリカのサブプライム・ローンおよびその証券化商品の不良債権問題がヨーロッパの金融機関にまで発展したことを考察する。そして，世界金融危機において金融機関間のカウンターパーティ・リスクの高まりから，金融機関の間ではドル資金の流動性不足に直面し，とくにヨーロッパにおいてドルの超過需要が拡大したことから，ユーロやポンドが減価する一方，ドルがこれらに対して高騰した。それらの発生メカニズムについて考察する。最後に，世界金融危機の対応としてとられた政策について，ドル流動性不足に対する当座の対応に焦点を当てて，概観する。アメリカの連邦準備理事会（FRB）が量的金融緩和政策やゼロ金利政策を開始するとともに，主要国の中央銀行と通貨スワップ協定を締結して，ドル流動性を世界的に供給した。

## グローバル・インバランスから世界金融危機へ

グローバル・インバランスは，図7-1に示されるように，世界的な経常収支不均衡として1990年代後半から，とくに2003年から07年にかけて拡大した。とりわけアメリカの経常収支赤字の規模とその増大が際立っている一方，中国とヨーロッパ債権国，アジア諸国と石油輸出国において経常収支黒字が急増している。アメリカでは，2001年のITバブル崩壊後，アメリカの中央銀行であ

図7-1　グローバル・インバランス（世界のGDPに占める経常収支の割合）の推移

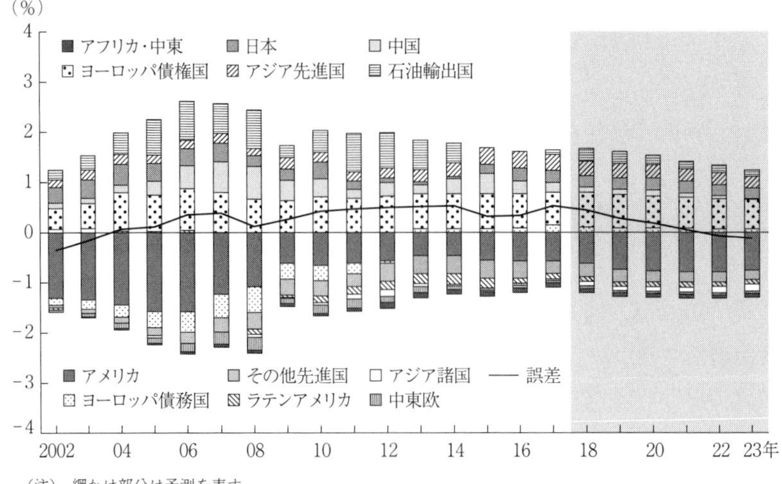


（注）網かけ部分は予測を表す。
（出所）IMF, *World Economic Outlook*, October 2015.

る連邦準備制度理事会（FRB）が景気対策のために行った急速な金利引き下げおよび低金利政策が，住宅ブームさらには住宅バブルを引き起こす素地を作った。住宅価格上昇の期待を根拠にして，本来的に住宅ローンの対象外であった低所得者向けに住宅ローンを提供する**サブプライム・ローン**（低所得者向け住宅ローン）も手助けして，アメリカの住宅投資が2003年から06年にかけて急増した。それが，アメリカの経常収支赤字をいっそう増加させることとなった。

アメリカの経常収支赤字を生み出し続けてきた基本的な背景として，民間部門の一貫した貯蓄不足が指摘される。その貯蓄不足を補ったのがアジアや石油輸出国の貯蓄である。アジアの貯蓄は外貨準備として国際的な安全資産であるアメリカの国債に向けられた。すなわち，アジアの豊富な貯蓄がアメリカの財政赤字を中心として経常収支赤字をファイナンスしてきた。

一方，ヨーロッパの金融機関が，とくに，2000年代に入って原油価格上昇に伴って累増した石油輸出国の外貨準備を国際的に金融仲介して，アメリカの貯蓄不足を埋めていた。ヨーロッパの経常収支不均衡がそれほど大きくなかったにもかかわらず，ヨーロッパの金融機関がアメリカのサブプライム・ローンに関連した証券化商品に資金を向けていたことは，石油輸出国などの他の地域から資金を調達して，アメリカへ資金を供給していたことを意味する。その意味では，ヨーロッパの金融機関は，石油輸出国の経常収支黒字とアメリカの経常収支赤字との間の国際金融仲介を担った。さらに，これらの国際金融取引を通じて，ヨーロッパ自体にもこれらの経常収支黒字国から資金が流入し，その資金がヨーロッパにおける土地等の購入などに向けられ，土地バブルの様相を呈した。

しかし，アメリカで住宅バブルの崩壊によって住宅価格が下落し始めると，住宅価格上昇期待に隠されていたサブプライム・ローンの高い信用リスクが顕在化した。住宅バブルの崩壊とともに，サブプライム・ローンが不良債権化し，さらには，サブプライム・ローン証券化商品が回収不能となった。これらのサブプライム・ローン証券化商品を多く保有していたヨーロッパの金融機関もアメリカの金融機関と同様の影響を受けた。このようにして，ヨーロッパの金融機関は，アメリカのサブプライム問題の影響を直接に受け，また，自らの土地バブルの崩壊の影響を受け，バランスシートを毀損させた。

### 世界金融危機における流動性危機

アメリカで，住宅バブルのなか住宅価格上昇期待に基づいて，本来，信用リスクがきわめて高いために住宅貸出の対象となり難い低所得者層向けにサブプライム・ローンという形で住宅貸出が行われた。その信用リスクをほかに移転することを目的としてサブプライム・ローンを担保とした証券化商品（住宅ローン担保証券〔residential mortgage backed securities : RMBS〕など），さらには，その証券化商品を担保とした証券化商品（credit default swap : CDS）がアメリカの金融機関からヨーロッパ金融機関に売り渡された。これは同時に，アメリカ国内で不足する貯蓄を補うための資金調達手段としての役割を果たした。その資金源は，ヨーロッパのみならず，中近東やロシアなどの原油産出国の経常収支黒字をヨーロッパの金融機関によって金融仲介する形でアメリカへと流れていった。

その意味では，ヨーロッパの金融機関は，原油産油国の経常収支黒字とアメリカの経常収支赤字との間の金融仲介を担った。国際金融センターとしてのシティを抱えるイギリスはもとより，アイスランド等においてもこのような国際金融取引が積極的に行われた。さらに，これらの国際金融取引を通じて，ヨーロッパ自体にもこれらの経常収支黒字国から資金が流入し，その資金がヨーロッパにおける土地等の購入などに向けられ，土地バブルの様相を呈した。

しかし，アメリカで住宅バブルの崩壊によって，サブプライム・ローンが不良債権化し，サブプライム・ローン証券化商品を多く保有していたヨーロッパの金融機関も影響を受けた。2007年9月には，イギリスで，サブプライム・ローン証券化商品を有していたわけではないノーザン・ロック銀行が銀行取付に遭い，そして，住宅金融大手のブラッドフォード・アンド・ビングレーが経営破綻となり，国有化された。また，アイスランドでも金融機関の経営が破綻し，国有化されることとなった。さらに，ドイツやフランスなどでは，サブプライム・ローン証券化商品を有していた大手の金融機関が経営破綻に直面した。たとえば，ドイツのドレスナー銀行はコメルツ銀行によって買収されることとなった。

ヨーロッパの金融機関は，サブプライム問題の影響を直接的に受け，それらのバランスシートを毀損した。同時に，EUの一部の国で土地バブルが崩壊し，ヨーロッパの金融機関が直接に貸し出していた住宅ローン自体も不良債権化することとなった。さらに，問題を大きく，そして，複雑化させたのは，証券化商品一般のなかに，サブプライム・ローン証券化商品がどれほど含まれているかが明らかではなかったことである。そのため，金融機関が自らのバランスシートの毀損状態を把握しきれず，金融機関同士が取引相手の金融機関のバランスシートに対して疑心暗鬼となり，取引先（カウンターパーティ）が破綻して，金融取引の契約が履行されずに損失を受けるリスク，すなわち，**カウンターパーティ・リスク**が高まったのである。

とりわけ，ヨーロッパの金融機関はドル建ての流動性調達において深刻なカウンターパーティ・リスクに直面した。2008年9月にアメリカの大手投資銀行であるリーマン・ブラザーズが破綻した**リーマン・ショック**直後においては，ロンドンなどのヨーロッパの銀行間市場で金融機関がドル資金を調達することが困難となった。ヨーロッパの金融機関の間のカウンターパーティ・リスクが，ロンドンの金融市場で金融機関の間で取引されているロンドン銀行間取引金利（LIBOR）に如実に現れた。図7-2には，金融機関の信用リスク・プレミアム

図 7-2　信用リスク・プレミアムと流動性リスク・プレミアムの推移

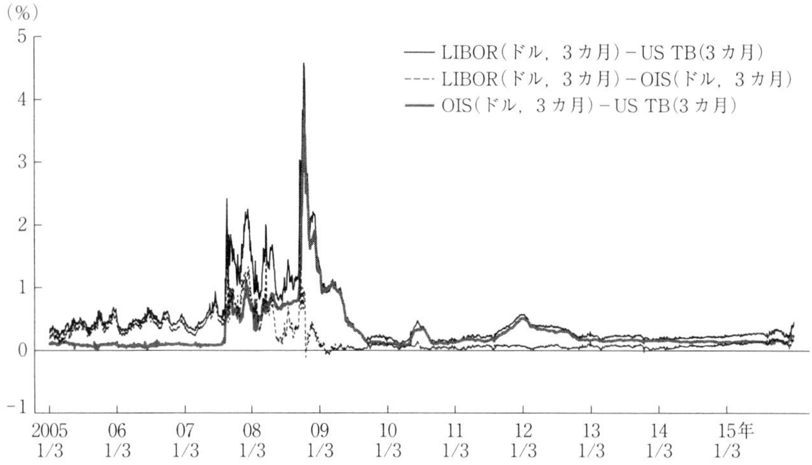


（注）LIBOR（ドル，3カ月)－OIS 金利（ドル，3カ月)：信用リスク・プレミアム。
OIS 金利（ドル，3カ月)－US TB 金利（ドル，3カ月)：流動性リスク・プレミアム。
（出所）Datastream.

と流動性リスク・プレミアムの推移が示されている。

信用リスク・プレミアムは，金融機関間の金融取引である担保なしのLIBOR と同じく金融機関間の金融取引であり，安全資産とみなされる担保付きのオーバーナイト・インデックス・スワップ（OIS）金利との金利差によって計算される。一方，流動性リスク・プレミアムは，金融機関間の金融取引であり，安全資産とみなされる担保付きのオーバーナイト・インデックス・スワップ（OIS）金利とアメリカ政府の信用力が反映される，同じく安全資産であるが，流動性も高いアメリカの財務省証券（TB）金利との金利差によって計算される。

このこれらの信用リスク・プレミアムと流動性リスク・プレミアムの推移から，主にヨーロッパの金融機関が取引を行うロンドン金融市場において，これらの金融機関のリスク・プレミアムが観察される。図 7-2 に示されるように，サブプライム・ローン問題が欧米で顕在化する 2007 年夏以前には，信用リスク・プレミアムがきわめて小さかったことに加えて，流動性リスク・プレミアムも 0.5% 以下で小さかった。ところが，2007 年夏には信用リスク・プレミアムが約1%に，流動性リスク・プレミアムが約1.5%にまで跳ね上がった。さらに2008年9月15日のリーマン・ショックによって信用リスク・プレミアムが約3.5%に，流動性リスク・プレミアムが約1.5%にまで大きく跳ね上がった。

このようにドル建てLIBORの信用スプレッドが大きく跳ね上がったことは，ヨーロッパの金融機関がロンドンの銀行間金融市場でドル資金を調達しようとするときに，きわめて高い信用リスク・プレミアムとともに流動性リスク・プレミアムが課されていたことを示す。注意しなければならないのは，これらのリスク・プレミアムは，バランスシートが大きく毀損していない金融機関に課されたものである。バランスシートが毀損している可能性が高いと判断される金融機関は，銀行間金融市場でドル資金を調達することができなかった。ここに，カウンターパーティ・リスクの高まりから，ヨーロッパの金融機関がドル資金調達を困難とし，流動性不足に陥っていた。

### 世界金融危機への対応

アメリカでは，FRBが国内にゼロ金利にして大量のドル資金を供給し続けることによって，流動性不足に対応した。2008年11月からFRBは，国債のほか，住宅関連の政府支援機関（ファニーメイ等）の債務やファニーメイ等によって保証された不動産担保証券（mortgage-backed securities : MBS）を購入することによってドル資金を大量に供給し始めた。さらに，2008年12月16日にFRBは政策金利であるフェデラル・ファンド（federal funds : FF）金利の目標値を0〜0.25%に引き下げて，ゼロ金利政策を開始した。

ユーロ圏およびその周辺国においてドル資金が不足する事態に対して，欧州中央銀行（ECB）などの各国中央銀行のみが外貨準備を利用して，ドル資金をヨーロッパの銀行間市場に供給するだけでは十分な対応ができないことが明らかとなった。そのため，2007年12月12日にFRBがECBとスイス国民銀行と新たに通貨スワップ協定を締結して，これらにドルを供給することとなった。リーマン・ショック後，2008年9月18日にイングランド銀行（BOE）との間で通貨スワップ協定を締結し，続いて，24日には，スウェーデン中央銀行，デンマーク国民銀行，ノルウェー銀行との間で通貨スワップ協定を締結した。

10月13日には，ECBとスイス国民銀行とBOEは，FRBが通貨スワップ協定の限度額を無制限としたことを受けて，有担保を条件としてドル資金を無制限に供給するというオペを導入した。10月14日には日本銀行も，邦銀がヨーロッパの銀行間金融市場でドル資金を調達できない状態に備えて，東京市場で同様のオペを行うことを発表した。

このように，カウンターパーティ・リスクの高まりによるヨーロッパの銀行間市場におけるドル資金不足に対するドル流動性の供給は，ECBほか，ヨーロッパ各国の中央銀行では手に負えないことが明らかとなった。それらは，ヨーロッパの通貨建て金利を引き下げることしかできず，ヨーロッパの金融機関にとって必要な資金であるドル資金を供給することには限界があった。むしろユーロ安が進むなかではユーロ建て金利を大きく引き下げることに憂慮するECBが，FRBのように思い切った金利引き下げができないでいた。

また，国際収支危機管理のために金融支援を行うIMFも，無制限のドル資金を供給する「最後の貸し手」（LLR）としては機能しないことが明らかとなった。結局は，アメリカ国内のドル資金の最後の貸し手であるFRBにヨーロッパの金融市場は頼らざるをえなかった。

バランスシートを毀損した金融機関が救済されないままでいると，1990年代に日本で経験したように貸渋りや信用収縮が深刻化することとなる。このような事態を回避するために，ヨーロッパではアメリカと同様に金融機関の国営化，救済合併のほか，資本注入が進められた。資本注入は，納税者からの税金で賄われることになるが，現在の金融危機および景気悪化のなかで増税もままならぬまま，財政赤字を拡大させることによって対応せざるをえなかった。

2008年11月15日にアメリカのワシントンDCでG20の首脳が集まり，世界金融危機に対する対応について「金融・政界経済に関する首脳会合」，いわゆるG20首脳会合が開催された。それまでは，財務大臣会合として開催されていたが，初めて首脳会合として開催された。G20でとくに強調された点は，①金融機関の規制・監督について国際社会が協調して取り組む必要性，②IMF等の国際機関の強化，③世界経済が減速している状況下での景気刺激策の必要性，および④自由な貿易や投資の重要性であった。とりわけ，財政の持続可能性の維持に資する政策枠組みを確保しつつ，状況に応じ，即効的な内需

図 7-3　ユーロとポンドの対ドル為替相場の推移

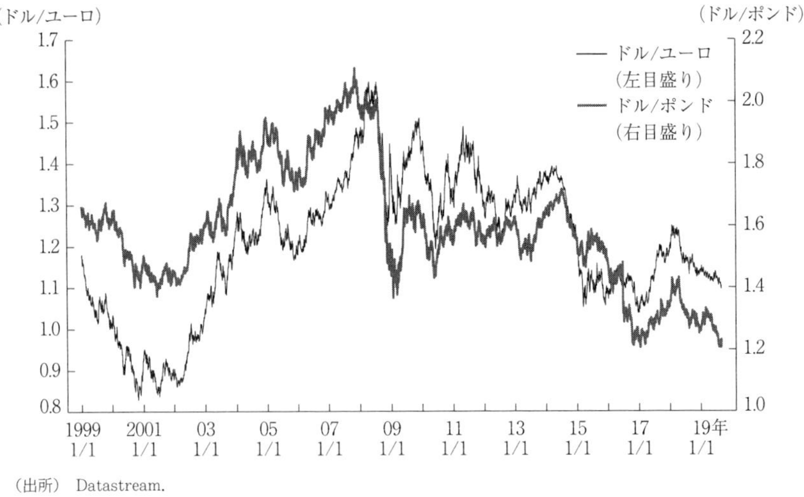


（出所）Datastream.

刺激の財政施策を活用することが合意された。このように，世界不況のなか，景気悪化に対する対策として内需の下支えのために財政政策に頼らざるをえないのである。

このように，アメリカ発の世界金融危機は，アメリカの金融セクターおよび経済を悪化させただけではなく，ヨーロッパの金融セクターおよび経済に波及するとともに，それまで好調だった欧州経済およびユーロ高やポンド高を下方修正することになった。図 7-3 に示されるように，ユーロやポンドがドルに対して大きく減価することとなった。このようななかで，ユーロ圏および周辺国の域内の経済取引のための決済通貨としてユーロが確立したものの，域外との経済取引のための基軸通貨としてのドルの重要性が，金融危機後のユーロの暴落によって改めて認識された。一方，アメリカ発の金融危機がヨーロッパ経済に対して直接的におよび間接的に悪影響を及ぼし，アメリカ経済とともにヨーロッパ経済が悪化し，さらに悪化しつつあることは，世界経済への副次的な悪影響を及ぼす可能性を高めた。

## 要　約

- □ アメリカのサブプライム・ローン問題はグローバル・インバランスを背景として世界金融危機に発展した。
- □ 世界金融危機においてヨーロッパの金融機関がドル流動性不足に直面した。そのために，ユーロやポンドがドルに対して暴落した。
- □ 世界金融危機に対してFRBが国内では量的金融緩和とゼロ金利政策によって，そして対外的には主要国の中央銀行との通貨スワップ協定を通じて，ドル流動性を世界的に供給することによって対応した。
- □ 世界金融危機による景気後退に対しては，G20首脳会議によって対策が検討され，その1つとして財政拡張政策の国際協調が実施された。

## 確認問題

- □ *Check 1*　アメリカ発の金融危機が世界金融危機に発展した背景について説明しなさい。
- □ *Check 2*　世界金融危機に対する対応について説明しなさい。

# unit 20

# なぜドルを保有するのか

このunitでは，世界金融危機においてドルの流動性不足に陥った背景としてドルを基軸通貨とする国際通貨システムを考察する。最初に，国際通貨の機能について説明する。とりわけ，交換手段としての機能と価値貯蔵手段としての機能が比較される。現実問題として，これらの2つの機能のどちらが国際通貨にとって重要かについて，国際通貨におけるネットワーク外部性の概念を解説しながら，基軸通貨ドルの地位に慣性が働いていることを説明する。また，基軸通貨ドルが独占的地位を占めていることから，現在の国際通貨制度をガリバー型国際通貨システムとして特徴づける。

## 国際通貨の機能

われわれは国内で買い物をするときに財布に入っているお金（円）を使うことにまったく不便を感じたことがない（例外として，自動販売機では使えない2000円札は貰うと困るが）。しかし，海外旅行に出かけたときには，ほとんどの国で，いま，財布に入っている円では買い物ができないので，飛行機に乗る前に空港の両替所で現地通貨を購入するか，飛行機が到着した外国の空港の両替所，あるいは，街の両替所で現地通貨を購入する。多くの国では，支払手段として利用することができるのは現地通貨だけで，円などの外国通貨は支払手段として利用することができない。

このような支払手段として利用することができる通貨の機能を，**交換手段としての機能**と呼ぶ。通貨が交換手段として利用できる貨幣を介した交換においては，物々交換において直面する**二重の欲求の一致**という困難さを解消する。二重の欲求の一致とは，2人の間の物々交換において売りたい物と買いたい物が相互に一致する必要があることを意味する。

たとえば，空港に到着して，タクシーで空港からホテルまで行こうとしている筆者たちが，タクシーの運転手に渡せる物が本書だけだとすれば，物々交換の世界では，本書を欲しているタクシーの運転手を見つけ出さなければならない。もしそうなると，空港のタクシー乗り場には，客を待つタクシーとともに，本書を購入してくれるタクシーを待つ筆者たちが互いにマッチングする相手を探し求めることになる。もし，そこにお金が介在することになれば，交換は容易となる。少なくとも本書の販売促進は出版社に任せたうえで，本書を欲しているタクシーの運転手を探さなくてもよくなるので，筆者たちにはタクシーに乗れるチャンスが飛躍的に増すことになる。

このように貨幣を介した交換の世界では，貨幣を交換と交換の間の媒介として利用し，売りたい物を売る時点と買いたい物を買う時点を分離することによって，売りたい物と買いたい物の交換が容易になる。しかし，一方で，売る時点と買う時点が分離された瞬間から，物を売って得た交換手段としての通貨が，売る時点から買う時点までに，その価値が下がって，買いたい物が十分に買えなくなるという問題が発生するかもしれない。したがって，売る時点と買う時点との間において価値が低下しないことが必要となる。すなわち，交換手段としての機能とともに，ある一定期間にわたって価値を貯蔵するための**価値貯蔵手段としての機能**が伴われる必要がある。

さらに，交換手段として利用される通貨の単位で価格が設定されていると，その価格から必要とされる通貨の量を容易に計算することができる。このような機能を**計算単位としての機能**と呼ぶ。タクシー料金が660円で，バスの運賃が190円で，JRの運賃が120円というように，同じ通貨単位で表示されていると，どの交通手段が高くて，どの交通手段が安いが簡単にわかる。このように，交換手段としての機能を中心として，価値貯蔵手段としての機能と計算単位としての機能が備わっていると，その通貨は理想的な通貨となる。

国際経済取引（国際貿易取引や国際金融取引）に際して利用される国際通貨の機能においても，同様にこれらの3つの機能がある。国際経済取引における契約書に記載される通貨（契約通貨）は，計算単位としての機能に関連する。国際経済取引の決済において利用される通貨（決済通貨）は，交換手段としての機能に関連する。民間経済主体が保有する流動的な対外資産の表示通貨は，価値貯蔵手段としての機能に関連する。

さらに，国際経済取引に派生する外国為替取引において，媒介通貨として第三国通貨が利用される場合がある。外国為替取引において媒介通貨として利用される通貨も国際通貨を意味する。たとえば，海外旅行でいくつかの国を訪れるときに，円を持って行かずに，成田空港でドルを購入して持って行き，そして，それぞれの国でそのドルと交換に現地通貨を購入することがある。このときに，ドルは，外国為替取引の媒介通貨として利用されている。

国際通貨の場合には，民間経済主体が利用するほかに，政府が為替相場政策と関連して，保有・利用する場合がある。政府が固定相場制度を採用しているときには，自国通貨をどれだけの水準で外国通貨に固定するかという，固定する対象通貨は計算単位としての機能を果たしている。たとえば，第2次世界大戦後から1971年までブレトンウッズ体制のもとで円が1ドル＝360円で固定されていた。また，政府が外国為替市場への介入を目的として保有するならば，交換手段としての機能に関連している。為替レートを1ドル＝360円に固定するためには，外国為替市場に介入する必要があることから，ドルで介入してきた。さらに，外貨準備として保有する国際通貨は，その価値貯蔵手段としての機能が重要となる。ドルで介入する場合には，ドルの外貨準備を保有しておく必要がある。

### 交換手段としての機能とネットワーク外部性

このように，民間部門であろうと，政府部門であろうと，国際通貨の3つの機能を享受するために国際通貨を保有し，利用する。国内通貨と同様に，国際通貨においてもこれらの機能がすべて備わっていると，その国際通貨は理想的な国際通貨となる。しかし，変動相場制度に移行した1973年から30年以上を経て，その価値が半減あるいはそれ以下に低下したドルが主要な国際通貨として利用され続けているという現実を考えると，これらの機能のうちでも，価値貯蔵手段としての機能よりも交換手段としての機能のほうが重視されていることがわかる。

国際通貨の基本的な機能である交換手段としての機能は，世界の経済主体が

コラム

**ネットワーク外部性**

他の経済主体の行動が自分の効用に影響を及ぼすことを「外部性」と呼び，さらに，その他の経済主体の人数が多ければ多いほどその外部性の効果が高まることを「ネットワーク外部性」と呼ぶ。単に「外部性」といったときは，他の経済主体の行動のみが問題となる。他の経済主体の行動が自分の効用を高める場合には「外部経済」と呼ぶ一方，他の経済主体の行動が自分の効用を低める場合には「外部不経済」と呼ぶ。とりわけ，後者の例として公害が有名である。

さらに，他の経済主体の人数が，その外部性の効果に影響を及ぼすのが「ネットワーク外部性」である。よく例にあがるのは，通信ネットワークやコンピューターのOS，さらには，言語である。電話やテレビ電話が普及するためには，より多くの利用者が現れる必要がある。コンピューターのOSとしてマイクロソフト社のWindowsが普及しているのも，多くの利用者がいて，Windows上で動くアプリケーションがたくさんあるために，そのこと自体がWindowsのニーズを高めている。言語に至っては，世界中の人々が英語を学んで，国際語として英語を使うから，多くの人が英語を学んでいる。そのために，英語を利用する人が多くなり，ますます英語が国際語として通用するようになる。

認識する，その通貨の一般受容性の程度に依存する。通貨は，財・サービスとは異なり，消費することによって直接に効用を得られないが，交換手段として利用するために保有される。ある通貨を国際通貨として保有・利用する理由は，その通貨が国際経済取引の取引相手によって交換手段として受容されるからである。さらに，取引相手も，他の経済主体に通貨を手渡すことによって最終的に財・サービスを購入しようとしている。それゆえに，**一般受容性**とは，財・サービスを購入するために通貨を保有する経済主体が，その通貨を受容して，財・サービスを販売しようとしている他の経済主体と出会う可能性に依存する。

このように，交換手段としての機能は，他の経済主体がその通貨を交換手段として利用する意思があるかどうか，あるいは，何人の他の経済主体がその通貨を交換手段として利用する意思があるかに依存する。換言すると，その通貨を利用する意図をもつ他の経済主体の人数が増加するにつれて，その通貨の交換手段としての機能が高まる。このように，交換手段としての機能には**ネットワーク外部性**が作用する。

### 基軸通貨ドルの慣性

ネットワーク外部性が作用する貨幣経済においては，貨幣の交換手段において規模の経済が作用することを意味する。いったんある通貨が国際通貨として国際経済取引のなかで一般受容性を高めると，その一般受容性が高いことから世界中でその通貨が国際通貨として保有・利用されて，その通貨が国際通貨として世界の国際経済取引において支配的なシェアを占めることになる。このように，その国際通貨が世界の国際経済取引において支配的なシェアを占めることによって，世界のどこの国に出かけても，多くの経済主体がその国際通貨を利用し，保有することになる。そして，ますますその国際通貨の一般受容性が高まる。

このように，いったん国際経済取引における利用度に関して大きなシェアを占めた国際通貨は，一般受容性を通じてその利用度をさらに高めることが比較的容易である。逆に，国際経済取引における利用度のシェアが小さい通貨は，一般受容性が不足しているために，その利用度を高めることが難しい状態にある。このような状態は，鉄道業や装置産業などのように，生産量が増加すれば増加するほど，費用が逓減するという規模の経済が働いている状態に似ている。

ネットワーク外部性が存在し，規模の経済が働く場合には，国際経済取引において支配的に大きなシェアをもつ国際通貨，すなわち**基軸通貨**の交換手段としての機能は，シェアの小さい他の通貨の交換手段としての機能よりも優れている。さらに，国際経済取引においてその基軸通貨のシェアが上昇する一方，その他の通貨のシェアが低下すると，基軸通貨と他の通貨との間の交換手段としての機能における差異はますます拡大する。

したがって，支配的に大きなシェアをもつ基軸通貨を発行する通貨当局は，貨幣成長率およびインフレ率を高めないかぎりは，その通貨のシェアを維持することができる。いったんある国の通貨が支配的に大きなシェアをもつ基軸通貨になると，その通貨は基軸通貨としての地位を維持するであろう。このように，基軸通貨になったという歴史的事実によって，その通貨は基軸通貨としての地位を維持することになる。こうして，基軸通貨には慣性が作用する。

本来は，基軸通貨は交換手段としての機能とともに価値貯蔵手段としての機能も優れていることが理想的である。しかし，基軸通貨を供給する国の政府は，世界中でその基軸通貨が需要されるのであれば，大量に供給するであろう。基軸通貨を供給している国は，基軸通貨を外国に供給することによって，その見返りとして外国の生産物を獲得することができる。これが，**通貨発行利益**である。基軸通貨を供給する国の政府が，大量に基軸通貨を供給して，通貨発行利益を追求することによって，基軸通貨の価値貯蔵手段としての機能が十分に働かなくなる。まさしく，ブレトンウッズ体制崩壊後から現在までの基軸通貨ドルはそのようになっていった。

ブレトンウッズ体制においては，アメリカ以外の各国の通貨当局は自国通貨をドルに固定させなければならず，ドルの基軸通貨としての役割を是認するように強制されていた。したがって，ドルの価値貯蔵手段としての機能が損なわれていたとしても，世界中の経済主体はドルを基軸通貨として利用せざるをえなかった。このような状況においてドルの基軸通貨としての地位が維持されることは，ブレトンウッズ体制というルールによっていたので，当然のことである。しかし，ブレトンウッズ体制が崩壊してからは，ドルを基軸通貨として是認することは強制されていない。望めば，ドル以外の通貨を国際通貨として自



**図 7-4　日米欧の経済規模と各通貨建ての内訳**

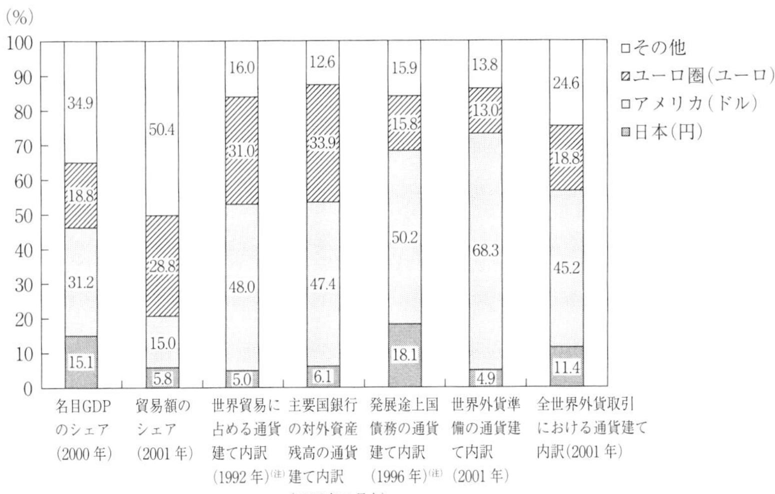


(注)　世界貿易に占める通貨建て内訳，発展途上国債務の通貨建て内訳におけるユーロには，ポンドを含む。
(出所)　財務省国際局『「円の国際化推進研究会」座長とりまとめ』平成15年1月23日。

由に利用することが可能な複数国際通貨システムになっている。

このような状況において，ルールによらなくとも，ドルの基軸通貨としての地位に慣性が働いていたことは何らかの自然の経済的要因が作用していたと考えられる。政府の力によらなくとも，自然独占となる産業と同じようなメカニズムが国際通貨システムにおいても作用している。

図7-4は，アメリカと日本とユーロ圏（データはスロベニアを除くユーロ圏12カ国）の相対的経済規模およびドルと円とユーロの相対的利用度を示している。この図において，さまざまな取引の契約通貨におけるドルと円とユーロのシェアを，これらの相対的な経済規模と比較することができる。ドルが経済規模に比較して国際通貨として高いシェアで利用されていることがわかる。

### ガリバー型国際通貨システム

複数国際通貨システムでは，交換手段としての機能と価値貯蔵手段としての機能を比較考慮して，どの通貨を国際通貨として利用するかを自由に選択することができる。このように世界中の経済主体が自由に選択した国際通貨のうち，世界中で支配的に利用される通貨が現れれば，それを基軸通貨とみなす。

ドルのように交換手段としての機能は優れているが，価値貯蔵手段としての機能に劣っている国際通貨と，円のように価値貯蔵手段としての機能は優れているが，交換手段としての機能が劣っている国際通貨が世界経済において並存する場合には，世界の経済主体が相対的に重視する国際通貨の機能に基づいて自らの利用する国際通貨を選択する。

もし世界中の経済主体が国際通貨の機能のうち価値貯蔵手段としての機能を相対的に重視するのであれば，価値貯蔵手段として優れている円が基軸通貨として世界中から選ばれているはずである。誰も円を基軸通貨として選択することを妨げることはできない。

しかし，複数国際通貨システムのなかで選択肢として複数の国際通貨が存在しているからといって，国際通貨間で有効な競争状態にあるとは必ずしもいえない。ネットワーク外部性が存在するために，利用される国際通貨の供給量が増大すれば増大するほど，その国際通貨の交換手段としての機能が高まるという意味で，国際通貨には規模の経済性が作用する。また，その国際通貨としての交換手段としての機能が高まることによって，交換手段としての機能面における国際通貨の質が改善される。

このように，国際通貨の供給量あるいはシェアに応じて国際通貨の機能面における質が変化するので，シェアの異なる国際通貨の間，すなわち，シェアの高い国際通貨とシェアの低い国際通貨との間では異質性が存在する。これらの国際通貨は不完全代替となる。いったん高いシェアをもった国際通貨は，交換手段としての機能の面でその質が改善されて，シェアの低い国際通貨との差別化の程度が増していく。

したがって，ドルのように国際経済取引の利用においてシェアの高い国際通貨が存在する国際通貨制度は，ドルだけが巨人で他の通貨が小人のようであることから，**ガリバー型国際通貨システム**と呼ぶことができる。このように，ガリバー型国際通貨システムにおいては，国際通貨間の異質性が高いために，同質的な財の市場において実現されるような競争は実現されにくくなる。

基軸通貨ドルに慣性が働いている状況においては，ドルの価値の低下という要因によって，自然に現在のガリバー型国際通貨システムから競争的な国際通貨システムに変化していくことは難しい。しかし，ドルの価値の低下を抑制するために，基軸通貨ドルに対抗できるほどの競争的な基軸通貨が出現することが必要となる。それは，国際経済取引の利用度において，それ相応のシェアをもった国際通貨を意味する。

このように有効な国際通貨競争が行われる状況として，ドル一極通貨体制から脱却して，ドルとユーロの二極通貨体制，あるいはドルとユーロと円の三極通貨体制を実現するべきであるという議論がみられる。

ドルと競争的な基軸通貨がほかに存在すれば，ドルが独占的に基軸通貨の利益，すなわち通貨発行利益を無制限に享受することはできない。基軸通貨が単独に存在する場合には，基軸通貨国の政府は通貨発行利益を追求するために，基軸通貨を大量に供給し，基軸通貨の価値を低下させる傾向にある。そのため，外国通貨を基軸通貨として利用している世界中の経済主体は，悪影響を受ける。

もしほかに有効な競争関係にある複数の基軸通貨が存在するならば，ある基軸通貨発行国の政府が通貨発行利益を追求するあまりに通貨の価値を低下させると，世界の経済主体はその基軸通貨を保有・利用することをやめて，他の基軸通貨を保有・利用するようになる。その政府が獲得することができる通貨発行利益は小さくなる。したがって，有効な競争関係にある基軸通貨が存在する場合には，基軸通貨国は，むやみやたらと通貨成長率を上昇させて，通貨の価値を低下させることが得策ではないことになる。

このようにして，基軸通貨ドルと有効な競争関係になる通貨を登場させることによって，基軸通貨ドルの価値が低下することを抑制できる。ガリバー型国際通貨システムにおいては，基軸通貨ドルと他の通貨との間に異質性が高いために，通貨間で有効な競争が行われにくくなっている。通貨間の有効な競争が行われるためには，他の通貨，とくにユーロがドルに匹敵するほどの国際経済取引におけるシェアを確保する必要がある。言い換えれば，ユーロ，さらに円がドルに匹敵する国際経済取引におけるシェアをもつ基軸通貨となって初めて，これらの基軸通貨間の有効な通貨競争が行われる。その1つの可能性を含んだ動きとして，EU 11カ国（ユーロ導入時）における単一の共通通貨ユーロの導入があった。しかし，世界金融危機時におけるユーロが米ドルに対して大きく減価したことに加えて，その後，2010年以降に発生したユーロ圏危機は，ユーロの基軸通貨化を疑問視することとなった。

ユーロのほかに，円の国際化や人民元の国際化が試みられたが，その結果は期待どおりに進んでいない。**円の国際化**については，外国為替取引や国際資本取引等の規制緩和が進められ，完全自由化に近い形で自由化して，制度面において円の国際化が整えられた。しかし，米ドル基軸通貨のガリバー型国際通貨体制におけるシェアの小さい国際通貨がより多くの経済主体によって利用されないことから，円の国際化の需要サイドにおいてその原因があって，円の国際化が進まなかった。人民元の国際化にあっては，人民元オフショア市場を世界の主要な金融市場に創設したものの，いまだ外国為替取引や国際資本取引等の規制が残っているために，その進展は期待することが難しい。

## 要　約

□ 国際通貨は，計算単位としての機能（国際経済取引における契約通貨），交換手段としての機能（国際経済取引における決済通貨），および価値貯蔵手段としての機能（対外資産の表示通貨）をもっている。

- □ 国際通貨の交換手段としての機能（国際決済取引における決済通貨）は，ネットワーク外部性が作用する。すなわち，その通貨を利用する意図をもつ他の経済主体の人数が増加するにつれて，その通貨の交換手段としての機能が高まる。
- □ ブレトンウッズ体制崩壊以降，基軸通貨としてのドルに慣性がみられたのは，ネットワーク外部性による。
- □ ガリバー型国際通貨システムにおいては，基軸通貨と他の通貨との間に交換手段として機能に違いがあり，通貨間の競争が有効に行われにくくなっている。

## 確認問題

- □ *Check 1* このunitのタイトルでもあるが,「なぜドルを保有するのか」について答えなさい。
- □ *Check 2* ガリバー型国際通貨システムにおいて，ドルが基軸通貨として慣性をもっている理由を説明しなさい。

# unit 21

# 新しい国際金融規制

国際金融規制として1992年に導入されたバーゼル規制は，銀行の健全性確保の目的から十分な自己資本（自己資本比率）を保有することを銀行に義務づけた。その自己資本比率規制は，バーゼルⅠからバーゼルⅡへの発展において，銀行が実際に直面するリスクに対して自己資本の枠組の感応度を高めるよう規制が強化され，各金融資産のリスクに応じたリスク・ウェイトを考慮に入れたリスク・アセットという概念が導入された。そして，世界金融危機を経験して，自己資本比率規制がさらに強化された。同時に，世界金融危機において流動性危機を併発したことから，レバレッジ規制や流動性規制が新たに導入された。また，大きい金融機関は潰せないというtoo big to fail問題が顕在化したことから，「グローバルなシステム上重要な銀行（G-SIBs）」に対して自己資本を追加的に積み増すことや総損失吸収力規制が導入された。

### バーゼル規制の変遷

国際金融規制として代表的なものに銀行の自己資本比率に関する規制（**バーゼル規制**）がある。バーゼル規制はG10諸国（ベルギー，カナダ，フランス，ドイツ，イタリア，日本，オランダ，スウェーデン，スイス，イギリス，アメリカ）によって1988年に合意され，1992年に導入された。その後，それまでのバーゼル規制（バーゼルⅠ）に対してバーゼルⅡが2004年に公表され，2007年に適用が開始された。さらにバーゼルⅡの問題点を改善して，世界金融危機後の2010年にバーゼルⅢが公表され，2013年より適用が開始された。なお，「バーゼル」というのは，スイス・バーゼルの国際決済銀行（Bank for International Settlements）において会合が行われたことから，命名された。

(1) バーゼルⅠ

バーゼルⅠは，国際業務に携わる銀行の自己資本充実度に関する監督規制を国際的に統一化するため，バーゼル銀行監督委員会が発表した提案に基づいて，すべてのG10諸国で協議され，合意したものである。その内容は，「自己資本の測定と基準に関する国際的統一化」という報告書で公表された。その報告書には，自己資本充実度の測定に関し合意された枠組みの詳細および達成すべき最低基準が示されている。

バーゼル規制には2つの基本的な目的がある。第1は，バーゼル規制の枠組みが国際銀行システムの健全性と安全性の強化に資することである。第2は，国際業務に携わる銀行間の競争上の不平等の要因を軽減するため，各国の銀行に適用するうえで，バーゼル規制の枠組みが銀行間の公平性と相当程度に整合的であることである。また，合意された枠組みは，あくまで，国際的に活動している銀行に対して自己資本の最低水準を設定することにあった。

バーゼルⅠにおいては，銀行の健全性確保の目的から十分な自己資本を保有することを銀行に義務づけた。それは，信用リスクを有するリスク・アセット（リスクに応じたウェイト × 各資産額）や市場リスク相当額に対する自己資本の比率として次式のとおりに定義される自己資本比率の目標基準を8%に設定して，それを最低基準とする規制が導入された。

$$\frac{\text{自己資本}}{\text{信用リスク・アセット合計額}+\text{市場リスク相当額}}$$

金融資産のなかでもリスクの低い国債やリスクの高い企業向け融資をリスクで評価して，そのリスクの重要性を考量するために，リスク・ウェイトが導入された。リスク・ウェイトのフレームワークは可能な限り単純なものとされ，ウェイトは，0%，10%，20%，50%，100%の5種類のみとされた。また，信用リスクについては，国債の信用リスクのウェイトを0%とする一方，民間向けの融資についてはその信用リスクのウェイトを100%とした。

(2) バーゼルⅡ

バーゼルⅠが適用されてから，リスク管理実務，金融技術，および銀行市場の発展に伴い，多くの銀行にとってバーゼルⅠの単純な自己資本計測手法の意義が薄れてきた。たとえば，バーゼルⅠでは，エクスポージャー（種々の金融リスクにさらされている金融資産・負債あるいはその金額）の大まかな区分別に所要自己資本が設定されているのみで，個々の債務者の相対的な信用度は勘案されていない。同様に，内部プロセスの改善，より高度なリスク測定手法の採用，および証券化等の先進的なリスク管理実務の利用拡大に伴って，先進的な銀行においては，エクスポージャーや業務をモニターし，管理する方法が発展してきた。バーゼルⅠの自己資本比率規制が銀行の現実の業務慣行を反映していない可能性が指摘されるようになった。

2004年にG10の承認を受けて，バーゼル銀行監督委員会が「自己資本の測定と基準に関する国際的統一化――改訂された枠組」を公表した。これは，一般にバーゼルⅡと呼ばれる自己資本充実の枠組である。バーゼルⅡの枠組は，銀行業務に付随するリスクをより正確に反映し，リスク管理改善への強いインセンティブを与えるものである。本枠組は，バーゼルⅠの基本構造を土台としつつ，銀行が実際に直面するリスクに対して自己資本の枠組の感応度を高めるものである。信用損失のリスクをより正確に反映するよう所要自己資本の設定方法（内部格付け手法等の内部モデルの導入）が修正され，事務ミスにより損失を被るリスクにかかるオペレーショナル・リスクに対して新たに所要自己資本が課された自己資本比率の定義式を次式のとおりに変更した。

$$\frac{\text{自己資本}}{\begin{array}{c}\text{信用リスク・}\\\text{アセット合計額}\end{array}+\begin{array}{c}\text{市場リスク}\\\text{相当額}\end{array}+\begin{array}{c}\text{オペレーショナル・}\\\text{リスク相当額}\end{array}}$$

バーゼルⅡの枠組全体を貫く目標は，銀行に対し適切な自己資本保有とリスク管理の改善を促し，これを通じて金融システムの安定を強化することにある。それは「三つの柱」からなる。

「第1の柱（最低所要自己資本）」は，バーゼルⅠにおける指針を改訂し，個々の銀行が実際に抱える経済的損失のリスクをより密接に反映した水準に最低所要自己資本を設定することである。

「第2の柱（監督上の検証）」は，銀行が抱えるリスク全般に関する銀行自身の評価について，実効的な監督上の検証が行われる必要性を認識するものであり，銀行の経営陣がリスクに対する健全な判断を行い，かつそれらのリスクに対して適切な自己資本を準備していることを確保するためのものである。

「第3の柱（市場規律）」は，銀行の公表レポートの透明度を高めることにより，健全な経営を促す市場規律の力を強化する。第3の柱では，銀行が自らの自己資本充実度をより明確に示すために行わなければならない公衆への開示内容が示された。

バーゼルIIでは，自己資本を質の高い資本（Tier 1）とその他の資本（Tier 2）に分類して，Tier 1の最低所用比率を4%とする規制が追加された。なお，Tier 1に含まれる資本とは，普通株式や内部留保そして優先株式が含まれる。一方，Tier 2には返済順位の低い劣後債，劣後ローン等および一般貸倒引当金が含まれる。

### 世界金融危機後の国際金融規制改革

世界金融危機の真っただなか，2008年11月15日にワシントンで開催されたG20首脳会合において，①金融機関の規制・監督について国際社会が協調して取り組む必要性，②IMF等の国際機関の強化，③世界経済が減速している状況下での景気刺激策の必要性，および④自由な貿易や投資の重要性が指摘された。

なかでも，国際金融規制改革については，金融危機の再来を防止するために，金融市場と規制枠組みを強化する改革を実施すると声明が発表された。金融規制は，市場の不安定性を防止する第1次的な役割をもった各国規制当局の第一の最も重要な責任であるものの，金融市場がグローバル化したことから，国際金融の安定に悪影響を及ぼす国境を越えた地域的および世界的な金融危機を防止するためには，各国規制当局の間の国際連携を強化すること，および必要に応じた国際基準を強化することが必要である。規制当局は，その措置が市場の規律を支え，規制逃れ（レギュレーション・アービトラージ）を含む他国への潜在的な悪影響を回避し，市場における競争，ダイナミズム，技術革新を支援することを確保しなければならない。金融機関もまた，混乱に対する責任を負わなければならず，損失を認識し，開示を改善し，およびガバナンスとリスク管理の慣行を強化すること等を含めて，混乱を克服するために役割を果たすことが求められた。

G20首脳会合において，改革のための以下の5つの共通原則と整合的な政策を実施することにコミットすることが宣言された。

(1) 透明性および説明責任の強化

複雑な金融商品に関する開示義務の拡大および金融機関の財務状況に関する完全かつ正確な開示の確保を含め，金融市場の透明性を強化する。過度のリスク・テイクを回避するように金融機関のインセンティブが調整されるべきである。

(2) 健全な規制の拡大

規制枠組み，健全性監督，リスク管理を強化し，すべての金融市場，金融商品，参加者が状況に応じて適切に規制され，あるいは監督の対象となることを確保する。また，規則が効果的で，技術革新を抑制せず，金融商品とサービスの取引の拡大を促すことを確保しつつ，規制枠組みが景気循環を増幅しないよう，景気循環を抑制するように制度設計を行うべきである。

(3) 金融市場における公正性の促進

投資家と消費者の保護を強化し，利益相反を回避し，不法な相場操縦，詐欺行為，濫用を防止し，非協力的な国・地域から生じる不正な金融リスクに対抗することにより，世界の金融市場における公正性を確保する。

(4) 国際連携の強化

各国および地域の規制当局に対し，その規則やその他の措置を整合的な形式で策定するよう要請する。規制当局は，国境を越える資本フローを含め金融市場のすべての部門において協調と連携を強化すべきである。規制当局およびその他の関連する当局は，優先的な課題として，危機の予防，管理および破綻処理のための連携を強化すべきである。

(5) 国際金融機関の改革

国際金融機関の正当性と有効性を高めるために，世界経済における比重の変化をより適切に反映するよう，これらの機関の改革を推進する。この観点から，最貧国を含め，新興市場国および途上国がより大きな発言権および代表権をもつべきである。金融安定化フォーラム（FSF）やその他の機関は，加盟国をより広く新興市場国に早急に拡大すべく，その加盟国を迅速に見直すべきである。IMF は，拡大された FSF やその他の機関と協働し，脆弱性を特定化し，潜在的なストレスを予測し，危機対応において重要な役割を担うよう速やかに行動すべきである。

世界金融危機前から検討を重ねてきたものの，世界金融危機の経験を踏まえて，2010年に公表されたバーゼルⅢにおいては，自己資本比率規制が強化された。損失吸収性の最も高い資本である普通株式等Tier 1の最低所要水準は，規制上の調整適用前の2%という現行の水準から，より厳格な調整適用後の4.5%へと引き上げられた。普通株等Tier 1やより厳格な算入基準に基づく他の適格金融商品を含むTier 1資本は，4%から6%へと引き上げられた。

また，規制上の最低所要資本に上乗せされる**資本保全バッファー**の水準を控除適用後の普通株式等Tier 1で2.5%の水準とすることに合意した。資本保全バッファーの目的は，大きな金融ショックや経済ショックが起きたときにショックによって被った損失を吸収できる資本保全バッファーを銀行が確実に維持するようにすることである。銀行はそのような危機時にはバッファーを取り崩すことが許されるが，規制自己資本比率が最低所要比率に近づくほど，利益分配に対する制限は厳格になる。この枠組みは健全な監督と銀行のガバナンスという目的を補強し，資本状態が悪化している局面においてさえ銀行が裁量的な賞与や高い配当といった利益分配を抑制できなかった，という集団行動の問題を是正するであろう。

普通株式等Tier 1またはその他の完全に損失を完全に吸収できる資本について0〜2.5%の範囲で設定される，景気連動抑制的な資本保全バッファーが，各国の状況に応じて実施される。景気連動抑制的な資本保全バッファーの目的は，銀行部門を過度の総信用拡大期から守るという，より広いマクロ・プルデンシャルな目標を達成することにある。いかなる国においても，この資本保全バッファーは過度に信用が拡大した結果，リスクがシステム全体に広く積み上がっているときにのみ発効する。景気連動抑制的な資本保全バッファーが発効する場合は，資本保全バッファーを拡張する形で導入された。

### 流動性規制と総損失吸収力規制

世界金融危機においては，欧州を中心に世界的にドル流動性が不足するという流動性危機の事態となった。自己資本比率規制だけでは流動性危機を予見できず，危機対応が難しいことが明らかとなったことから，**レバレッジ規制**や流

**動性規制**が新たに導入されることとなった。また，世界金融危機において，大きい金融機関は潰せないという too big to fail 問題が顕在化し，「**グローバルなシステム上重要な銀行**（G-SIBs）」に対して自己資本を追加的に積み増すことを求めている。

⑴　レバレッジ規制

世界金融危機において，銀行システムにおける過度のオンバランスシート，オフバランスシート上のレバレッジ（自己資本の利益率を高めるために自己資本をもとに他人資本を加えて，両者を運用すること）のための他人資本の積み上げがあった。多くの場合において，銀行はリスクベースの自己資本比率を高い状態に保っていたものの，過度なレバレッジが積み上げられていた。世界金融危機の最も厳しい局面において，銀行部門は市場の圧力により，資産価格の下方圧力を増幅させるような形でレバレッジの削減を迫られ，損失，銀行資本の毀損，借入能力の収縮の間でさらなる悪循環を拡大させた。そのため，リスクベースの自己資本比率規制に対する補完的指標として，バーゼルⅢにおいてレバレッジ比率が導入された。

銀行部門におけるレバレッジの積み上がりを抑制することを目的として簡素な非リスクベースの指標としてレバレッジ比率（＝Tier 1 資本/エクスポージャー額〔オンバランス項目＋オフバランス項目〕）が考案された。四半期ごとに3カ月間の各月末時点のレバレッジ比率の平均の最低要件として3% を設定した。

⑵　流動性規制

世界金融危機において金融機関が流動性不足に陥ったことから，流動性リスクに対して金融機関の耐性を強めるために，**流動性カバレッジ比率**（liquidity coverage ratio : **LCR**）と**安定調達比率**（net stable funding ratio : **NSFR**）をバーゼルⅢに導入することとなった。

流動性カバレッジ比率（LCR）は，30日間のストレスのもとでの資金流出に対応できるよう，良質の流動資産を保有することを求めるものである。LCR を100% 以上に維持することが求められている。なお，LCR は次式の比率として計算される。

$$\frac{\text{レベル1資産（現金，中銀預金，国債）}+\text{レベル2A資産（社債等）}+\text{レベル2B資産（上場株式や住宅ローン担保証券）}}{\text{30日間のストレス期間の資金流出額}}$$

安定調達比率（NSFR）の目的は，売却が困難な資産（所要安定調達額。オフバランスシートを含む）を保有するのであれば，これに対応して十分な中長期的に安定的な調達（負債・資本）を行うことを求めるものである。NSFRを100%以上に維持することが求められている。なお，NSFRは次式の比率として定義される。

$$\frac{\text{安定調達額（資本＋預金・市場性調達の一部）}}{\text{所要安定調達額（資産×流動性に応じた算入率）}}$$

(3) 総損失吸収力規制

世界金融危機において，大きい金融機関は潰せないというtoo big to fail問題が顕在化した。2015年11月に金融安定理事会（FSB）が「グローバルなシステム上重要な銀行（G-SIBs）」に対して**総損失吸収力**（total loss absorbing capacity : **TLAC**）規制を課すことを定めた。TLAC規制では，G-SIBsに対して十分な総損失吸収力の確保を求め，危機に陥った際に当該銀行の株主や債権者に損失を負担させ，資本の再構築を行うことにより，公的資金の投入を行うことなく，システミック・リスクを回避する秩序ある処理を行うことを目的としている。

その内容は，G-SIBsが破綻処理グループのリスク・ウェイト資産に対するTLAC（自己資本＋TLAC適格負債〔持株会社が発行する普通社債や預金保険制度対象の預金等〕）の比率を2019年1月から16%以上に，そして2022年1月から18%以上にしなければならない（TLACリスク・アセット最低限度額）というものである。また，バーゼルⅢのレバレッジ比率の分母に対するTLACの比率を2019年1月から6%以上に，そして2022年1月から6.75%以上にしなければならない（TLACレバレッジ比率エクスポージャー〔LRE〕最低限度額）。

## 要　約

□ 国際金融規制は，保有資産のリスクをウェイトづけする形で自己資本比率規制を強化することで進展してきた。

☐ 世界金融危機を踏まえて，レバレッジ比率規制や流動性規制の導入によって国際金融規制改革が進んできた。自由貿易協定締結などの貿易・金融の経済関係の強まりは，円の国際化の進展に寄与する。

☐ 世界金融危機において，大きい金融機関は潰せないという too big to fail 問題が顕在化したことから，「グローバルなシステム上重要な銀行（G-SIBs）」に対して総損失吸収力規制を課すこととなった。

## 確認問題

☐ *Check 1* バーゼル規制の発展について説明しなさい。

☐ *Check 2* 世界金融危機を契機にして導入された国際金融規制について説明しなさい。

## KeyWords 7


☐ グローバル・インバランス 187
☐ サブプライム・ローン 188
☐ カウンターパーティ・リスク 190
☐ リーマン・ショック 190
☐ 交換手段としての機能 196
☐ 二重の欲求の一致 196
☐ 価値貯蔵手段としての機能 197
☐ 計算単位としての機能 197
☐ 一般受容性 199
☐ ネットワーク外部性 199
☐ 基軸通貨 200
☐ 通貨発行利益 201
☐ ガリバー型国際通貨システム 203
☐ 円の国際化 204
☐ バーゼル規制 206
☐ 資本保全バッファー 211
☐ レバレッジ規制 211
☐ 流動性規制 211
☐ グローバルなシステム上重要な銀行（G-SIBs） 212
☐ 流動性カバレッジ比率（LCR） 212
☐ 安定調達比率（NSFR） 212
☐ 総損失吸収力（TLAC） 213

# 第8章

# 通貨統合の考え方

22　ユーロの誕生
23　通貨統合の便益と費用
24　ユーロ圏危機

# Introduction 

## この章の位置づけ

1999年に金融取引においてEU諸国のなかで単一の共通通貨ユーロが利用され始め，そして，2002年にはユーロの紙幣と硬貨が流通し，ドイツ・マルクやフランス・フランに取って替わった。ユーロが導入されるまでの道のりを概観しながら，ユーロが導入されるための経済収斂条件とその現実を説明する。また，通貨統合の便益と費用を考察する。そして，通貨統合を実現し，成功させるために，いくつかの国の間で単一の共通通貨を利用して，通貨統合することが適している地域的範囲を示す最適通貨圏の理論を説明する。最後に，2010年に始まったユーロ圏危機について考察する。ユーロ圏危機の発生メカニズムと，それへの対応を説明する。

## この章で学ぶこと

**unit 22**　EUにおけるユーロ導入は，EUの経済通貨同盟の3段階アプローチに従って進められた。現在，ユーロ導入を計画しているユーロ圏以外のEU諸国はERM IIのもとで経済収斂条件（インフレ率，為替レートの安定，金利，財政赤字・政府債務残高）を満たすことに努めている。

**unit 23**　通貨統合の便益として外国為替取引に関わる取引費用の節約と外国為替リスクの除去がある。通貨統合の費用としては各国の通貨主権の放棄，そして，それに伴って通貨発行利益の放棄がある。最適通貨圏の理論は，通貨統合することが適している地域的範囲を説明する。

**unit 24**　ギリシャを始めとするいくつかのユーロ圏諸国で国債の償還を迎えた際にその借換えが困難となったユーロ圏危機について，その背景と原因をグローバル・インバランス及び世界金融危機にまで遡りながら考察する。そのうえで，ギリシャにおける財政危機の問題の本質，そして，ギリシャから他の南欧諸国などへの財政危機の波及のメカニズム，さらに，これらへの対応について考察する。

unit 22

# ユーロの誕生



ヨーロッパではこの50年以上にわたって国境を越えた経済統合が着実に進み，1999年には単一の共通通貨**ユーロ**を欧州連合（EU）の一部の国々に導入するという通貨同盟が実現した。このunitでは，ユーロが導入される通貨統合に至るまでの道のりを概観する。そして，単一の共通通貨が導入されることは中央銀行の金融政策が一元化されることを意味することから，ユーロ導入に伴って，ユーロを導入した国々から構成されるユーロ圏における金融政策について説明する。さらに，このような通貨統合の結果として，ユーロが導入されているユーロ圏において，どのような経済収斂が進んでいるかをみる。

## 通貨統合に至るまでの道のり

EUでは，1999年1月1日にドイツ，フランス，イタリア，スペイン，オランダ，ベルギー，オーストリア，フィンランド，ポルトガル，アイルランド，ルクセンブルクの11カ国が国際金融取引において単一の共通通貨ユーロを導入した。それに2年遅れて2001年にはギリシャがユーロを導入し，その後，スロベニア，マルタ，キプロス，スロバキア，エストニア，ラトビア，リトアニアが加わった。現在，ユーロを採用している地域，すなわち，ユーロ圏は，EU28カ国のうち，上述した19カ国で構成されている。これらのEU諸国で各国通貨を単一の共通通貨ユーロに統合するという壮大なプロジェクトは，EU域内の国際貿易取引と国際資本取引の自由化とともに，EUの経済通貨同盟（EMU）として進められてきた。

1979年より欧州通貨制度（EMS）のもとで92年のマーストリヒト条約に従って，通貨統合が進められてきた。通貨統合に向けて，各国通貨間の為替レートの安定化が必要とされたことから，為替相場メカニズム（ERM）のもとでEMS参加国通貨の加重平均によって計算される欧州通貨単位（ECU）に対して，一定の許容変動幅のなかに為替レートを安定化させることが義務づけられていた。

EUの経済通貨同盟は，3段階アプローチによって進められた。第1段階（1990年7月〜93年12月）においては，域内市場統合が促進され，「人，もの，サービス」の移動の完全自由化が図られた。一方，通貨統合への準備として域内各国中央銀行の金融政策の協調が進められた。第2段階（1994年1月〜98年12月）では，マクロ経済政策の協調が強化され，経済収斂基準が達成されることが要求された。一方，欧州通貨機構（EMI）が創設され，単一の金融政策の運営に向けて着実に準備を進めた。そして，1999年1月1日にユーロが導入される第3段階に入った。第3段階では，通貨同盟が促進され，単一通貨ユーロが導入され，欧州中央銀行による単一の金融政策が実施されている。さらに，2002年1月1日にユーロの紙幣と硬貨が流通し始めた。ユーロの紙幣と硬貨の流通とともに，各国通貨が回収され，EU諸国内で単一の共通通貨ユーロのみが流通するという完全な通貨同盟が完成した。

第2段階において，安定した通貨同盟を実現するために，ユーロを導入して通貨同盟に参加するための**経済収斂条件**が設定された。その経済収斂条件は，①過去1年間，消費者物価上昇率が最も低い3カ国の平均値+1.5%以内であること，②為替レートは，少なくとも2年間，ERMの許容変動幅内にあって，切り下げがないこと，③金利については，過去1年間，インフレ率が最も低い3カ国の長期金利の平均値+2%以内であること，④国内総生産（GDP）に対して財政赤字が3%以内であり，GDPに対して政府債務が60%以内であること，であった。

とりわけ，為替レートの安定化は，1979年よりEMSのもとでユーロが導入されるまでEU諸国はERMを運営してきた。ERMのもとで，EMS参加国通貨のGDPと貿易量に基づいた加重平均によって計算されるECUを基準として，EMS参加国通貨の2国間為替レートを一定の許容変動幅のなかに為替レートを安定化させることが義務づけられていた。ユーロの導入によって，このECUがユーロに対して1対1の比率で移行した。

コラム

**ERM II**

経済通貨同盟未加盟国がユーロ導入の準備段階に適用する制度として，為替相場メカニズム（ERM）II が，1998 年のユーロ導入まで運営されていた ERM を引き継いで設立された。ERM II のもとで，ユーロを導入しようとする国は，自国通貨とユーロとの為替レートを一定の許容変動幅で連動させなければならない。ERM II のもとで為替相場政策を運営している国は，デンマークのほか，2004 年の EU 拡大に伴って，スロベニア，マルタ，キプロス，スロバキア，エストニア，ラトビア，リトアニアが加わったが，すでにデンマークを除いてユーロを導入している。そのため，現時点ではデンマークのみが ERM II 国である。ERM II 国は，許容変動幅をもって自国通貨をユーロに連動させている。また，他の新 EU 加盟国も自国通貨をユーロに連動させる為替相場政策を採用する傾向にある。ERM II 国は，マーストリヒト条約における経済収斂条件を満たしたうえでユーロ導入が認められる。

ユーロ導入後は，ユーロ導入を計画しているユーロ圏以外の EU 諸国が **ERM II** のもとでユーロ導入を目指して，経済収斂条件を満たすことに努めている。経済通貨同盟未加盟国がユーロ導入の準備段階に適用する制度として，ERM II が 1998 年のユーロ導入まで運営されていた ERM を引き継いで設立された。ERM II のもとで，ユーロを導入しようとする国は，自国通貨とユーロとの為替レートを一定の許容変動幅で連動させなければならない。また，他の新 EU 加盟国も自国通貨をユーロに連動させる為替相場政策を採用する傾向にある。

## 欧州通貨同盟における欧州中央銀行制度

欧州通貨同盟においては，各国中央銀行が**欧州中央銀行**（ECB）のもとで一元的な金融政策を行っている。欧州中央銀行は，1999 年 1 月 1 日のユーロ導入を前にして，前年 6 月 1 日に創設された。欧州中央銀行は，通貨同盟に参加している各国中央銀行を統合する機関として位置づけされている。欧州中央銀行と EU 加盟国の各国中央銀行から構成される組織を**欧州中央銀行制度**（ESCB）と呼ぶ。欧州中央銀行と各国中央銀行との関係は，欧州中央銀行の政策決定に従って，各国中央銀行が金融調節の政策を遂行するというものである。なお，欧州中央銀行の金融政策に関する最高意思決定機関である理事会には，各国中央銀行総裁も構成員として参加する。また，ユーロ未導入国の中央銀行は，欧州中央銀行制度のメンバーであるものの，独自の金融政策の運営が許されているとともに，ユーロ導入諸国の共通の金融政策の決定および運営には加わることができない。

欧州中央銀行は，その主要な政策目標を物価安定の維持としている。より具体的には，通貨同盟に参加している諸国の消費者物価指数である調整消費者物価指数（Harmonized Index of Consumer Prices : HICP）が中期的に2% を下回ることを目標としている。また，物価安定の維持の政策目標を達成するために，マネーサプライ成長率を重視し，マネーサプライ成長率の参照値を公表する。また，他の金融経済指標についても，マネーサプライ動向とともに，観察することになっている。

欧州中央銀行は，金融政策を遂行するための金融政策手段として，常設ファシリティと公開市場操作を有している。**常設ファシリティ**は，オーバーナイト（翌日返済）の資金を供給・吸収すること，金融政策スタンスに関するシグナルを発出すること，オーバーナイト市場金利の上限および下限を画することを，その目的としている。一方，**公開市場操作**は，金利水準の誘導，市場における流動性の調節，金融政策スタンスに関するシグナルの発出を，その目的としている。公開市場操作を実施する際には，レポ取引（売戻あるいは買戻条件付き売買）を中心としている。

### 経済収斂条件の現実

マーストリヒト条約において設定された通貨同盟に参加するための経済収斂条件は先に説明したとおりである。ユーロを導入したスロベニアを除くユーロ圏12カ国の経済において，ユーロ導入後にこれらの経済収斂条件がどのような状況にあったかを見てみよう。なお，これらの経済収斂条件のうち，②の為替レートの安定性については，ユーロ導入後は関係しないので，ここでは考察の対象から外す。

HICP上昇率の収斂条件については，そのインフレ率の収斂状況を図8-1にみることができる。ユーロが導入される1999年に向けて全体的にインフレ率が低下しながら，収斂していったことが見出される。同年には，ユーロ圏のな

図 8-1　ユーロ圏諸国の HICP インフレ率

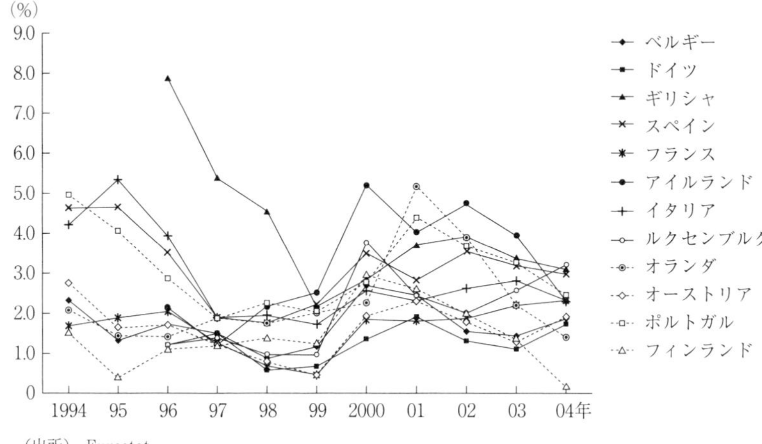


（出所） Eurostat.

かにおける最大のインフレ率格差は 2.0% ときわめて小さくなっていた。ユーロ圏のなかで最低インフレ率の 3 カ国（フランス，オーストリア，ドイツ）における平均インフレ率が 0.6% であったのに対して，収斂条件である「最も低い 3 カ国の平均値+1.5%」を超えた国は，アイルランド（2.5%），ギリシャ（2.2%），スペイン（2.2%）の 3 カ国のみであった。2004 年においても，ユーロ圏のなかで最低インフレ率の 3 カ国（フィンランド，オランダ，ドイツ）における平均インフレ率が 1.1% であったのに対して，収斂条件である「最も低い 3 カ国の平均値+1.5%」を超えた国は，スペイン（3.0%），ギリシャ（3.1%），ルクセンブルク（3.2%）の 3 カ国のみであった。このように，いくつかの国々でインフレ率の収斂条件を満たしていないものの，全体的にはインフレ率が低く，また，インフレ率格差も縮小している。

次に，長期金利（10 年物国債の利回り）の収斂条件については，ルクセンブルクを除くユーロ圏諸国における長期金利の収斂状況を図 8-2 にみることができる。1993 年には，これらの諸国のなかで，オランダの長期金利が最低水準にあって 6.36% であったのに対して，ギリシャの長期金利が最高水準であって 23.27% であった。このように 1993 年においては最大の金利差が 17% 近くあった。しかし，ユーロが導入された 1999 年には，ドイツの長期金利が最低水

図 8-2　ユーロ圏諸国の長期金利（10 年物国債）

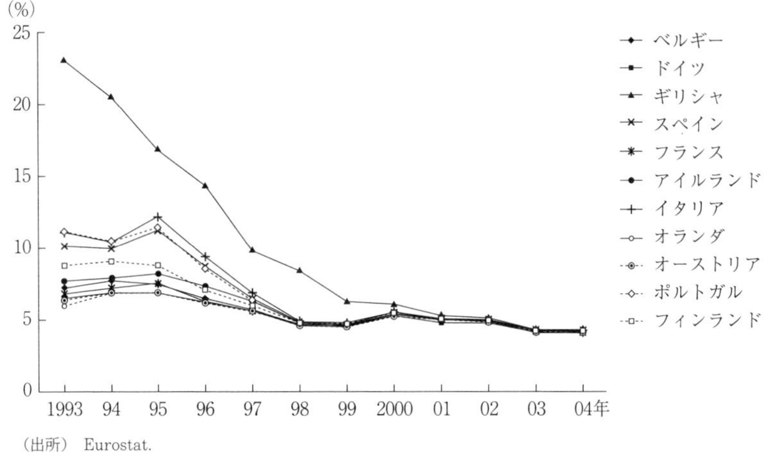


（出所）　Eurostat.

図 8-3　ユーロ圏諸国の財政赤字（対 GDP 比）

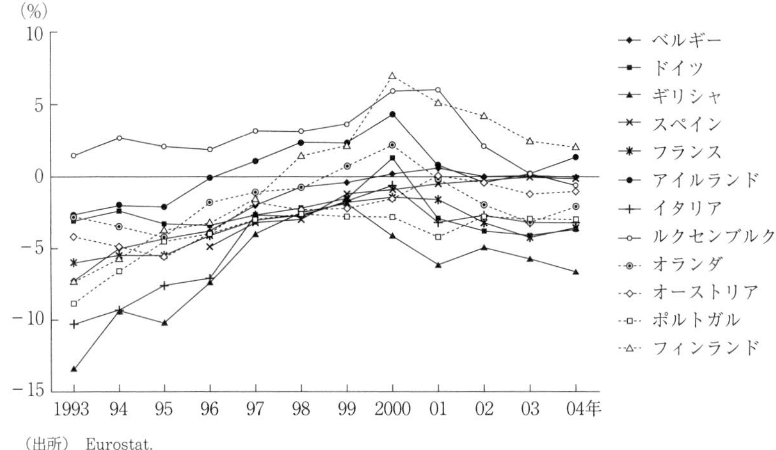


（出所）　Eurostat.

準にあって 4.49% であったのに対して，最高水準の長期金利であったギリシャは 6.30% にまで低下し，最大の金利差が 1.81% にまで縮小した。2004 年においては，ドイツの長期金利が最低水準で 4.04% である一方，イタリアとギリシャの長期金利が最高水準で 4.26% であり，最大の金利差がきわめて小さく，0.2% である。ユーロ導入後の長期金利差は，マーストリヒト条約にお

図8-4　ユーロ圏諸国の政府債務（対GDP比）

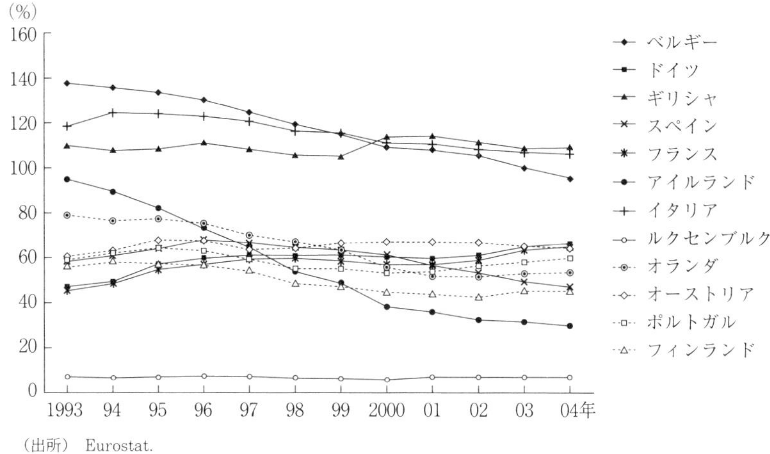


（出所）　Eurostat.

いて設定された通貨同盟に参加するための収斂条件である，「インフレ率が最も低い3カ国の長期金利の平均値+2%以内であること」をすべての国が十分に満たしていることが明らかである。

財政状態については，マーストリヒト条約においてGDPに対して財政赤字が3%以内であり，GDPに対して政府債務が60%以内であることを収斂条件としている。さらに，「安定・成長協定」に従って，ユーロを導入した国の政府は財政赤字をGDP比で3%以下にすることが求められるとともに，それが遵守できない場合には，是正勧告および制裁措置を受けることになっている。図8-3にはユーロ圏諸国における財政赤字の状況が示されている。ユーロ導入の1999年に向けて各国の財政赤字が減少していった様子がみられる。しかし，ギリシャが2000年以降連続して，ドイツとフランスが02年以降連続して，そして，イタリアが01年および03年以降，3%以上の財政赤字を計上している。

図8-4には，ユーロ圏諸国における政府債務の状況が示されている。収斂条件としてGDPに対して政府債務が60%以内であることが要求されているが，ユーロが導入された1999年においてベルギー，ドイツ，ギリシャ，スペイン，イタリア，オランダ，オーストリアの7カ国がGDPに対して政府債務が60%を超過していた。2004年においても依然としてベルギー，ドイツ，ギリシャ，

フランス，イタリア，オーストリアの6カ国がGDPに対して政府債務が60%を超過している。

### マクロ経済変数の収斂

(1) 価格の均等化

経済通貨同盟が完成して，市場統合が進展したといわれるユーロ圏諸国においては，貿易取引が増大し，商品裁定取引が行われやすくなると考えられる。貿易取引上の障壁（関税および非関税障壁）が除去されることによって，あるいは，通貨同盟において通貨交換費用や外国為替リスクが削減されると，ある商品を価格の安い市場で買い，それを価格の高い市場で売ることによって，その価格差から利鞘を得ようとする商品裁定取引が自由に行われるはずである。商品裁定取引によって個々の経済主体に利潤の機会を与えることになるが，商品裁定取引による利潤の機会に気づいたすべての経済主体が商品裁定取引を行うと，相対的に価格の安い市場の価格が上昇し，相対的に価格の高い市場の価格が低下し，両者の価格は均等化することとなる。ここに一物一価の法則が成立することになる。

しかし，実際には，財・サービスのなかには商品裁定取引が行われにくい非貿易財が含まれている。また，たとえ貿易可能な財・サービスであっても，完全競争状態にはないために，十分な商品裁定取引が行われないものもある。さらには，不完全競争状態のもとで，企業が各国の市場における価格弾力性の相違に注目して，**市場指向価格形成**（pricing to market : **PTM**）を行うと，市場によって価格が異なることになる。さらに，価格乖離の原因として，国によって流通構造が異なるために流通構造の非対称性が価格収斂の妨げとなっている可能性がある。EEC条約（欧州経済共同体〔EEC〕を設立する条約。1958年に発効）において競争促進を目的とした競争のルールが規定されているものの，さまざまな免除規定も設けられており，それらが徹底した競争政策がEUにおいて行われない背景にもなっている。

(2) 金利の均等化

経済通貨同盟によって，金融資本取引が国境を越えて自由に行われるようになり，金融資本市場において市場統合が進んでいる。また，単一通貨ユーロの導入によって，通貨交換費用や外国為替リスクが削減されたために，域内における国際金融取引が活発に行われるようになり，国境を越えた金利裁定取引が容易となった。国際金融資本取引における資本規制の撤廃とともに，ユーロの導入による通貨交換費用や外国為替リスクの削減は，域内の国際金融資本取引における障壁を撤廃することとなった。このように，国際的な金利裁定取引の障壁が撤廃されると，国際的に金利が均等化する傾向が高まる。

通貨統合過程において，徐々に金利差が縮小し，そして1998年後半から金利の期間に対応して急速に金利差が縮小した。このような金利差の縮小の動きは，ユーロ導入の時期が近づくにつれて欧州通貨同盟に対する信認が高まり，予想為替レート変化率と外国為替リスク・プレミアムがゼロに近づいていったことを反映している。ユーロが導入された1999年においては，短期金利の金利差はきわめて小さいものとなっている。一方，長期金利の金利差が多少開いている。その理由として，ソブリン・リスク（各国政府の債務不履行リスク）やカントリー・リスク（各国の制度〔たとえば，外国為替管理〕の変更のリスク）の相対的相違あるいは流動性の差（市場の厚み）を，長期金利の金利差が反映している。

(3) 賃金の均等化

域内の労働移動については，「単一欧州議定書」のもとで，財・サービスや資本のみならず，労働の自由な移動が保障される域内の国境がない地域として単一市場が形成され，1992年12月までにもの，サービス，資本および労働の市場を統合するために必要な法律がほとんど制定され，ECにおける市場統合が完成した。労働市場の統合が域内で進展すれば，賃金の安い国の労働者が賃金の高い国の労働市場へ移動して，賃金の安い国では労働者不足となって賃金が上昇する一方，賃金の高い国では労働者が過剰となって賃金が低下することを通じて，賃金が均等化されると考えられる。労働者の自由な移動が保障されているならば，実際にはこのように労働者が移動しなくとも，相互に賃金が影響し合うはずである。しかし，実際には，すでに通貨統合が完成したユーロ圏諸国間にあっても，賃金格差の縮小はほとんど進んでいない。

EEC条約では，雇用や雇用条件などについて，構成国の労働者間での国籍に基づく差別を廃止することによって，労働者の自由移動を達成しようとした。

これは，外国人労働者が当該国における雇用や雇用条件などについて「内国民待遇」を受けることを意味する。この「内国民待遇」は，国籍に基づく内外労働者間の差別を廃止するものであっても，必ずしも共同体内における労働者の自由移動を保障するものではない。低賃金国の労働者が高賃金国の労働市場に移動して，参入しようとしても，移動してきた低賃金国の労働者に対しても高賃金国の労働者と同等の雇用条件（最低賃金など）が課される。すなわち，高賃金国では最低賃金法が制約となって，低賃金国の労働者が最低賃金を下回って高賃金国の労働者よりも安い賃金で高賃金国の労働市場に参入することができない。このように，実質上，低賃金国の労働者が高賃金国の労働市場に自由に移動することが不可能な状態となっている。

## 要　約

- □ EU におけるユーロ導入は，EU の経済通貨同盟の 3 段階アプローチに従って，進められた。
- □ 現在，ユーロ導入を計画しているユーロ圏以外の EU 諸国は ERM II のもとで，経済収斂条件を満たすことに努めている。
- □ 経済収斂条件として，インフレ率，為替レートの安定，金利，財政赤字・政府債務残高のそれぞれの条件が課される。ユーロ導入後は，金利を除くと必ずしも経済収斂条件が満たされない国も散見される。

## 確認問題

- □ *Check 1*　ユーロ導入のための経済収斂条件としてインフレ率，為替レートの安定，金利，財政赤字・政府債務残高が課されている理由を説明しなさい。
- □ *Check 2*　ユーロ導入後にユーロ圏諸国間で物価が収斂していない原因を説明しなさい。

unit 23

# 通貨統合の便益と費用



このunitでは，前のunitで取り扱われたEUの**通貨同盟**において誕生したユーロを踏まえて，通貨統合の便益と費用を考える。その考察に際して，共通通貨への統合によって実現された通貨同盟と各国通貨が存在するなかでの固定相場制度を区別しておく必要がある。確かに，通貨同盟においては，各国で利用されている通貨が共通通貨であることから，通貨同盟に加盟した国同士の為替レートが1対1で恒久的に固定されているという点で，固定相場制度と同じである。しかし，恒久的に固定されていることから，調整可能な固定相場制度と異なり，固定相場制度に比較して，通貨同盟という制度およびその固定性が完全に信認されるはずである。したがって，固定相場制度に対して投機アタックが行われるとしても，通貨同盟に対して投機アタックは起こりようがない。もう1つの相違は，固定相場制度においては各国に中央銀行が存在して，その国の通貨を発行しているが，通貨同盟においては各国で流通される通貨が共通通貨であるところから，各国に共通の中央銀行が一元的に単一の共通通貨を発行・管理することになる。

これらの通貨同盟と固定相場制度の区別を考慮に入れたうえで，通貨統合の便益と費用を整理する。

### 通貨統合の便益

通貨統合の第1の便益として，複数の通貨が単一の共通通貨に統一されることによって，通貨間の交換に関わる取引費用が節約される。ある地域内で複数の通貨が利用されている場合には，国際的な経済取引が行われる際に外国為替取引が伴う。そして，それらの複数の通貨を交換するという取引費用が発生する。一方，単一の共通通貨のみが利用されている場合には，その地域内における国際的な経済取引は共通してその共通通貨で決済されるので，外国為替取引が伴わない。したがって，単一の共通通貨への通貨統合によって国際経済取引に際して外国為替取引に関わる取引費用が節約される。

さらに，貨幣の機能のうち，交換手段としての機能（貨幣がすべての商品と交換され，すべての商品の交換の媒介となる機能）および価値尺度としての機能（交換される商品の価値をある貨幣の数量で一元的に表示する機能）については，利用される通貨の種類が少なければ少ないほど，それらの機能は高まる。交換手段の機能についていえば，一般受容性の存在によって通貨が交換手段としての機能を高める。ある1つの通貨をより多くの他の経済主体によって利用されればされるほど，その便益が高まる。また，価値尺度としての機能についても，複数の価値尺度が存在する状況よりも単一の価値尺度のみで価値が表示されている状況のほうが，価値尺度の効率性が高まる。

通貨統合の第2の便益として，単一の共通通貨に統一されることによって為替レートが存在しなくなり，為替レートの変化に関する不確実性，すなわち外国為替リスクが除去される。確かに固定相場制度を採用することによって，外国為替リスクを軽減することができる。しかし，固定相場制度下において必ずしもその外国為替リスクを完全には除去することができない。たとえ通貨当局が固定相場制度を採用していたとしても，民間経済主体がその固定相場制度に対して十分に信認を置いていなければ，民間経済主体は，将来において平価切り下げや固定相場制度の放棄を予想するであろう。このような状況において，将来における平価切り下げが予想されているために，その平価切り下げの予想率やリスク・プレミアムだけ内外金利差が発生することとなり，unit 10でみたように「ペソ問題」と呼ばれている。

通貨同盟においては，単一の共通通貨が導入されることによって恒久的に為替レートが1対1に固定されることになる。したがって，固定相場制度とは異なり，通貨同盟においては為替相場制度に対する信認が不十分となる状況は存在しないことになる。したがって，為替相場制度の変更の可能性に起因する外国為替リスクを含め，外国為替リスクが完全に除去される。「ペソ問題」で現れるような内外金利格差も消滅することから，通貨同盟に加盟する以前には自国通貨が相対的に弱かった国では，予想通貨調整率やリスク・プレミアムが消滅することによって，その大きさだけ国内金利が低下する。



### 通貨統合の費用

一方，通貨統合の第1の費用として，通貨同盟各国の中央銀行が通貨同盟の統一的な中央銀行に統合されるために，各国の通貨主権を放棄せざるをえないことがあげられる。通貨主権が放棄されることによって，各国の金融政策の独立性が放棄されることになる。確かに，通貨同盟の統一的な中央銀行が各国経済にとって最適な金融政策を運営するかぎりにおいては問題が発生しない。

しかし，各国の通貨当局が金融政策の運営において異なる目標をもっている場合，あるいは，たとえ同じ金融政策の目標をもっていたとしても，各国で異なるショックが発生したときに異なる政策対応を行わなければならない場合に，通貨同盟の統一的な中央銀行がすべての通貨同盟国にとって最適な金融政策を運営することができるとは限らない。

また，中央銀行の機能の1つである，「最後の貸し手」（LLR）についても，各国中央銀行が必要と判断する状況と，通貨同盟の統一的な中央銀行が必要と判断する状況が一致するかどうかは保証されない。とりわけ，通貨同盟の統一的な中央銀行がインフレーションを嫌う政策スタンスをとっている場合には，最後の貸し手に対して慎重な態度をとる可能性がある。

通貨統合の第2の費用として，通貨主権の放棄に伴って，各国の通貨当局が通貨発行利益を放棄せざるをえないことがあげられる。通貨発行利益は，政府の財政収入源の1つであることから，通貨発行利益の放棄は1つの財政収入源の放棄につながる。一方，通貨同盟の統一的な中央銀行は，各国中央銀行に代わって通貨発行利益を獲得することができることから，通貨同盟の統一的な中央銀行が獲得した通貨発行利益を，通貨同盟の加盟国にどのように配分するかという問題が生じる。

もし通貨当局とともに財政当局も同じ地域で統合されているならば，統一的な通貨当局が通貨発行利益をその統一的な財政当局に移転して，地域間の財政移転に利用すればよいが，そうでない場合に通貨発行利益の配分に関わる問題が現れる。一方で，この通貨発行利益配分問題は，通貨同盟に加盟している国々の国際協調によって解決しうる問題でもある。

第3に，以下で説明する最適通貨圏を満たさない状況において通貨同盟を形成したために生じる費用があげられる。通貨統合によって，域内の通貨が恒久的に1対1に固定される。そのため，通貨が統合されていない状況で可能であった為替レートの調整による各国経済間の不均衡の調整が不可能となる。各国の生産構造や消費構造に変化が生じたために，貿易構造に変化が生じたとしよう。その場合には，国内財と外国財の相対価格（$P/(S\times P^*)$）である交易条件に影響を及ぼすことになる。

このように交易条件が変化した場合に，この交易条件の変化に対して為替レート（$S$）による調整が利用できないならば，両国の物価水準（$P$と$P^*$）の調整によって対応せざるをえない。すなわち，一方の国ではインフレーションが発生し，もう一方の国ではデフレーションが発生しなければならない。とりわけ，経済に対してデフレ的な圧力を受ける国では，GDPの縮小に直面することになる。また，もし労働者が国際的に移動することを嫌い，しかも，賃金の低下に抵抗するならば，その国では失業が増加する。

### 最適通貨圏の理論

いくつかの国の間で単一の共通通貨を利用して，通貨統合することが適している地域的範囲を，**最適通貨圏**（Optimum Currency Area : **OCA**）と呼ぶ。最適通貨圏を決定する基本的な考え方は，単一の共通通貨を導入した共通通貨圏において，国と国との間の経済的格差を為替レートの変動によって，もはや調整することができず，他の手段によって調整しなければならないということである。そうした，その他の手段をもった地域であるかどうかが，最適通貨圏となるかどうかの違いである。そして，為替レート以外の手段が最適通貨圏の決定要因となる。

各国通貨を統合して，共通通貨を導入するということは，各国で流通している通貨間の為替レートが恒久的に1に固定されることを意味する。そのため，もし各国間で非対称的なショックが発生したならば，もはや為替レートを利用して各国経済間の不均衡を調整することはできない。この調整が別の形で可能であることが最適通貨圏の1つの基準となる。

その1つは，マンデルによって主張されたように，労働者の移動性である。他の1つは，マッキノンによって主張された貿易面における経済の開放度である。

⑴　ショックの対称性

まず，共通通貨圏内における国と国との間で共通のショックが発生して，各国経済が同じように反応するかぎりにおいては，そもそも国と国との間で経済的格差が生じないから，調整の必要はない。しかし，共通通貨圏内における他の国には発生しないが，ある特定の国にのみ発生するという，非対称的なショックが発生した場合，共通通貨圏内においては為替レート以外の手段によって各国間の経済的格差を取り除く必要がある。したがって，非対称的なショックが発生しないことが最適通貨圏の第1の決定要因となる。

長期的にGDPが自然失業率水準で定まるという自然失業率仮説が成立する長期的な状況を想定すれば，総需要ショックは長期的なGDP水準には影響を及ぼさず，むしろ総供給ショックが長期的なGDP水準に影響を及ぼすことから，総供給ショックの対称性が注目される。総供給ショックとは，たとえば，生産性ショックや石油ショックなどのように，生産関数に影響を及ぼすショックを意味する。EUのなかでも，北海油田をもち，原油を産出する国と，原油を輸入し，原燃料として利用する国とでは，原油価格の上昇の影響は非対称的なショックがもたらされる。

このような総供給ショックの対称性に焦点を当てて，EU諸国が実際に最適通貨圏であるか否かについて実証的に研究が行われている。その代表的な研究がバユミとアイケングリーンの研究である。それは，1969〜89年の期間におけるGDPと物価水準のデータを用いて，各国の総供給ショックを抽出し，EU諸国の2国間の総供給ショックの相関が計算されている（表8-1）。たとえば，ドイツを中心として，ドイツと各国との相関をみると，フランス，オランダ，ベルギー，デンマークにおいて，0.5を超えている。一方，北海油田を抱えるノルウェーとは，負の相関となっている。

⑵　貿易面における経済の開放度

次に，もし非対称的なショックが共通通貨圏内における国と国との間で発生するならば，共通通貨圏内においては為替レート以外の手段によって経済的格

### 表 8-1　総供給ショックの相関（1969～89 年）

| | ドイツ | フランス | オランダ | ベルギー | デンマーク | オーストリア | スイス | イタリア | イギリス | スペイン | ポルトガル | アイルランド | スウェーデン | ノルウェー | フィンランド |
|---|---|---|---|---|---|---|---|---|---|---|---|---|---|---|---|
| ドイツ | 1.00 | | | | | | | | | | | | | | |
| フランス | 0.52 | 1.00 | | | | | | | | | | | | | |
| オランダ | 0.54 | 0.36 | 1.00 | | | | | | | | | | | | |
| ベルギー | 0.62 | 0.40 | 0.56 | 1.00 | | | | | | | | | | | |
| デンマーク | 0.68 | 0.54 | 0.56 | 0.37 | 1.00 | | | | | | | | | | |
| オーストリア | 0.41 | 0.28 | 0.38 | 0.47 | 0.49 | 1.00 | | | | | | | | | |
| スイス | 0.38 | 0.25 | 0.58 | 0.47 | 0.36 | 0.39 | 1.00 | | | | | | | | |
| イタリア | 0.21 | 0.28 | 0.39 | 0.00 | 0.15 | 0.06 | −0.04 | 1.00 | | | | | | | |
| イギリス | 0.12 | 0.12 | 0.13 | 0.12 | −0.05 | −0.25 | 0.16 | 0.28 | 1.00 | | | | | | |
| スペイン | 0.33 | 0.21 | 0.17 | 0.23 | 0.22 | 0.25 | 0.07 | 0.20 | 0.01 | 1.00 | | | | | |
| ポルトガル | 0.21 | 0.33 | 0.11 | 0.40 | −0.04 | −0.03 | 0.13 | 0.22 | 0.27 | 0.51 | 1.00 | | | | |
| アイルランド | 0.00 | −0.21 | 0.11 | −0.02 | −0.32 | 0.08 | 0.08 | 0.14 | 0.05 | −0.15 | 0.01 | 1.00 | | | |
| スウェーデン | 0.31 | 0.30 | 0.43 | 0.06 | 0.35 | 0.01 | 0.44 | 0.46 | 0.41 | 0.20 | 0.39 | 0.10 | 1.00 | | |
| ノルウェー | −0.27 | −0.11 | −0.39 | −0.26 | −0.37 | −0.21 | −0.18 | 0.01 | 0.27 | −0.09 | 0.26 | 0.08 | 0.10 | 1.00 | |
| フィンランド | 0.22 | 0.12 | −0.25 | 0.06 | 0.30 | 0.11 | 0.06 | −0.32 | −0.04 | 0.07 | −0.13 | −0.23 | −0.10 | −0.08 | 1.00 |

（出所） Bayoumi, T. and B. Eichengreen, "Shocking aspects of European Monetary Integration," in F. Torres and F. Givavazzi eds., *Adjustment and Growth in the European Monetary Union*, Cambridge University Press, 1993, pp. 193–229.

差を解消することが，必要となる。このような調整が為替レート以外の他の手段によって可能であることが最適通貨圏の基準となる。その手段の1つは，マッキノンによって主張された貿易面における経済の開放度である。

たとえば，共通通貨圏内において，ある国で生産されている財から別の国で生産されている財へ需要が移るという非対称的な需要ショックが発生したとしよう。もし価格が伸縮的であるならば，需要が増加した国でその財の価格が上昇して，需要が減少した国でその財の価格が低下することによって調整がなされる。しかし，もし価格が硬直的であるならば，価格による調整が行われず，需要が増加した国で増産するために労働者の雇用が増加し，需要が減少した国で減産するために労働者の雇用が減少する。

貿易面において経済が開放されると，非対称的な需要ショックによって，ある国で総需要が増加し，他の国で総需要が減少したとしても，各国が財を輸出したり，輸入することによって，その非対称的な需要ショックを吸収することができる。しかし，もし経済が貿易面において開放されておらず，GDPに占める非貿易財の比率が高ければ，需要ショックの吸収を外国に求めることができない。

このように，貿易面において経済が開放されると，共通通貨圏においても非対称的な需要ショックを吸収することができる。

⑶ 労働の移動性

もしある国で生産性が上昇する一方，他の国で生産性が低下するという非対称的な供給ショックが発生するならば，貿易面において経済が開放されていることによっては，その非対称的な供給ショックを吸収することができない。生産性が相対的に低下した国では，価格が相対的に上昇する一方，労働の雇用量が減少する。労働の雇用量の減少を抑えるために，その国の生産物を外国に輸出しようにも，価格が相対的に上昇しているので，輸出は困難な状態となっている。

したがって，非対称的な供給ショックが発生して，ある国で労働の雇用量が減少する一方，他の国で労働の雇用量が増加する場合には，生産性が低下した国から生産性が上昇した国へ労働者自身が移動する必要がある。このように労働者が自由に国際的に移動することによって，非対称的な供給ショックによって生じる各国における雇用の不均衡を円滑に調整することができる。このように，労働の移動性が最適通貨圏の決定要因の1つとなる。

労働者は国際的に移動できないが，資本は国際的に移動できる状況から考察しよう。国際的な資本移動のもとで，国内の実質利子率が外国の実質利子率に均等化する。ただし，この国が小国であると仮定するならば，この国の経済にとって外国の実質利子率は所与である。この状況において，この国においてのみ供給ショックが生じて，技術係数が低下したとしよう。技術係数が低下すると，労働の限界生産力と資本の限界生産力の両方が低下することに伴って，労働需要と資本需要が減少する。そのため，この国において雇用される労働量と利用される資本量が減少する。

資本については国際的に移動できることから，利用されずに余っている資本は，相対的に収益率の高い外国に流出して，外国で投資される。一方，労働者は国際的に移動できないことから，雇用されずに余っている労働者は外国に移動できず，国内で失業状態となる。そのとき，もし賃金が伸縮的に低下すれば，賃金の低下によって非自発的失業は吸収できるが，以前の賃金で働きたいと考えている労働者は自発的失業者として失業する。一方，もし賃金が下方に硬直的であれば，伸縮的賃金の場合に比較して，失業は増加し，非自発的失業となる。このように，労働が国際的に移動しない場合には，たとえ資本が国際的に移動したとしても，経済を悪化させるショックによって失業者が増加する。

次に，もし労働者も国際的に移動できるのであれば，国内の賃金率は所与の外国の賃金率に均等化されることになる。この国で雇用される労働者の数が減少するものの，資本と同様に国内で雇用されず，賃金で働く意思のある労働者は外国に移動して，職を得ることができる。このように，労働者の国際的移動が自由に行われている地域においては，為替レートによる調整に頼ることなく，各国間の非対称的なショックを調整することができる。

#### (4) 財政移転

労働者の移動性や貿易面における経済の開放度が低い状況で，しかも非対称的な供給ショックや需要ショックが発生する場合には，ある国の経済で不況が発生し，他の国の経済で好況となる。この国際的な経済状況の相違に対して，好況の国から税金を徴収して，不況の国に補助金を支払うという財政移転が可

コラム

**最適通貨圏の内生性**

最適通貨圏の理論によれば，対称的ショックが発生している国同士の間で通貨統合を行うことが可能であるが，通貨統合を行おうとする国同士の間で異なる非対称的ショックが発生しているならば，経済の開放度が高く，労働者の移動性が高く，あるいは，財政移転が行われる必要がある。このような考え方は，最適通貨圏の諸条件を所与として，その諸条件が変わらないとして，通貨統合が可能かどうかを考えるものである。しかし，通貨統合を行おうとする国同士の間で実際に通貨が統合されると，通貨統合を所与として経済の開放度がいっそう高まったり，労働者の移動性がよりいっそう高まったり，財政移転の必要性から財政移転が行われるようになる可能性がある。このように，最適通貨圏の諸条件を外生的に所与として考えるのではなく，通貨統合によって内生的に変化すると考えるのが，最適通貨圏の内生性の考え方である。

通貨が統合されると，外国為替取引費用や外国為替リスクがなくなるために，最適通貨圏における国際貿易取引や対外直接投資はいっそう活発になると考えられる。また，対外直接投資によって最適通貨圏の域内において垂直分業（いくつかの国で製品の各種部品が生産され，それらの各種部品がある国に集められ，組み立てられ，製品が完成されるという，いわゆる「生産ネットワーク」化）が進むと，ショックの対称性が高まることとなり，さらに最適通貨圏の条件を満たしやすくなる。

能であれば，たとえこれらの非対称的ショックが発生したとしても，各国経済間の調整が可能となる。したがって，国際的な財政移転が可能な地域では，最適通貨圏を形成することができる。ただし，国際的な財政移転を可能ならしめるためには，各国政府が財政主権を放棄して，共通通貨圏における統合的な財政政策が必要となる。

## 要　約

- □ 通貨統合の便益として，外国為替取引に関わる取引費用の節約と外国為替リスクの除去，そしてこれらに関連して地域経済取引の活性化と地域経済の発展がある。
- □ 通貨統合の費用としては，各国の通貨主権の放棄，そして，それに伴って，通貨発行利益の放棄，最後に，最適通貨圏を満たさない状況において通貨同盟

を形成したときに生じる各国経済間の不均衡調整の費用がある。

□ 最適通貨圏の理論は，通貨統合することが適している地域的範囲を説明する。その基準として，ショックの対称性，経済の開放度，労働の移動性，財政移転があげられる。



## 確認問題

□ *Check 1* 通貨統合の便益と費用を整理しなさい。

□ *Check 2* 最適通貨圏の理論の基準に照らし合わせて，日本国内で共通通貨日本円を利用している状況における各地域間の不均衡調整の実際について考えなさい。

# unit 24

# ユーロ圏危機

このunitでは，ユーロ圏危機，すなわち，2010年のギリシャの財政危機を発端としていくつかのユーロ圏諸国で国債の償還を迎えた際にその借換えが困難となった一連の財政危機について考察する[1]。まず，ギリシャに始まるユーロ圏諸国の財政危機の背景と原因をグローバル・インバランスおよび世界金融危機にまでさかのぼりながら考察する。そのうえで，ギリシャにおける財政危機の問題の本質，そして，ギリシャから他の南欧諸国などへの財政危機の波及のメカニズムを考察する。さらに，ユーロ圏危機に対して欧州委員会（EC）と欧州中央銀行（ECB）と国際通貨基金（IMF）のトロイカ体制によって対応されたことについて考察する。

## ユーロ圏危機の背景

unit 19でみた世界金融危機によって多くの国では危機の影響を受けた金融機関への政府による資本注入によって，財政赤字が増大した。とくに欧米では，世界金融危機の影響を受けて，経営破綻した金融機関，あるいは，バランスシートを棄損した金融機関を救済するために支出される金融部門支援のための財政支出が増大した。

たとえば，2010年にユーロ圏における財政危機の発端となったギリシャでは，IMFの試算（2009年5月時点）によると，銀行への資本注入が50億ユーロ，新規融資への政府保証が150億ユーロ，銀行への流動性供給として80億ユーロ，総計280億ユーロが財政負担として政府にのしかかっている[2]。2391億ユーロ（2008年）のギリシャのGDPと比較すると，GDPの約12%に相当する財政負担が金融部門支援のために支出された。

これらの金融部門支援のための財政負担は，財政刺激のための公共投資等の政府支出とは異なり，直接的には景気刺激にはつながってこない。そのため，景気対策としては，金融部門支援のための財政支出のほかに，財政刺激のための公共投資等の政府支出が追加されなければならないことが，世界金融危機における各国政府の財政負担の拡大の理由となっている。

さらに，世界金融危機はアメリカとともにヨーロッパにもその影響が直接に及んだことに加えて，これらの欧米諸国で同時に景気後退から不況に至ったことから世界経済は同時不況に直面した。そのため，2008年11月にワシントンで初めて開催されたG20首脳会合，そして，2009年4月にロンドンで開催された第2回G20首脳会合において，世界同時不況を止め，景気回復を目的とした財政刺激政策の国際協調が行われた。具体的に，2010年末までにG20のメンバー国で5兆ドルにのぼる財政拡大を行い，GDPを累積で4%拡大することを目指した。このようにして，政府による金融機関への資本注入と相俟って，G20において世界同時不況に対する対策として財政刺激が国際政策協調としてとられ，先進諸国は財政赤字を増大させることとなった。

### ギリシャの財政危機

ギリシャは，1999年よりユーロを導入した11カ国に2年遅れて，2001年にユーロを導入した。本来であれば，ユーロ導入のためのマーストリヒト条約のもとの経済収斂条件がすべて満たされなければユーロ導入が認められない。ギリシャは，これらの条件を十分に満たしていたかどうかについては，疑問視されていた。とりわけ，財政赤字についてはGDPの3%以下でなければならないという条件を満たしていなかった。

また，一部のユーロ圏諸国で，ユーロ導入当初から財政赤字や政府債務残高が経済収斂条件を満たさなかったこともあり，「安定・成長協定」によって各国が健全な財政運営を実行するために，各国政府は財政規律の遵守を求められていた。欧州委員会及び閣僚理事会は，ユーロ圏諸国の財政状況を相互に監視するための手段として，「安定計画」の策定をユーロ圏諸国に義務づけていた。その「安定計画」に基づき，欧州委員会および閣僚理事会は，各国の財政状況を調査し，過剰財政赤字と判断された場合には，過剰財政赤字是正手続きが適

図 8-5　ユーロ圏諸国の財政赤字の対 GDP 比の推移

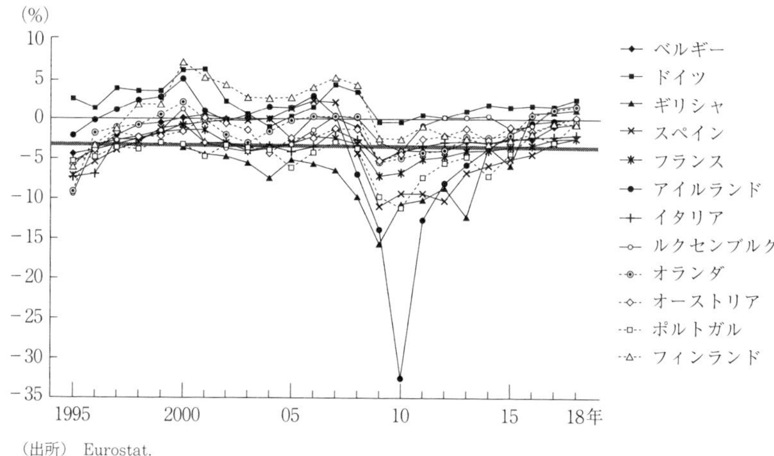


（出所）　Eurostat.

用されることになっていた。このように財政規律を求めているものの，ギリシャはほぼ一貫して対 GDP 比 3% 以下の財政赤字を遵守することができずにきた。それは，過剰財政赤字是正手続きが裁量的に適用されることから経済収斂条件を満たさない国に対して一度もペナルティが発動されたことがなかったことが背景にあった。

図 8-5 には，他のユーロ圏諸国とともにギリシャの財政赤字の対 GDP 比の推移が示されている。ギリシャのユーロ導入の前年の 2000 年において財政赤字の対 GDP 比が 3.7% を計上していた。そして，その後も，唯一 2006 年において財政赤字の対 GDP 比が 3% を下回って 2.9% となったものの，この 2006 年を除くと一貫してギリシャの財政赤字の対 GDP 比が 3% を超過していた。また，2004 年にユーロ圏諸国のなかで最悪となった後，幾分かは財政赤字が改善したものの，再び悪化の一途をたどっていた。そして，2008 年には財政赤字の対 GDP 比で 10% 近く，2009 年には 15% となり，最悪の状況となっていた。

図 8-6 には，ユーロ圏諸国の一般政府債務残高の対 GDP 比の推移が示されている。ギリシャが財政危機に陥った 2010 年の年末において，GDP に対する比率でみると，ギリシャの財政赤字はユーロ圏諸国のなかで最大となっていた。

このような財政状況のなかで，2009 年 10 月におけるギリシャの政権交代に

図8-6　ユーロ圏諸国の一般政府債務残高の対GDP比の推移

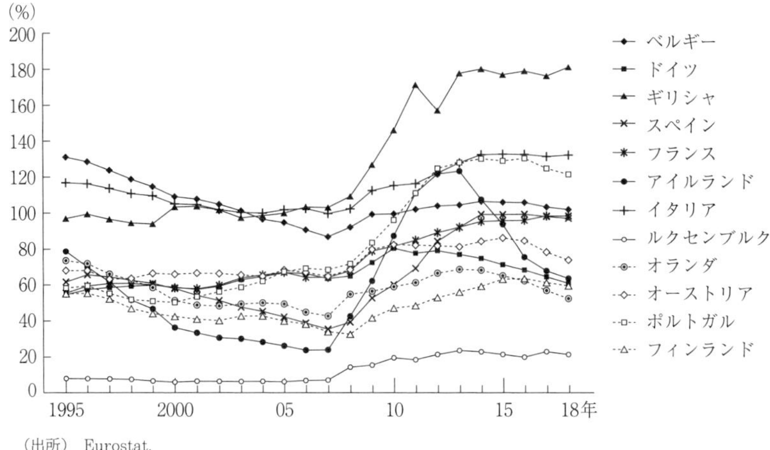


（出所）Eurostat.

よって，新しい政権が前政権による財政に関する統計処理の不備を指摘し，財政赤字の規模を上方に修正した。財政赤字の規模が，2009年見通しで3.7%から12.7%（後に13.6%への再修正）へ上方に修正された[3)]。このような統計処理の不備は，ギリシャの財政赤字の数字そのもの信頼性を損なうだけではなく，ギリシャ財政当局に対する信認をも失墜させることになった。このような財政当局の信認の失墜が財政危機として表われたといえる。

このように，世界金融危機以前にギリシャ国債の利回りがドイツ国債の利回りとほぼ等しく，ギリシャ国債のソブリン・リスク（各国政府の債務不履行リスク）が認識されていなかった。しかし，世界金融危機以降，日欧米など世界の先進諸国において総じて財政赤字が拡大するなか，ギリシャにおける財政危機がトリガーとなって，ギリシャ財政当局の信認を失墜させたことが，ギリシャの財政危機を引き起こした。このことは，複数均衡のなかで一方の均衡（国債バブル）から他方の均衡（国債バブルの崩壊およびその後の金融危機）へシフトさせる典型的な事例である。

### ギリシャからの財政危機の波及

GDPでみて，ユーロ圏諸国全体の2.7%ほどの経済規模しか有しないギリシャが財政危機に直面した際に，リーマン・ショックに引き続いて，ユーロが暴落した。その理由は，ギリシャの財政危機そのものがユーロを揺り動かしたというよりもむしろ，ギリシャからギリシャと同様に巨額の財政赤字や政府債務を抱えている他のユーロ圏諸国へ財政危機が波及し，ユーロそれ自体の根幹に影響を及ぼすことが懸念されたからであると考えられる。

たとえば，ギリシャと同様に大きな財政赤字を抱えていたポルトガル，イタリア，アイルランド，スペインと合わせると，それらの経済規模（GDP）はユーロ圏諸国の35％にも達する。世界金融危機とその後の世界同時不況の影響を受けて，ギリシャと同様に他のユーロ圏諸国も2008年から09年にかけて財政赤字を増大させることとなった。ユーロ圏諸国16カ国全体で，2008年の財政赤字の対GDP比は，2％から09年には6.3％へ3倍強に増大した。2009年には，ギリシャの13.5％と並んで，アイルランドの14.3％，スペインの11.2％，ポルトガルの9.4％と高くなった。このようにギリシャの財政赤字だけが突出しているわけではなく，他のユーロ圏諸国でも財政赤字が拡大している。このような状況は，ギリシャの財政危機が他のユーロ圏諸国へ波及する可能性を示していた。

ギリシャの財政危機が他のユーロ圏諸国に波及するメカニズムとして，以下の経路を通じて波及すると考えられる。

第1に，ギリシャと同様に財政赤字の大きい他のユーロ圏諸国がギリシャと同様に財政危機に陥り，それらの国債価格が暴落すると投機家が予想することによって，それらの国債を将来に売却することを先物で現時点で契約する（空売り）という投機を行うことによって実際に国債価格が暴落する。これは，投機家の予想が彼らの投機によって実際に実現することから，**自己実現的投機**と呼ばれるものである。

第2に，ギリシャ国債の価格が暴落すると，国際分散投資を行っている投資家のポートフォリオに占めるギリシャ国債のシェアが相対的に低下する一方，他のユーロ圏諸国の国債のシェアが相対的に上昇する。国際分散投資の最適なポートフォリオ比率を維持するために，投資家はポートフォリオに占めるシェアが上昇した，ユーロ圏諸国の国債を売却して，ポートフォリオ調整を行おうとする。この場合に，売却の対象となった国債価格が下落することになる。

第3に，もしギリシャ国債が債務不履行となったり，債務削減などの債務リストラが行われる事態となった場合に，ギリシャ国債を保有する欧州金融機関が損失に直面し，その貸借対照表が悪化する。自己資本比率などを維持するために，ソブリン・リスクの高いユーロ圏諸国の国債をはじめとして，資産を売却しなければならなくなる。その場合に，他のユーロ圏諸国の国債価格が下落する。

このように国債の空売りという投機のみならず，ヨーロッパの金融機関が国際ポートフォリオのなかでギリシャ国債を保有していることから，ギリシャ財政危機によってギリシャ国債の売却が他のユーロ圏諸国の国債に波及する可能性があった。とりわけ，財政赤字や一般政府債務残高が高いユーロ圏諸国への財政危機の波及が懸念された。先ほどの図 8–6 でみたように，ギリシャの一般政府債務残高の対 GDP 比はユーロ圏諸国のなかで最も高いが，イタリアやポルトガルやアイルランドやベルギーなども高い比率にある。また，金額ベースでみれば，イタリアの一般政府債務残高の金額が大きいことから，いったんイタリアで財政危機が発生すると，その影響度が大きいことが懸念された。

財政危機がギリシャから波及することが懸念される状況は，ソブリン・リスクのリスク・プレミアムとしてその国債利回りに反映された。図 8–7 には，ユーロ圏諸国の国債利回り（10 年物）の推移が示されている。ユーロ圏における財政危機が発生する以前においては，ギリシャの国債利回りも含めて，最も安全な国債として評価されているドイツの国債利回りとそれほどの違いはなかった。すなわち，ギリシャの国債利回りにそれほど大きなリスク・プレミアムが乗せられていなかったことは，ギリシャの国債のリスク，いわゆるソブリン・リスクがドイツのそれとほぼ同じ程度に低いと評価されていたことを意味する。

しかし，ギリシャの国債利回りは，ギリシャの政権交代により財政収支の統計処理に問題があったことが発覚した 2009 年 11 月以降，上昇傾向にある。安全資産とみなされたドイツの国債利回りが低下傾向にあったのに対して，ギリシャで財政危機が発生した以降，ソブリン・リスクが高まったとみなされたために，アイルランド，ポルトガル，スペイン，イタリアなどのユーロ圏諸国の国債利回りがギリシャ国債利回りを追いかけるように急速に上昇した。

実際に，ギリシャで財政危機が発生した後に，アイルランドとポルトガルにおける財政危機が深刻化した。アイルランドの場合は，ユーロ導入後から世界

図 8-7　ユーロ圏諸国の長期金利（10 年物国債）の推移

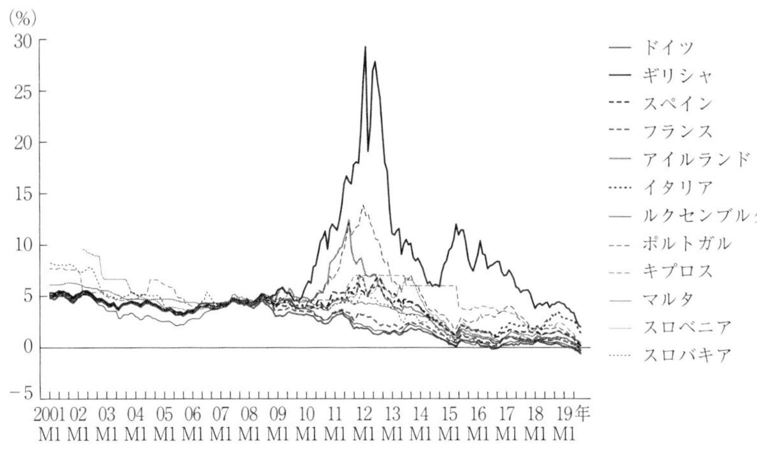


Data: ECB

金融危機前まで好景気が続き，さらに景気過熱からアイルランド国内の不動産バブルが発生していた。世界金融危機のきっかけとなったアメリカの住宅バブル崩壊に連動して，アイルランド国内でも不動産バブルが崩壊し，アイルランド国内の金融機関が不良債権を抱えることとなり，さらに経営破綻した金融機関へ政府から資本が注入し，財政収支が悪化した。一方，ポルトガルは，ギリシャと同様に，ユーロ導入後も経済収斂条件の 1 つである財政赤字の対 GDP 比 3% の基準を遵守することができない年が続いていた。そのようななかで，世界金融危機の直接的影響と世界同時不況によって，財政危機が発生した。

### ユーロ圏における財政危機に対する対応

ユーロ圏諸国の財政危機を解決するためには，以下の 3 点をセットで行うことが必要となる。その 3 点セットの核となるのは，ギリシャにおける財政危機の発生および一部のユーロ圏諸国への波及において重要な役割を果たした財政規律を回復させることである。失墜した財政規律を回復し，強化することが喫緊の課題となる。そのためには，財政危機国の財政再建が重要であり，可視化された財政再建計画の策定と着実な実施が必要となる。それと同時に，財政規律の確立とモラルハザード防止によって財政危機の可能性やソブリン・リスクを縮小することが必要となる。

財政危機解決のための3点セットの第2は，危機管理を現実的に推し進めるために，民間部門の関与を通じて巨額の政府債務をある程度の規模に削減することである。財政危機が深刻なギリシャの債務削減が行われることによって，財政再建による財政危機国経済へ及ぶ負担の軽減を施すことが必要である。そして，このような債務削減は，財政再建のために財政緊縮を遂行する危機国政府にインセンティブを与えることになる。一方で，財政危機における貸し手としての民間金融機関の役割の重要性を鑑みて，借り手とともに貸し手にも負担の一部をシェアすることで，貸し手（民間金融機関）のモラルハザードの防止につながるともいわれている。

同時に，3点セットの第3として債務削減に応じる民間金融機関に対するセーフティネットの提供が必要となる。債務削減による民間金融機関への財政危機の影響を最小化し，他のユーロ圏諸国への波及を抑制するために，セーフティネットとして欧州金融安定基金（EFSF）や欧州安定メカニズム（ESM）の設立とそれらの資本増強が進んでいる。セーフティネットとしてEFSFやESMによる財政危機に直面した国債の買い上げが期待されている。EFSFが資金調達のために発行したEFSF債券を日本政府は購入する形で欧州の財政危機の鎮静化と世界経済への影響を抑えることに貢献しようとしている。さらに，EFSFやESMでは資金が十分でないことから，これらと協調してECBによる国債買い上げも行われる必要があり，実際に国債買い上げが行われている。

ユーロ圏において財政危機に陥った国々（ギリシャ，アイルランド，ポルトガル，キプロス）がIMFに金融支援を要請した際に，中東欧でのECとIMFとの合同プログラムでの経験が活用された。もう1つのパートナーとしてECBが加わって，ECとECBとIMFの3者の金融支援体制，いわゆるトロイカ体制が構築され，協調して金融支援が行われている。

表8-2には，ユーロ圏危機において金融支援を受けた国々の金融支援総額と機関別支援額が示されている。特徴的なことは，金融支援の全額をESMから受けることとなったギリシャの第3次金融支援とスペインを除いて，IMFが金融支援の一部を担っていることである。IMFの金融支援が全体に占める比率は，ギリシャへの第1次金融支援においてIMFのスタンドバイ取極が

表 8-2　ユーロ圏危機における金融支援

| | ギリシャ | | | アイルランド | ポルトガル | スペイン | キプロス |
|---|---|---|---|---|---|---|---|
| 期間 | 第 1 次<br>2010 年 5 月<br>〜13 年 6 月 | 第 2 次<br>2012 年 3 月<br>〜14 年 12 月 | 第 3 次<br>2015 年 8 月 20 日<br>〜18 年 8 月 20 日 | 2010 年 12 月<br>〜13 年 12 月 | 2011 年 5 月<br>〜14 年半ば | 2012 年 12 月<br>11 日〜13 年<br>12 月 31 日 | 2013 年 5 月 13 日<br>〜16 年 3 月 31 日 |
| 総額 | 1100 億ユーロ | 1645 億ユーロ | 最高 860 億ユーロ | 850 億ユーロ | 780 億ユーロ | 413 億ユーロ | 100 億ユーロ |
| 機関別金額 | IMF【SBA】（300 億ユーロ）<br>他のヨーロッパ諸国からの 2 国間融資プール（800 億ユーロ） | IMF【EFF の一部】（198 億ユーロ）<br>EFSF（1447 億ユーロ） | ESM（全額） | IMF【EFF】（225 億ユーロ）<br>EFSF（177 億ユーロ）<br>EU【EFSM】（225 億ユーロ）<br>2 国間（48 億ユーロ）<br>国内（175 億ユーロ） | IMF【EFF】（260 億ユーロ）<br>EFSF（260 億ユーロ）<br>EU【EFSM】（260 億ユーロ） | ESM（全額） | IMF【EFF】（10 億ユーロ）<br>ESM（90 億ユーロ） |

（注）SBA：スタンドバイ取極，EFF：拡大信用供与措置，EFSF：欧州金融安定ファシリティ，EFSM：欧州金融安定化メカニズム，ESM：欧州安定メカニズム
（出所）小川（2017）。

27.3%であり，ギリシャへの第2次金融支援においてIMFの拡大信用供与措置（EFF）で12.0%であった（unit 18も参照)。IMFの拡大信用供与措置で，アイルランドへの金融支援が26.5%であり，ポルトガルへの金融支援が33.3%であり，キプロスへの金融支援が10%であった。

民間部門関与によるギリシャ国債に対する債務削減については，第1次金融支援においては，まだEFSFのセーフティネットが構築されていなかったために，対応されなかった。そのために，ただギリシャ政府に対して大きな負担を強いるだけとなっていたことから，ギリシャの財政危機への実際の解決が進展しなかった。そのため，2011年になって，民間部門関与による債務削減が検討された。当初，21%の債務削減が民間金融機関との間で一時は合意されたが，その債務削減比率が再検討され，21%（2011年7月）から53.5%（2012年3月）へ引き上げられた。この合意によって，一方的な債務不履行である「無秩序な債務不履行」を回避し，（必ずしもすべての民間投資家の合意が取り付けられたわけではないが）合意のもとで民間部門関与による，いわゆる「秩序だった債務不履行」が実現された。

一方，財政当局の信認を回復するために財政規律の確立・強化が検討されている。2011年12月8・9日に開催されたEU首脳会議において，ユーロ圏諸国が中心となって，経済同盟の強化，とりわけ，「財政安定同盟」に向けた動きに基本合意がなされた。ただし，この基本合意に他のEU諸国も賛同する形をとったが，イギリスは，財政主権の維持にこだわり，この基本合意には賛成しなかった。

その内容は，財政規律を強化するために新しい財政ルールを含む財政協定をつくることに基本合意したことである。財政ルールは，一般政府予算を均衡させなければならないというものである。ただし，マーストリヒト条約で規定されている経済収斂条件の1つである財政赤字の対GDP比を3%以内とするというものではなく，景気悪化のために税収の減少や失業手当の増大によって悪化する財政収支を考慮に入れるために，景気変動に影響を受ける循環的赤字を除いた，構造的赤字についてGDPの0.5%を超えてはいけないとしている。また，この財政ルールを，各国の憲法あるいはそれに相当する法律で規定することも盛り込まれている。

すでに安定・成長協定によって，財政規律の遵守を求めて，過剰財政赤字是正手続きの実質的な適用を図ることになっていた。実際にはギリシャを含めていくつかの国がその適用の対象となったが，一度も発動されたことがなかった。裁量の余地があったことから一度もその発動がなされなかったという反省から，新しい財政ルールでは，欧州委員会によってある国の財政赤字の上限超過が認められたならば即時に，ユーロ圏諸国の反対がないかぎり，自動的に過剰財政赤字是正手続きが適用されるよう，自動修正メカニズムを導入することにもなっている。このようにして実質的な財政規律の強化を図ろうとしている。

注

1）このunitは以下の参考文献をもとに作成した。
小川英治（2015）「ユーロ圏における財政危機とその対応」小川英治編著『ユーロ圏危機と世界経済――信認回復のための方策とアジアへの影響』東京大学出版会，所収。
小川英治（2017）「世界金融危機とユーロ圏危機――金融危機管理における東アジアへの教訓」小川英治編著『世界金融危機後の金融リスクと危機管理』東京大学出版会，所収。

2）International Monetary Fund（2009）*Fiscal Implications of the Global Economic and Financial Crisis*, Occasional Paper, No. 269.

3）European Council（2011）*Statement by the Euro Area Heads of State or Government*, Brussels, 9 December 2011.

## 要　約

- □ ユーロ圏危機は，財政が統合されていないことを背景に，世界金融危機以降に財政赤字が拡大したことが原因であった。
- □ ギリシャの財政危機は，投機家や国際投資家の行動を通じて他のユーロ圏諸国に波及した。
- □ ユーロ圏危機は，財政が統合されていないうえに，財政移転が禁止されていたことによって深刻化した。
- □ ユーロ圏危機においては，ECとECBとIMFのトロイカ体制で財政危機に対処した。

## 確認問題

- [ ] *Check 1*　ギリシャの財政危機が他のユーロ圏諸国に波及するメカニズムについて，説明しなさい。
- [ ] *Check 2*　ギリシャの財政危機に対する対応について，財政危機管理の3点セットと比較しながら，説明しなさい。

## KeyWords 8

- [ ] ユーロ　217
- [ ] 経済収斂条件　218
- [ ] ERM II　219
- [ ] 欧州中央銀行（ECB）　219
- [ ] 欧州中央銀行制度（ESCB）　219
- [ ] 常設ファシリティ　220
- [ ] 公開市場操作　220
- [ ] 市場指向価格形成（PTM）　224
- [ ] 通貨同盟　227
- [ ] 最適通貨圏（OCA）　230
- [ ] 自己実現的投機　241

unit 25

# 結 世界経済の大きな変化と国際協調のさらなる必要性

この10年強の間に世界経済は大きな変動を経験した。2007年にはアメリカでサブプライム住宅ローンの危機が発生，2008年9月にはリーマン・ブラザーズが倒産するという事態となった。このリーマン・ショックをきっかけとして世界金融危機が勃発，各国は大きな影響を受けることとなった。リーマン・ショックは，金融市場，金融システム，そして世界や各国経済に予想しえないほどの影響を及ぼし，100年に一度の危機とも呼ばれることとなった。その影響は10年以上たった現在でも必ずしもすべて解決されたとはいえない。IMFの2018年10月の世界経済見通しでは，リーマン危機を経験した国のうち85％が，まだ危機前の経済状況には戻っていないことを伝えている1)。

2008年のリーマン・ショックでは，危機の伝播や影響を抑えるために，各国や国際機関を含む国際社会がさまざまな協力体制を実施したことは，**unit 18**や**unit 21**で述べたとおりである。危機の引き金となったアメリカを中心とする先進国では，経済の減速を抑えるための政策の一環として，大規模な金融緩和を行い，先進国の政策金利は軒並みゼロに近い水準まで下落した。さらに，民間銀行がもつ国債や債券を中央銀行が買い取る形でのバランスシートの調整による量的緩和策も実施され，先進国中央銀行のバランスシート残高は急増していった。その過程で，危機の影響を大きく受けずに済んだ新興市場国などには，相対的な好景気と金利高から資本流入が増加し，これらの国の現地通貨が対ドルで上昇するという状況もみられた。

### 金融のグローバル化

先進国を中心とした低金利は金融環境の緩和（金融緩和）という状態を生み出し，長引く金融緩和が経済にひずみを及ぼしていると指摘されている。ひずみは，たとえば，企業や一般家庭の「借金」が膨らむという状態である。資本流入を受けた新興市場国などでは，潤沢な資金と低金利をもとに，企業などが国内，国外への借入を増やしたり，一般家庭でも低金利による住宅ローン金利の低下を受けて，より大きなローンを組んでの住宅購入を行うなど，借金を増やしていったのである。事実，2019年4月のIMFによる金融安定性報告書では，欧米の低格付けの社債の発行残高がリーマン・ショック以降に4倍以上に急増したと指摘され，企業の借金が膨張していることを裏づけている。

こうした企業や一般家庭の消費や投資行動，さらにはリーマン・ショック以来の政府の積極財政の影響もあり，2016年から17年にかけて，世界経済は緩やかな回復をみせた。しかし，2018年に入ると世界の経済成長率は徐々に鈍化をみせ，経済成長が減速したことで，まだ完全には10年前のショックから回復しきっていない経済状態が心配されるようになってきた。減速の一因としては，金融緩和状況の縮小と引き締めへの転化，そして2018年後半から顕著になった貿易摩擦である。景気が徐々に回復し，利上げを行ってきたアメリカに引っ張られる形で，金融環境がタイトになるにつれ，低金利下での借金を増やした企業や一般家庭は借金の返済金利が上昇するという状況になり，少しずつ足を引っ張るようになっていったのである。新興市場国でも，アメリカの景気回復によるドル高，そして金利上昇によって，これまで流入していた国際資金が逆に流出していく状況となる。また，資金流出による新興市場国の通貨の下落は，ドル建て債務を多く抱える国や産業では，借金の額が急増するという悪影響を及ぼすこととなった。蓄積されたひずみが，経済の減速期にきて，さらなる問題となっているのである。

2019年の世界経済は不確実性，不安定という言葉で集約される幕開けとなった。世界経済の回復の牽引役となっていたアメリカでも，財政赤字の急増，中国やヨーロッパなどとの貿易摩擦によって，経済成長の減速がみられ，これまで続けてきた利上げ予測を修正する状況となる。国際的には，政治面での不確実性がさらに色濃くなり，それが経済の不安定さを増すという状況が現れた。

イギリスのEU離脱（ブレグジット）は混迷を続け，ヨーロッパではイタリアの財政懸念・債務問題がくすぶり続け，イタリアの債券を保有するヨーロッパの金融機関のバランスシートと健全性には不透明感が漂う。アメリカと貿易摩擦を繰り広げる中国での景気減速と金融機関の不良債権の増加への懸念，アルゼンチンやトルコの債務危機，ベネズエラの独裁政治危機など，問題をあげればば枚挙にいとまがない。

また，貿易摩擦や，地域間での経済回復の程度の違い，さらには国内での不平等度の高まりは，国際協調への懐疑を生み出し，内的志向が強まる要因ともなった。多くの国では経済の回復力が不足しているものの，経済政策の余裕がほとんどないのが現状である。つまり，多額の公的債務を抱え，これ以上の財政出動は無理があり，また低金利により金融政策の余地もない。そのなかで，景気後退が徐々にみえてきているのである。

このように各国が，景気や経済成長という体力面でも，政策の余地という観点からも，厳しい状況にあるなかで，国際協調よりもまずは自国優先という側面が出てきたのである。何よりも自国をよくすることが一番である，さらには，自国さえよくなるためには他国の経済状況は気にしないというポピュリズムの台頭である。しかし，この自国さえよければよいという政策は，現代の世界経済――金融や生産，技術発展など――が密接に連関している状態では，近隣諸国や世界経済全体に悪影響を及ぼすだけであり，それが結局，自国にも悪影響が戻ってくるだけという結果となることは明らかで，望ましいものではない。世界全体で，国際社会が協力し，よりよい状態を達成するために，各国が資金を出し合って協力する，それによって各国もよりよい状態に導かれるという理想を目指さなければならない。

### 技術革新と新しい資産の出現

2008年からの10年強，世界経済がまさにジェットコースターを経験するのと同時に，経済慣習にも大きな変遷があった。ITの進展による金融，経済市場のデジタル化にみられるフィンテックの進展，そして新しい形態の資産，仮想資産の出現である。2000年代初めのころ，ようやく携帯電話が普及を始めた時期には想像もできなかった，各人が手元に電話とインターネット接続の小型のコンピュータとカメラとお財布とを1つにまとめた小さな箱を，現在の人々は当たり前のように持ち歩いている。クレジットカードはもちろん，光熱費の支払や銀行口座の管理，インターネットによるオンライン・ショッピングなど，テクノロジーの進展は目覚ましい。それらサービスの使用者が増えるにつれ，さらにこうした新たなテクノロジーをもとにしたサービスへの需要が高まり，技術が進み，既存のサービス手段が廃れていくというネットワーク効果が現れた。技術革新とそのサービス（セクター）への応用と発展はどの時代よりも大きかったであろう。その最たる例の1つが，最新の技術をもとにした金融サービスの提供を行うフィンテック，そして，仮想通貨に代表される仮想資産である。仮想資産（デジタルマネー，クリプトカレンシー等，さまざまな呼び方がされているが，以下は英語で標準的に用いられるクリプト・アセット〔crypto asset〕にならって仮想資産と呼ぶ）とは，暗号や分散技術などを用いて作成されたデジタルな価値のことである。作成者によって独自の通貨単位が付けられ，P2P（ピア・ツー・ピア）での直接取引が可能である。

2008年の世界金融危機の後，ビットコインをはじめとする仮想資産が次々と生み出され，日常生活でも商品との交換としての支払に使用されたり，市場で取引され，さらには仮想資産価値が巨額に膨れ上がったり暴落を起こしたりという事態も発生するようになった。円やドルといった，いわゆる法定通貨による従来の貨幣がもつ，価値の尺度，交換の媒介，価値の蓄蔵という重要な機能を，この新たな形態の仮想資産の多くは必ずしも要してはいない。たとえば，現在流通している紙幣や硬貨は，日本銀行や日本政府（独立行政法人造幣局）が発行しており，日本という国や政府の信用の裏づけがあると考えられ，その信用が上記の機能を支えている。しかし，民間部門によって生み出されるデジタルの仮想資産には，こうした国や政府のバックアップがあるわけではなく，実際に，新たな仮想資産が生まれては淘汰されていく状況にある。とはいえ，一部の仮想資産は，民間のオンラインのネットワークなどを通じて，海外送金の手段に使われたり，仮想資産を受け入れる店舗が出てきたりと，短期間のうちに仮想資産を取り巻く状況は大きく変化を遂げている。

国境を越えて幅広い経済活動で仮想資産が使われるようになると，各国の金融政策に大きな影響を与えると考えられている。金融政策は，中央銀行の発行する通貨の流通量をコントロールすることによって，経済活動の過熱を防いだり冷え込みを抑えたりして，景気の大きな変動による企業活動や人々の生活への影響や支障を小さくする働きをもつ。しかし，もし民間によって生産される仮想資産が多く使われるようになり，中央銀行通貨の流通量が減ると，金融政策の効果が小さくなると考えられる。中央銀行や政府の監督の効かない範囲で，大量の取引が行われ，それによる景気の過熱や冷え込みが発生した場合，いったいどうすればよいのか。技術革新とデジタル化の進展によって以前には存在しなかった新たな資産の出現は，既存の紙幣や貨幣を超えた利便性を備えると同時に，自国経済，さらには国際経済の安定に大きな課題も突き付けている。

### グローバル・バリュー・チェーンの強化

技術革新，貿易摩擦と並んで，21 世紀に入って世界経済を大きく変えたことの 1 つに，製造業における国際分業の細分化がある。国際分業は，国際貿易理論の基礎的な考え方でもあり，ある商品の生産に比較優位のある国が，その生産を行い，消費し，さらには輸出し，他の必要な商品は，その商品の生産に比較優位をもつ他国から輸入することによって，国際経済全体の便益を増やすというものである。技術革新は海外との取引をより効率的にさせることができ，財の生産 1 つをとってみても，国際的に細かく分業されるようになった。こうした国際的な分業体制は，**グローバル・バリュー・チェーン**（GVC）と呼ばれる。たとえば，iPhone の生産は，各部品がアメリカ，台湾，日本，ヨーロッパ，中国，韓国をはじめとする各国で生産されている。現代の製造業のほとんどは，こうした国際分業の上に成り立っており，そのうちの 1 カ所で生産が滞ったり流通が遅れたりすると，予想以上の大きな影響が出ることになる。2011 年の東日本大地震では多くの工場が影響を受け，日本国内や海外での，その後の部品や最終製品の生産に大きな影響を及ぼしたことが報告されている[2)]。

また，各部品の生産工場では多くの現地の労働者が雇用されており，その地域や国にとっても重要な産業となっている。貿易摩擦にある国同士がお互いに相手国からの輸入品へ高率の関税をかけたり，ある国からの輸入をボイコットするという行動は，部品の生産や供給，さらには最終製品の生産量や価格に影響が出るだけでなく，各種の部品の輸入，生産，輸出に関わっている労働者の雇用にも影響する。さらに，世界規模での生産活動が，こうした関税などによる経済コストや波及効果の影響で，世界経済全体をも悪化させる可能性があることは，自明である。

このように，経済活動の国際的な連関の強まりは，短期的な視野で自国の便益のみを追求する経済政策（金融，財政，貿易，為替政策など）を行うと，将来的にはさらに大きな悪影響が自国へと跳ね返ってくる。さらには，世界経済全体にも悪影響を及ぼすことで，それも結局は自国の経済悪化の一因となるのである。政治的・経済的不透明さの増すなかで，各国ではポピュリズムや内向的志向が少しずつ強まってきているが，自国の経済政策が他国に波及し（spill over），その影響がさらに自国へと戻ってくる（spill back）という視点と現実を忘れずに行動することの大切さを，国際社会は改めて認識する必要がある。

### 環境問題解決のための国際社会の役割

最後に，自然環境問題が世界経済に及ぼす影響と国際社会の役割についても言及しておきたい。各種の技術革新によって，国境を越えた財やサービスの取引が従来にも増して増えるなかで，温室効果ガスの排出量が増加の一途をたどっている。温室効果ガスの地球への悪影響は早くから指摘されており，たとえば 1987 年に採択されたモントリオール議定書では，オゾン層破壊物質を段階的に削減することに 46 カ国・地域が合意し，現在は 197 カ国が署名している。

近年，大規模な自然災害が世界各地で多くみられるなかで，自然環境が各国のマクロ経済活動に与える影響について，国際社会から着目を浴び，国際会議では重要な議題となっている。たとえば，IMF の 2017 年 10 月の世界経済見通しでは，気温上昇によって最も影響を受けるのは低所得国で，農業生産高の減少，投資の減少などによって，GDP が大幅に減少すると予想している[3)]。これら低所得国は，もともと公的債務が大きく，環境問題に対処するための政府予算も乏しく，マクロ経済政策の余地も少ない。環境問題や温暖化の原因が，多くは先進国や新興市場国の経済活動にあることから，国際社会が一丸となって，これらの国々への支援を行うことは重要である。

また，今後，自然災害の規模や頻度が大きくなっていけば，これらの低所得国から，経済移民が先進国や新興市場国に流れ込んでいく可能性がある。さらに，先進国などでも，気候変動による環境の悪化が各国の経済活動に及ぼす悪影響が大きくなっていくと考えられる。環境変化の直接的・間接的影響，また短期的・長期的影響は，非常に大きい。

国際社会では，すでに，環境問題への対処が始まっている。2015年9月の国連サミットにおいて，「持続可能な開発のための2030アジェンダ（The Sustainable Development Goals: SDGs）」として2016年から30年までの国際目標が採択された。SDGsは17のゴール・169のターゲットから構成され，多くの企業や行政機関，国際機関などがこの広範囲の目標達成のためのプロジェクトに携わっている。国際金融の観点では，これら各種のプロジェクトに必要となる多額の資金の供給のための資本市場の整備，金融商品の開発，投資目的や使途のモニタリング，法整備等に関して，各国での必要となる政策や国際協調を進めることが，SDGsへの大きな貢献となる。たとえば，投資判断にESG（環境〔environment〕，社会〔social〕，企業統治〔governance〕）の要素を取り入れたり，環境問題解決のプロジェクトのための資金調達として世界銀行によって発行されるグリーン・ボンドや世銀債などである[4)]。

環境問題への取り組みは，mitigation（緩和）とadaptation（適応）の両面からの対策が講じられ，その分析が行われている。mitigationの側面としては，たとえば，二酸化炭素排出の削減のための方法としての炭素税（carbon pricing）がある。炭素価格の上乗せによる二酸化炭素排出削減効果はもちろんのこと，消費や生産活動への影響，炭素税収の使い道や補助金のあり方，マクロ経済への影響や国境を越えた取り組みについての幅広い分析が行われている[5)]。adaptationの側面としては，すでに気候変動の影響を受け始めている国々が，中長期的にどうやって環境変化へ対応していくかという点が重要となる。たとえば，2019年8月には第50回目の太平洋諸島フォーラム（Pacific Islands Forum）がツバルで開催された。気候変動による海面上昇の影響を最も受けているとされるこの地域では，海面上昇に対処するためのインフラ整備をはじめとする公共事業，これら事業を支えるための財政問題，国際機関や海外からの援助に関する国際政治や外交問題など，多くの観点からの分析が必要とされる。

世界全体での持続可能な経済成長のためには，一国のみで対処できることには限りがある。現在，環境問題への適切な対処を怠れば，将来，世界は多大な経済的コストを被ることになる。先進国，新興市場国が中心となって，環境保全のためにさまざまな政策を行うこと——これは，自国の経済政策のみならず，地球環境の悪化の影響を被る貧困国への援助，環境保全のための研究やプロジェクトへの資金援助や，国際社会全体での取り組みのための経済的・物質的・知的協力——が，国際社会に求められる何よりも重要な役割である。

**注**

1) IMF「世界経済見通し　2018年10月」Chapter 2: The Global Economic Recovery 10 Years After the 2008 Financial Meltdown（https://www.imf.org/en/Publications/WEO/Issues/2018/09/24/world-economic-outlook-october-2018）。
2) 経済産業省『2011年版ものづくり白書』「第2章　第2節　東日本大震災後の我が国製造業の動向」（https://www.meti.go.jp/report/whitepaper/mono/2011/）。
3) IMF「世界経済見通し 2017年10月」Chapter 3: The Effects of Weather Shocks on Economic Activity: How Can Low-Income Countries Cope?（https://www.imf.org/en/Publications/WEO/Issues/2017/09/19/world-economic-outlook-october-2017）。
4) 世界経済フォーラム「グリーンボンド——誕生から革命へ」Heike Reichelt（https://jp.weforum.org/agenda/2018/12/03dc7b09-d8fc-4189-923d-b7cbd25e7992/）。
5) IMF「財政モニター　2019年10月」How to Mitigate Climate Change（https://www.imf.org/en/Publications/FM/Issues/2019/09/12/fiscal-monitor-october-2019）。

# 文献案内

本書の構成は，次のように3つの部に分かれている。

（第Ⅰ部　国際金融のしくみ）国際金融取引，国際収支表，為替レート，為替取引，為替市場に関するもの。

（第Ⅱ部　為替レートの決定）購買力平価，金利平価，フロー・アプローチ，マネタリー・モデル，ポートフォリオ・バランス・モデル，為替介入，マンデル＝フレミング・モデルに関するもの。

（第Ⅲ部　国際金融システムのメカニズム）国際金融システム，通貨統合，通貨危機・金融危機に関するもの。

以下に列挙する参考文献はいずれも特定分野に偏るわけではないが，本書との関連から便宜的に3分野に分けて示した。

## 国際金融論の入門，国際収支，外国為替に関するもの


- 小川英治『国際金融入門』日本経済新聞社，2002年
- 勝悦子『新しい国際金融論――理論・歴史・現実』有斐閣，2011年
- 佐々木百合『国際金融論入門』新世社，2017年
- 永易淳・江阪太郎・吉田裕司『はじめて学ぶ国際金融論』有斐閣，2015年
- 秦忠夫・本田敬吉・西村陽造『国際金融のしくみ（第4版）』有斐閣，2012年


## 為替レートの決定理論に関するもの


- 河合正弘『国際金融論』東京大学出版会，1994年
- 伊藤隆敏編『国際金融の現状』有斐閣，1992年
- 小川英治・岡野衛士『国際金融』（サピエンティア）東洋経済新報社，2016年
- 花輪俊哉・小川英治『金融経済入門』東洋経済新報社，1996年
- 藤田誠一・小川英治編『国際金融理論』（新・国際金融テキスト1）有斐閣，2008年
- 藤原秀夫・小川英治・地主敏樹『国際金融』有斐閣，2001年


## 国際金融システム，通貨統合，通貨・金融危機に関するもの


- 小川英治『国際通貨システムの安定性』東洋経済新報社，1998年
- 小川英治編『グローバル・インバランスと国際通貨体制』東洋経済新報社，2013年
- 小川英治・日本経済研究センター編『激流アジアマネー――新興金融市場の発展と

課題』日本経済新聞出版社，2015 年
・柏倉康夫・植田隆子・小川英治編『EU 論』放送大学教育振興会，2006 年
・櫻川昌哉・福田慎一編『なぜ金融危機は起こるのか――金融経済研究のフロンティア』東洋経済新報社，2013 年
・田中素香『ユーロ――危機の中の統一通貨』（岩波新書）岩波書店，2010 年
・橋本優子『アジア通貨危機を超えて――危機の背景と影響，協力体制への模索』三菱経済研究所，2006 年
・デ・グラウエ，ポール（田中素香・山口昌樹訳）『通貨同盟の経済学――ユーロの理論と現状分析（原書第 8 版）』勁草書房，2011 年（*Economics of Monetary Union*, Oxford University Press, 2009），
・ラインハート，K. M. & K. S. ロゴフ（村井章子訳）『国家は破綻する――金融危機の 800 年』日経 BP 社，2011 年

# 確認問題解答

## 第1章

### unit 1

*Check 1* 貿易・金融の国際化は，国際的な貿易・金融取引に対する規制を緩和することである。世界的にみて，これらの国際化を最初に進めてきた国は先進諸国である。しかし，発展途上国，とりわけ新興市場国が貿易・金融の国際化を進めるようになると，貿易・金融取引が世界的に行われるようになっている。生産物，生産要素サービス，そして，資本・資金がグローバルに移動するようになっている。このような状態がグローバル化と呼ばれる。

*Check 2* 世界の国際貿易額はIMF, *Direction of Trade Statistics* から，世界のGDPは，IMF, *International Financial Statistics* から，それぞれ入手可能である。自分でデータを集めて，グラフを作成して，比較しよう。

### unit 2

*Check 1* ①サービス収支，②第二次所得収支，③第一次所得収支，④金融収支

### unit 3

*Check 1* 国民の時間選好率が利子率より高い国では，現在の消費のほうが将来の消費よりも多くなる傾向にある。そのため，貯蓄が少なめであったり，むしろ現在において所得以上に消費を行うかもしれない。そのため，対外債務国になる傾向にある。2期間モデルについては本文を参照せよ。

*Check 2* 資本の限界生産力が利子率より高い国は，投資が現在において盛んとなる一方，将来の所得が増加することも望まれる。そのため，増加する将来の所得をあてにして，現在の消費も多めになる。したがって，このような国は対外債務国になる傾向がある。2期間モデルについては本文を参照せよ。

## 第2章

### unit 4

*Check 1* 世界の1日の為替取引額は，BIS調査によると，2004年の約1兆9000億ドルから19年の約6兆6000億ドルと3倍以上の伸びを示している。取引量が大きいのはドル/ユーロ，ドル/円，ドル/ポンドで，それぞれ，24.0%，13.2%，9.6%

のシェアとなっている。世界全体の為替取引のうち，ドルが使われる取引が最も大きく，世界全体の約 9 割を占める。次がユーロで約 3 割，円の取引シェアが第 3 位で 2 割弱である。

## unit 5

*Check 1* 先物レート ＝ 120－(4－1) ＝ 117 円

## unit 6

*Check 1* マーシャル＝ラーナー条件とは，自国通貨が減価した場合に貿易収支が改善するには，為替レートの変化に対する輸出数量と輸入数量の価格弾力性の和が 1 より大きいという条件である。

*Check 2* 元の貿易収支の水準を 1 とする。輸出の価格弾力性を $\eta_X$，輸入の価格弾力性を $\eta_M$ とすると，為替レートが 1% 変化した場合の外貨建て輸出価格は 1% 下落し，輸出数量は $\eta_X$ 増える。輸出総額は $\eta_X(1\times\eta_X)$ だけ減る。一方，外貨建ての輸入価格は 1% 上昇し，輸入数量は $\eta_M$ 減る。このとき輸入総額は $\eta_M(1\times\eta_M)$ だけ増える。輸出入額を足すと，$\eta_X+\eta_M$ の分だけ，貿易収支は変化する。したがって，輸出と輸入の価格弾力性の和が 1 のとき，$\eta_X+\eta_M-1=0$ となり，貿易収支は変わらない。

## unit 7

*Check 1* 固定相場制度，中間的為替相場制度，変動相場制度の 3 つがある。固定相場制度に含まれるものは，外国通貨（ドルなど）を流通または自国通貨として使用するケース，カレンシー・ボードがある。固定相場制度では為替レートが安定し，為替リスクがないが，独自の金融政策や財政政策が不可能である。中間的為替相場制度にはバスケット・ペッグやクローリング・ペッグがある。複数通貨に対して自国通貨を変動させ，金融・財政政策の柔軟性がある程度残るが，投機アタックを受ける可能性がある。変動相場制度には，管理フロート制度と完全な変動相場制度がある。管理フロート制度は必要によって当局による介入が行われる変動相場制度を指す。金融政策，資本移動の自由度が最も大きいが，為替レートの不安定性も大きい。

# 第 3 章

## unit 8

*Check 1* 日本の一般物価水準を各財の価格の加重平均値

$$P_t=\omega_1 P_{1,t}+\omega_2 P_{2,t}+\cdots+\omega_n P_{n,t}$$

として定義する。ただし，$\omega_i$ は第 $i$ 財が自国の消費バスケットに占める割合である。また，アメリカにおいても同一の種類の貿易財が取引されており，かつ，両国の消費バスケットを構成する各財の割合が同一であるため，アメリカの一般物価水準は，

$$P_t^* = \omega_1 P_{1,t}^* + \omega_2 P_{2,t}^* + \cdots + \omega_n P_{n,t}^*$$

と定義できる。ここで，アメリカの一般物価水準の定義式の両辺に為替レート $e_t$ を乗じる。

$$e_t P_t^* = \omega_1 e_t P_{1,t}^* + \omega_2 e_t P_{2,t}^* + \cdots + \omega_n e_t P_{n,t}^*$$

ここで，すべての財（すべての $i$）について一物一価の法則

$$P_{i,t} = e_i P_{i,t}^*$$

が成立することを用いるならば，

$$e_t P_t^* = \omega_1 P_{1,t} + \omega_2 P_{2,t} + \cdots + \omega_n P_{n,t}$$

を得る。上式の右辺は，日本の一般物価水準にほかならない。よって，

$$P_t = e_t P_t^*$$

を得る。

*Check 2* ⑸式の両辺の自然対数をとり，時間に関する変化分をとることでも求められるが，ここでは，微分を用いない導出方法のみを示す。

⑸式が $t+1$ 期においても成立すると想定すると，

$$P_{t+1} = \theta e_{t+1} P_{t+1}^*$$

が成立する。上式を⑸式で割ると，

$$\frac{P_{t+1}}{P_t} = \frac{e_{t+1}}{e_t} \cdot \frac{P_{t+1}^*}{P_t^*}$$

となる。ここで，上式は，

$$\frac{P_{t+1} - P_t + P_t}{P_t} = \frac{e_{t+1} - e_t + e_t}{e_t} \cdot \frac{P_{t+1}^* - P_t^* + P_t^*}{P_t^*}$$

$$1 + \frac{P_{t+1} - P_t}{P_t} = \left(1 + \frac{e_{t+1} - e_t}{e_t}\right) \cdot \left(1 + \frac{P_{t+1}^* - P_t^*}{P_t^*}\right)$$

と変形される。ここで，上式の右辺を展開すると，

$$\text{右辺} = 1 + \frac{e_{t+1} - e_t}{e_t} + \frac{P_{t+1}^* - P_t^*}{P_t^*} + \frac{e_{t+1} - e_t}{e_t} \cdot \frac{P_{t+1}^* - P_t^*}{P_t^*}$$

となる。ここで，上式の第 4 項は十分に小さい値になるとなるため無視できる。たとえば，アメリカのインフレ率が 3%，為替レートの変化率が 2% のときには，第 4 項は，0. 03×0. 02＝0. 0006 と十分に小さな値となる。よって，

$$\frac{e_{t+1} - e_t}{e_t} = \frac{P_{t+1} - P_t}{P_t} - \frac{P_{t+1}^* - P_t^*}{P_t^*}$$

を得る。

*Check 3*　相対的購買力平価式

$$\frac{e_{t+1}-e_t}{e_t}=\frac{P_{t+1}-P_t}{P_t}-\frac{P^*_{t+1}-P^*_t}{P^*_t}$$

に，$e_t$=100 円/ドル，$(P_{t+1}-P_t)/P_t$=0. 01，$(P^*_{t+1}-P^*_t)/P^*_t$=0. 03 を代入すると，

$$e_{t+1}=98\text{ 円/ドル}$$

を得る。

## unit 9

*Check 1*　（キーワード）　非貿易財の存在，バラッサ＝サミュエルソンの定理，市場指向価格形成，オーバーシューティング，合理的バブルなど。

*Check 2*　ア：名目賃金，イ：非貿易財，ウ：貿易財，エ：価格，オ：一般物価水準，カ：実質為替レート，キ：バラッサ＝サミュエルソン

## unit 10

*Check 1*　(1) 式を，

$$1+i_t=(1+i^*_t)\left(\frac{e^e_{t+1}-e_t+e_t}{e_t}\right)$$

$$=(1+i^*_t)\left(1+\frac{e^e_{t+1}-e_t}{e_t}\right)$$

と書き直す。右辺を展開し，$i^*_t\cdot(e^e_{t+1}-e_t)/e_t$ が十分小さくなることを用いれば，(2) 式を得る。

*Check 2*　実質金利 $r_t$ の定義式

$$r_t\equiv\frac{\dfrac{1+i_t}{P^e_{t+1}}-\dfrac{1}{P_t}}{\dfrac{1}{P_t}}=(1+i_t)\frac{P_t}{P^e_{t+1}}-1$$

は，

$$1+i_t=(1+r_t)\frac{P^e_{t+1}}{P_t}$$

$$=(1+r_t)\frac{P^e_{t+1}-P_t+P_t}{P_t}$$

$$=(1+r_t)\left(1+\frac{P^e_{t+1}-P_t}{P_t}\right)$$

と書き直すことができる。ここで，右辺を展開し，$r_t \cdot (P^e_{t+1}-P_t)/P_t$ が十分に小さくなることを用いれば，(5)式を得る。

*Check 3*　（1年後受渡の先物レート）　カバー付き金利平価式

$$i_t - i^*_t = \frac{f_t - e_t}{e_t}$$

に，$e_t$=100円/ドル，$i_t$=0.04，$i^*_t$=0.08を代入すると，

$$f_t = 96\text{円/ドル}$$

を得る。

（3カ月後受渡の先物レート）　3カ月後（1/4年後）には，円建て預金には1%（0.04/4=0.01），ドル建て預金には2%（0.08/4=0.02）の金利がつく。したがって，カバー付き金利平価式に，$e_t$=100円/ドル，$i_t$=0.01，$i^*_t$=0.02を代入すると，

$$f_t=99\text{円/ドル}$$

を得る。

## 第4章

### unit 11

*Check 1*　(1)　他の事情を一定としたもとで，外国のマネーサプライ$M^*_t$が増加すると，外国の貨幣市場において超過供給が発生し，これを解消するため，一般物価水準$P^*_t$がマネーサプライの増加率と同率上昇する。この結果，絶対的購買力平価を通じ，為替レートは自国通貨が増価する方向に同率変化する。

(2)　他の事情を一定としたもとで，外国の実質所得$Y^*_t$が増大すると，取引動機に基づいた貨幣需要が増大するため，外国の貨幣市場において超過需要が発生し，これを解消するため，一般物価水準$P^*_t$が下落する。この結果，絶対的購買力平価を通じ，為替レートは自国通貨が減価する方向に変化する。

(3)　他の事情を一定としたもとで，外国の名目金利$i^*_t$が上昇すると，投機的動機に基づいた貨幣需要が減少するため，外国の貨幣市場において超過供給が発生し，これを解消するため，一般物価水準$P^*_t$が上昇する。この結果，絶対的購買力平価を通じ，為替レートは自国通貨が増価する方向に変化する。

*Check 2*　ア：減価，イ：硬直性，ウ：名目金利，エ：先高感，オ：オーバーシューティング，カ：減少，キ：上昇

### unit 12

*Check 1*　unit 2で解説したとおり，国際収支において，

経常収支黒字－金融収支黒字 = 資本移転等収支

という関係が成立する。資本移転等収支=0，かつ，変動相場制度下で為替介入が行われないとすれば，

経常収支黒字 = 金融収支黒字

となる。金融収支の黒字額は，対外純債権の増加額（フロー）に等しい。したがって，対外純債権の累積額（ストック）は経常収支黒字の累積額に等しくなる。

*Check 2* ア：上昇，イ：流入，ウ：増価，エ：赤字，オ：上昇，カ：ドル，キ：円，ク：上昇，ケ：減価，コ：プラザ

## 第5章

### unit 13

*Check 1* 外国為替市場において円売り・ドル買い介入を行うと同時に，通貨当局が保有している国債（国内信用）を，外貨準備の増加分に相当する額だけ売るというオペレーションを行う。

*Check 2* 不胎化介入においては，マネタリー・ベースが一定に保たれるため，ファンダメンタルズ（金利）の変化を通じた効果は存在しない。その他の経路として，第1に，為替介入に伴う為替市場の需給関係の変化を通じた経路が考えられるが，為替市場全体に対する通貨当局の介入額は少ないため，この経路による効果は小さいと考えられる。第2に，通貨当局が，国内信用（国債）の売買を行うことにより，国内のポートフォリオ・バランスに影響を与え，これが為替レートに影響を与えるポートフォリオ・バランス効果がある。第3に，通貨当局の為替介入から，民間部門が将来の金融緩和政策のスタンスに対するシグナルを受け取り，これが将来の為替レートの予想値を通じ，現在の為替レートに影響を与えるシグナリング効果（アナウンスメント効果）がある。

### unit 14

*Check 1* 為替レートが増価すると，純輸出が減少するため，(2)式から，

$$S(Y) > I(i) + G + NX(Y, e)$$

となり，財市場において超過供給が発生する。金利を一定の水準に固定したとき，財市場が均衡するためには，より低い貯蓄水準，より高い純輸出をもたらすようなより低い所得水準が必要となる。したがって，為替レートが増価すると*IS*曲線は左方シフトする。

*Check 2* 名目マネーサプライが減少すると，(3)式から，

$$\frac{M}{P} < L(Y, i)$$

となり，貨幣市場において超過需要が発生する。金利を一定の水準に固定したとき，貨幣市場が均衡するためには，より低い取引動機に基づいた貨幣需要をもたらすより低い所得水準が必要となる。したがって，名目マネーサプライが減少すると *LM* 曲線は左方シフトする。



## unit 15

**Check 1** （変動相場制度） 拡張的財政政策により政府支出が増大すると，*IS* 曲線が右方シフトし，自国金利が外国金利を上回る。このため，資本が流入し，為替レートが増価し，純輸出が減少する。このため，*IS* 曲線は左方へシフト・バックし，拡張的財政政策が行われる以前の均衡点へと戻る。したがって，変動相場制度下での拡張的財政政策は，為替レートの増価と貿易収支の悪化に吸収され，国民所得に影響を与えない。よって，変動相場制度下における財政政策は無効である（図 5–10 を参照）。

（固定相場制度） 拡張的財政政策により政府支出が増大すると，*IS* 曲線が右方シフトし，自国金利が外国金利を上回る。このため，資本が流入し，為替レートが切り上げ圧力を受ける。これに対し，通貨当局は公定平価を維持するため，自国通貨売り・外国通貨買い介入を行う。このとき，外貨準備が増大するため，マネタリー・ベースが増大し，通貨乗数を通じてマネーサプライが増大する。この結果，*LM* 曲線が右方シフトし国民所得は増大する。よって，固定相場制度下における財政政策は有効である（図 5–11 を参照）。

**Check 2** （変動相場制度） 拡張的金融政策により名目マネーサプライが増大すると，*LM* 曲線が右方シフトし，自国金利が外国金利を下回る。このため，資本が流出し，為替レートが減価し，純輸出が増加する。この結果，*IS* 曲線が右方へシフトし，国民所得が増大する。したがって，変動相場制度下における金融政策は有効である（図 5–12 を参照）。

（固定相場制度） 拡張的金融政策により名目マネーサプライが増大すると，*LM* 曲線が右方シフトし，自国金利が外国金利を下回る。このため，資本が流出し，為替レートに切り下げ圧力がかかる。これに対し，通貨当局は公定平価を維持するため，自国通貨買い・外国通貨売り介入を行う。このとき，外貨準備が減少するため，マネタリー・ベースが減少し，通貨乗数を通じてマネーサプライが減少する。このため，*LM* 曲線は左方へシフト・バックし，拡張的金融政策が行われる以前の均衡点へと戻る。したがって，固定相場制度下での金融政策は国民所得に影響を与えない。よって，固定相場制度下における金融政策は無効である（図 5–13 を参照）。

## 第 6 章

### unit 16

*Check 1* 当局の外貨準備が 8 のケース。

| | | 投資家 B | |
|---|---|---|---|
| | | 保持 | 売り |
| 投資家 A | 保持 | (0, 0) | (0, −1) |
| | 売り | (−1, 0) | (1, 1) |

利得表は上のようになる。したがって，ナッシュ均衡が 2 つ存在し，投資家がいっせいに投機を行えば通貨危機になり，逆に投機を行わなければ通貨危機は発生しない。

### unit 17

*Check 1* （タイ） タイは 1996 年 12 月ごろから，ヘッジファンドによる投機を受けるようになった。1997 年 5 月の投機アタックでは，中央銀行は先物での防衛を行ったため，先物契約期限が到達した段階で外貨準備が不足すると，固定相場制度を破棄してフロート制に移行せざるをえない状況となった。7 月に外貨準備が枯渇し，固定相場制度を維持できなくなり，7 月 2 日にフロート制に移行した。通貨危機以前は，公式には，管理フロート制度を採用していたものの，実際にはドルの比率が非常に大きかった。

（韓国） 韓国は 1997 年末の 11〜12 月に通貨危機を経験した。タイの通貨危機の伝播により，秋からウォンの減価が始まった。1998 年初に，韓国の商業銀行は海外への借入返済期限を迎えつつあったが，通貨下落が始まっていたために，外国の金融機関は，ロールオーバーを拒否した。そのため，韓国の金融機関が資金不足になるのではないかという不安から，通貨下落にいっそう拍車がかかり，韓国の通貨危機は深刻化した。

（インドネシア） インドネシアも，タイの通貨危機の伝播効果により，1997 年 9 月から 10 月にかけて通貨下落を経験した。政府は IMF に支援要請し，10 月末に IMF の支援プログラムが決定した。その内容には，財務基盤の悪い銀行の閉鎖や預金の一部カットなどが含まれていたため，かえって，銀行取付騒ぎを引き起こす結果となった。そのために，通貨の下落スピードが増し，12 月に入ると韓国の通貨危機の伝播も受けて減価幅が拡大した。さらに，スハルト大統領と IMF 側との対立などのニュースによって，1998 年 1 月以降にも通貨下落は加速した。

unit 18

*Check 1* 国際的な金融取引の拡大と，金融市場の国際的な連関の強まりによって，一国における通貨・経済危機の規模が，以前に比べて相当に大きなものとなった（メキシコ，ギリシャなどの例をあげる）。そのために，IMF の救援プログラムへの要請額も巨額化し，IMF 単体での救援が難しいケースが増えてきた。危機を未然に防ぐためにも，まずは，危機につながるような国内政策を改め，地域全体で協力して経済環境を改善することが重要と考えられるようになってきた。また，国際社会が一致してマクロ政策や適切な金融環境を維持するための政策に取り組むことが大切であるとの認識が深まってきた。

## 第 7 章

unit 19

*Check 1* アメリカの経常収支赤字を中心としたグローバル・インバランスのなかで，アメリカの住宅投資への資金供給が欧米の金融機関を通じて行われた。そのために，アメリカの住宅バブルが崩壊すると，その影響は，アメリカの金融機関だけではなくヨーロッパの金融機関にも及んだ。金融機関間のカウンターパーティ・リスクの出現のためにドル流動性不足が顕在化した。

*Check 2* アメリカではFRB がゼロ金利を導入して国内に大量のドル資金を供給し続けることによって，流動性不足に対応した。また，国際的には，2008 年 11 月 15 日にアメリカのワシントン DC で開催された G20 において財政出動の国際政策協調がとられる一方，FRB がヨーロッパの中央銀行と通貨スワップ協定を締結し，ヨーロッパの中央銀行を通じてアメリカ以外でのドル流動性不足に対してドル流動性を供給した。

unit 20

*Check 1* 国際通貨の機能には，計算単位としての機能（国際経済取引における契約通貨），交換手段としての機能（国際経済取引における決済通貨），および，価値貯蔵手段としての機能（対外資産の表示通貨）があるが，これらのなかでも国際通貨の交換手段としての機能が重視されている。

*Check 2* ドルをもつと，交換手段としての機能においては，ネットワーク外部性が作用する。すなわち，その通貨を利用する意図をもつ他の経済主体の人数が増加するにつれて，その通貨の交換手段としての機能が高まる。ブレトンウッズ体制崩壊以降，基軸通貨としてのドルに慣性がみられているのは，ネットワーク外部性による。

## unit 21

*Check 1*　銀行の自己資本比率に関する国際金融規制であるバーゼル規制は，バーゼルⅠからバーゼルⅡそしてバーゼルⅢへと規制を強めていった。バーゼルⅠで，国際業務に携わる銀行の自己資本充実度に関する監督規制が国際的に統一化された。バーゼルⅡで，銀行業務に付随するリスクをより正確に反映し，リスク管理改善への強いインセンティブを与え，銀行が直面するリスクに対して自己資本の枠組の感応度を高めた。バーゼルⅢでは，世界金融危機の経験を踏まえて，自己資本比率規制がいっそう強化された。

*Check 2*　世界金融危機では世界的にドル流動性が不足するという流動性危機の事態となった。そのため，レバレッジ規制や流動性規制が新たに導入されることとなった。また，世界金融危機において，大きい金融機関は潰せないという too big to fail 問題が顕在化し，「グローバルなシステム上重要な銀行（G-SIBs）」に対して総損失吸収力規制を課すことを定め，自己資本を追加的に積み増すことを求めた。

# 第 8 章

## unit 22

*Check 1*　通貨統合後には為替レートを利用して各国経済間の非対称的なショックに対応することができないために，各国経済が収斂している状況にある必要がある。そのため，ユーロ導入のための経済収斂条件として，インフレ率，為替レートの安定，金利，財政赤字・政府債務残高が課されている。それぞれの経済収斂条件については，為替レート決定理論から考えることができる。自分で考えてみよう。

*Check 2*　実際には，財・サービスのなかには商品裁定取引が行われにくい非貿易財が含まれている。また，たとえ貿易可能な財・サービスであっても，完全競争状態にはないために，十分な商品裁定取引が行われないものもある。さらには，不完全競争状態のもとで，企業が各国の市場における価格弾力性の相違に注目して，市場指向価格形成（PTM）を行うと，市場によって価格が異なることになる。

## unit 23

*Check 1*　通貨統合の便益として，外国為替取引に関わる取引費用の節約と外国為替リスクの除去，そしてこれらに関連して地域経済取引の活性化と地域経済の発展がある。通貨統合の費用としては，各国の通貨主権の放棄，そして，それに伴って，通貨発行利益の放棄，最後に，最適通貨圏を満たさない状況において通貨同盟を形成したときに生じる，各国経済間の不均衡調整の費用である。

*Check 2*　労働や資本の移動については，東京への一極集中が起こっている。財政の

移転においては，東京で徴収された税金が地方で公共投資（たとえば，かつての道路公団による高速道路建設）として支出されている。

## unit 24

*Check 1* 波及メカニズムとして，第1に，ギリシャと同様に財政赤字の大きい他のユーロ圏諸国が財政危機に陥ると投機家が予想して，空売りによって実際に国債価格が暴落する。第2に，国際分散投資を行っている投資家が国際分散投資の調整を行い，ユーロ圏諸国の国債を売却する。第3に，ギリシャ国債の債務不履行や債務リストラによって，ギリシャ国債を保有するヨーロッパの金融機関の貸借対照表が悪化すると，自己資本比率などを維持するために，ソブリン・リスクの高いユーロ圏諸国の国債を売却しなければならなくなる。

*Check 2* 財政危機管理の3点セットとは，①財政再建や可視化された財政再建計画の策定と着実な実施，②民間部門の関与を通じて政府債務の削減，③債務削減に応じる民間金融機関に対するセーフティネットの提供である。しかし，ギリシャの財政危機に対する対応は，まだセーフティネットであるESMが設立する前であったために，政府債務を削減できず，ギリシャ政府に対して財政再建を求めるだけとなった。

# 索　引

（太字数字は，KeyWords として表示されている語句の掲載頁を示す）

## アルファベット


BIS（国際決済銀行）　**47**
*BP* 曲線　**141**, 150
CIP　→金利平価（カバー付き）
CMI　→チェンマイ・イニシアティブ
ECB　→欧州中央銀行
ECU　→欧州通貨単位
EEC　→欧州経済共同体
EEF　→拡大信用供与措置
EFSF　→欧州金融安定基金
EFSM　→欧州金融安定化メカニズム
EMI　→欧州通貨機構
EMS　→欧州通貨制度
EMU　→経済通貨同盟
ERM　→為替相場メカニズム
ERM II　**219**
ESCB　→欧州中央銀行制度
ESM　→欧州安定メカニズム
FCL　→フレキシブル・クレジットライン
FF　→フェデラル・ファンド
FRB　→連邦準備制度理事会
FSB　→金融安定理事会
FSF　→金融安定化フォーラム
GAB　→一般借入取極
GDP（国内総生産）　3, 142
　――の三面等価の法則　**142**
GVC　→グローバル・バリュー・チェーン
HICP　→調整消費者物価指数
IBRD　→国際復興開発銀行
IIP　→国際収支（投資ポジション）
IMF（国際通貨基金）　**70**, **176**, 182, 193
IMF 体制　→ブレトンウッズ体制
IMFC　→国際通貨金融委員会
*IS* 曲線　**137**
*IS–LM* 分析　136
J カーブ効果　**62**, 63, 109
JOM　→東京オフショア市場
LCR　→流動性カバレッジ比率
LIBOR（ロンドン銀行間取引金利）　100, 190
LLR　→最後の貸し手
*LM* 曲線　**139**
LTCM　→ロング・ターム・キャピタル・マネジメント
MBS　→不動産担保証券
NAB　→新規借入取極
NFSR　→安定調達比率
OCA　→最適通貨圏
PL　→危機予防
PLL　→予防的流動性枠
PPP　→購買力平価
RMBS　→住宅ローン担保証券
SDGs　→持続可能な開発目標
SDR　→特別引出権
TLAC　→総損失吸収力
too big to fail　218, 219
UIP　→金利平価（カバーなし）


## あ　行


アイルランド危機　179
アジア通貨危機　4, 29, 155, 162, 166, 169, **171**, 176
アセット・アプローチ　107, **110**
アナウンスメント効果　→シグナリング効果
アベノミクス　52, 61
アルゼンチン通貨危機　5, 166, 168
安定計画　238

安定・成長協定　223, 238, 247
安定調達比率（NFSR）　**212**
一物一価の法則　**78**, 89, 224
一般借入取極（GAB）　**180**
一般受容性　**199**
イールドカーブ・コントロール　→長短金利操作
インターバンク市場（銀行間市場）　**44**, 149
インターバンク・レート（銀行間相場）　**52**
売りレート　→オファー・レート
エクスポージャー　207
円の国際化　47, **204**
欧州安定メカニズム（ESM）　179, 244
欧州金融安定基金（EFSF）　179, 244
欧州金融安定メカニズム（EFSM）　179
欧州経済共同体（EEC）　72, 224
欧州債務危機　5, 51, 180
欧州中央銀行（ECB）　72, **219**
欧州中央銀行制度（ESCB）　**219**
欧州通貨危機　5, 155
欧州通貨機構（EMI）　218
欧州通貨制度（EMS）　72, 217
欧州通貨単位（ECU）　72, 218
オーバーシューティング　89, **112**
オファー・レート（売りレート）　**52**
オフショア市場　**46**
オプション取引　**54**
オブズフェルド（M. Obstfeld）　155
オペレーショナル・リスク　208

## か　行

外貨準備　**21**, 23, **132**, 157
　アジアの――　164
外国為替　**41**
外国為替市場（為替市場，外為市場）　**43**
外国為替取引　**17**, 47, 198
外国為替レート　→為替レート
外国人労働者　226
外国通貨建て（外貨建て）　49
買い支え　**157**
外部性　199
買いレート　→ビッド・レート
カウンターパーティ・リスク　**190**
価格弾力性　**58**, 109
拡大信用供与措置（EEF）　**176**, **246**
過剰財政赤字是正手続き　238
風向きに逆らう介入（抑制介入）　**130**
風向きに沿った介入（促進介入）　**130**
仮想資産（デジタルマネー，クリプトカレンシー）　252
価値貯蔵手段としての機能　**197**
貨幣市場　110
　――の均衡条件　139
貨幣需要　111
　――関数　139
　――の金利半弾力性　**112**
　――の所得弾力性　**112**
　投機的動機に基づく――　**111**, 140
　取引動機に基づく――　**111**, 139
　予備的動機に基づく――　**111**
貨幣乗数（通貨乗数）　**132**
ガリバー型国際通貨システム　**203**
カレンシー・ボード制度　**65**
為替介入　**129**, 134
為替決済勘定　→コルレス勘定
為替市場　→外国為替市場
為替相場制度　4, 66, 67, 69
　二重――　69
為替相場メカニズム（ERM）　218
為替リスク　**98**, **117**
為替レート（外国為替レート）　**42**, 49, 85
　――変動によるショックの吸収（ショック・アブソーバー）　6
完全資本移動　95
カントリー・リスク　225
管理通貨制度　70

管理フロート制度　**64**, 172
危機予防（PL）　**179**
基軸通貨　**200**, 203
技術革新　253
規制逃れ（レギュレーション・アービトラージ）　209
キャリー・トレード　**101**
競争効果　**170**
協調介入　26, **134**
共通通貨制度　72
共通の貸し手行動　**169**
ギリシャ財政危機　5, 180, 239
キングストン合意　**71**
銀行間市場　→インターバンク市場
銀行間相場　→インターバンク・レート
銀行取付　173, 190
金本位制　**69**
金融安定化フォーラム（FSF）　181, 210
金融安定理事会（FSB）　**181**
金融危機　162
金融グローバル化　**28**
金融支援　176, 178, 182, 244
金融収支　4, 16, 18, **20**, 23, 107
金融政策　147
　――の独立性　229
金融派生商品　**21**
金利裁定　**29**
　――取引　**93**, 96, 101
金利平価　**93**, 99
　カバー付き――（CIP）　95, **98**, 100
　カバーなし――（UIP）　95, 101
クォータ　176, 180, 182
クリプトカレンシー　→仮想資産
クロス・レート　50
グローバル・インバランス　**187**
グローバル化　**13**
グローバル・サプライチェーン　5
グローバルなシステム上重要な銀行（G-SIBs）　**212**, 213
グローバル・バリュー・チェーン（GVC）　5, **253**
クローリング・ペッグ制度　**66**
経済収斂条件　73, **218**, 220, 238
経済通貨同盟（EMU）　175, 217
経済の開放度　233
計算単位としての機能　**197**, 228
経常収支　16, 18, **20**, 107, 118
　――不均衡　187
ケインズ型消費関数　**137**
減　価　**50**, 61
現金通貨　**132**
交易条件　230
公開市場操作　**220**
交換手段としての機能　**196**, 228
購買力　**80**
購買力平価（PPP）　**77**, 80, 85, 87, 113
　――パズル　**88**
　絶対的――　**80**, 85
　相対的――　**83**, 87
国際化　**13**
国際金融規制改革　209
国際金融取引　**16**, 93
国際金融のトリレンマ（マンデル＝フレミング命題）　**67**, **148**
国際経済取引　18
国際決済銀行　→BIS
国際資本取引　**16**
国際収支　**20**, 22, 24
　――投資ポジション（IIP）　24
　――の均衡式　108, 141
　――の不均衡　71
国際商取引（国際貿易取引）　**16**, 77
国際通貨　**69**, 197, 200, 203
国際通貨基金　→IMF
国際通貨金融委員会（IMFC）　181
国際通貨制度　**69**
国際的な金融協力体制（GFSN）　180
国債バブル　240

国際復興開発銀行（IBRD）　70
国際分業　253
国際貿易取引　16
国内信用　**132**
国内総生産　→GDP
誤差脱漏　**23**
固定相場制度　4, 50, **65**, 68, 71, 129, 145, 157
後　場　45
コール・オプション　54
コルレス勘定（為替決済勘定）　**42**

## さ　行

最後の貸し手（LLR）　**72**, 193, 229
財市場　142
財政安定同盟　246
財政移転　234
財政危機　243
財政協定　246
財政再建計画　243
財政政策　145
最適通貨圏（OCA）　**230**, 235
債務不履行　246
先物為替　**53**, 98
先物ディスカウント　53, **98**
先物取引　**53**
先物プレミアム　53, **98**
——・パズル　**101**
先物レート（フォワード・レート）　**53**, 98
先渡取引　**53**
サービス収支　3, 22, 25
サブプライム・ローン　**188**
時間選好率　**30**
直先スプレッド　**53**
直取引（ダイレクト・ディーリング）　**45**
直物レート（スポット・レート）　**52**
シグナリング効果（アナウンスメント効果）　**134**
自国通貨建て（邦貨建て）　49
自己実現的投機　**241**
自己資本比率　207, 208, 211
市場指向価格形成（PTM）　**89**, **224**
システミック・リスク　213
自然失業率仮説　231
持続可能な開発目標（SDGs）　255
実効為替レート　**50**
実質為替レート　**50**, 85
実質金利平価　103
実物ショック　88
自発的失業　234
支払準備（準備預金）　**132**
——率（預金準備率）　**132**
資本移転等収支　**20**
資本移動　68, 109
資本の限界生産力　**32**, 34
資本保全バッファー　**211**
シャドー・レート　**158**
住宅ローン担保証券（RMBS）　189
主観的割引因子　**30**
証券化商品　189
証券投資　**21**
小国開放経済　90, 136
常設ファシリティ　**220**
商品裁定取引　**77**, 88, 224
ショック・アブソーバー　→為替レート（変動によるショックの吸収）
ショックの対称性　231
所得効果　**170**
所得収支
第一次——　16, 18, **21**, 25
第二次——　**21**
新規借入取極（NAB）　**180**
人民元　204
信用リスク　189
——・プレミアム　191
スイス・ショック　52
スタンドバイ取極　**176**, 244
ストック　16, **24**

スポット・レート　→直物レート
スミソニアン合意　50
スミソニアン体制　71
スワップ取引　**54**
生産ネットワーク　235
生産要素　18, 107
世界金融危機　5, 180, 237
セーフティネット　244
ゼロ金利政策　**149**
全銀システム　**41**
前　場　45
増　価　**50**, 61
総損失吸収力（TLAC）　**213**
促進介入　→風向きに沿った介入
ソブリン・リスク　225, 240, 242

## た　行

第 1 世代モデル　**155**, 156
第 2 世代モデル　**155**, 159
第 3 世代モデル　**155**, 162
対外純債務　16
大恐慌　70
対顧客市場　**44**
ダイレクト・ディーリング　→直取引
タックス・ヘイブン　46
単一欧州議定書　225
炭素税　255
単独介入　**134**
地域金融協力　**178**
チェンマイ・イニシアティブ（CMI）　175, **178**
長期的均衡為替レート　**114**
調整消費者物価指数（HICP）　220
長短金利操作（イールドカーブ・コントロール）　149
直接投資　18, 21, 24
通貨の機能　196
通貨危機　4, 66, 68, **155**, 162, 166, 173
——の伝播　**167**
通貨乗数　→貨幣乗数
通貨スワップ　178, 192
通貨統合　227, 229
通貨同盟　**65**, 218, **227**, 228
通貨バスケット制度　69
通貨発行利益　**201**, 229
デジタル化　253
デジタルマネー　→仮想資産
デリバティブ取引　**54**
電子ブローキング　**45**
東京オフショア市場（JOM）　**47**
投　資　142
——の限界効率理論　137
投資収支　**21**
特別引出権（SDR）　182
取引費用　83, 227
ドル化　**65**
トロイカ　178, 244

## な　行

内外債券完全代替　95
内外債券不完全代替　**117**
内国民待遇　226
ナチュラル・コラプス　158
ナッシュ均衡　161
2 期間モデル　**30**, 35
ニクソン・ショック　**71**
二重の欲求の一致　**196**
日米貿易摩擦　61
ネットワーク外部性　**199**

## は　行

ハイパー・インフレ　66
ハイパワード・マネー　→マネタリー・ベース
バスケット・ペッグ制度　**66**
パス・スルー効果　89
バーゼルⅠ／Ⅱ／Ⅲ　207, 208, 211
バーゼル規制　**206**

バブル　89
バラッサ＝サミュエルソンの定理　**91**
ピア・プレッシャー　179
非自発的失業　234
美人投票　171
ビッグマック・レート　**82**
ビットコイン　252
ビッド・レート（買いレート）　**52**
非伝統的金融政策　**149**
非貿易財　**88**, 90, 224
ファシリティ　176
ファンダメンタルズ（経済的基礎条件）　32, 89, 170
フィッシャー方程式　**102**
フィンテック　251
フェデラル・ファンド（FF）　192
フォワード・レート　→先物レート
付加価値　142
不確実性　117, 120
不完全競争市場　89
複数均衡　159, 240
複数国際通貨システム　202
覆面介入　**134**
不胎化介入　**131**, 133
不胎化せざる介入　**131**, 133
双子の赤字　121
双子の危機　173
プッシュ・ファクター　**34**
プット・オプション　54
不動産担保証券（MBS）　192
プラザ合意　51, 61, **72**
プル・ファクター　**34**
フレキシブル・クレジットライン（FCL）　176
ブレクジット　250
ブレトンウッズ体制（IMF体制）　**70**, 198, 201
フロー　16, **24**
フロー・アプローチ　**107**
ペソ問題　**101**, 228
ヘッジ　98
ヘッジファンド　29
変動相場制度　4, 50, **64**, 71, 145
　バンド付の――　**66**
貿易額　14
貿易財　**79**, 90
貿易・サービス収支　18, **21**
貿易収支　22, 25, 33, 57, 61
貿易障壁　**81**
貿易リンク　**169**
邦貨建て　→自国通貨建て
ポートフォリオ　**120**
ポートフォリオ・バランス　**119**
　――効果　**133**
　――・モデル　**117**, 121

## ま　行

マイナス金利政策　**149**
マクロ・プルーデンス　6
マーシャル＝ラーナー条件　**60**, 109
マーストリヒト条約　72, 73, 217, 220
マネーサプライ　132
マネタリー・ベース（ハイパワード・マネー）　**131**, 132
マネタリー・モデル　110, 133
　硬直価格――　**112**
　伸縮価格――　**110**
マンデル＝フレミング命題　→国際金融のトリレンマ
マンデル＝フレミング・モデル　**136**, 145, 147
名目為替レート　**50**
メキシコ通貨危機　5, 29, 166, 176
モラルハザード　244

## や　行

輸　出　3, 22, 57
輸　入　3, 22, 57

輸入価格効果　**170**
ユーロ　6, 65, **72**, 204, **217**, 218
——圏危機　237
抑制介入　→風向きに逆らう介入
預金準備率　→支払準備率
予防的流動性枠（PLL）　176

## ら・わ 行

ランチタイム効果　45
リスク　117, 120
リスク・ウェイト　207
リスク回避的　**117**
リスク中立的　95, 117
リスク・プレミアム　101, **118**, 123
リスク分散　**120**
リーマン・ショック　5, 51, **190**, 249
流動性カバレッジ比率（LCR）　**212**
流動性危機　211
流動性規制　**211**, 212
流動性リスク・プレミアム　191
両建て　55
量的緩和政策　149
量的・質的金融緩和政策　149
旅行収支　25
ルーカスの逆説　**34**
レバレッジ規制　**211**, 212
レポ取引　220
連邦準備制度理事会（FRB）　188
労働生産性　92
労働の移動性　234
ロシア通貨危機　5, 29, 166
ロールオーバー　173
ロング・ターム・キャピタル・マネジメント（LTCM）　29, 166
ロンドン銀行間取引金利　→LIBOR
割引現在価値　32

著者紹介

橋本優子（はしもと・ゆうこ）

国際通貨基金（IMF）シニアエコノミスト

小川英治（おがわ・えいじ）

東京経済大学経済学部教授

熊本方雄（くまもと・まさお）

一橋大学大学院経営管理研究科教授

国際金融論をつかむ〔新版〕

*The Essentials of International Finance*, New Edition

2007年3月30日　初版第1刷発行
2019年12月25日　新版第1刷発行
2020年11月10日　新版第2刷発行

著者　橋本優子　小川英治　熊本方雄

発行者　江草貞治

発行所　株式会社 有斐閣

郵便番号 101-0051
東京都千代田区神田神保町 2-17
電話 (03)3264-1315〔編集〕
(03)3265-6811〔営業〕
http://www.yuhikaku.co.jp/

印刷／株式会社理想社　製本／大口製本印刷株式会社



ISBN 978-4-641-17728-4